GRANDES DEBATES

DE LA CONSTITUYENTE CUBANA

DE 1940

COLECCIÓN CUBA Y SUS JUECES

EDICIONES UNIVERSAL, Miami, Florida, 2001

NÉSTOR CARBONELL CORTINA, ED.

GRANDES DEBATES

DE LA CONSTITUYENTE CUBANA

DE 1940

Copyright © 2001 by Néstor Carbonell Cortina
de los textos: introducción y notas.

Primera edición, 2001

EDICIONES UNIVERSAL
P.O. Box 450353 (Shenandoah Station)
Miami, FL 33245-0353. USA
Tel: (305) 642-3234 Fax: (305) 642-7978
e-mail: ediciones@ediciones.com
http://www.ediciones.com

Library of Congress Catalog Card No.: 2001012345
I.S.B.N.: 0-89729-957-4

Diseño de la cubierta: Marina Rivón

Todos los derechos
son reservados. Ninguna parte de
este libro puede ser reproducida o transmitida
en ninguna forma o por ningún medio electrónico o mecánico,
incluyendo fotocopiadoras, grabadoras o sistemas computarizados,
sin el permiso por escrito del autor, excepto en el caso de
breves citas incorporadas en artículos críticos o en
revistas. Para obtener información diríjase a
Ediciones Universal.

A los Convencionales de 1940, quienes, en su mayoría, se esforzaron en legarnos una República jurídicamente ordenada, políticamente libre, y socialmente justa.

Dr. Carlos Márquez Sterling
Presidente de la Convención Constituyente de 1940

Dr. José Manuel Cortina
Presidente de la Comisión Coordinadora de la
Convención Constituyente de 1940

Capitolio Nacional de la República de Cuba,
donde celebrara sus sesiones la Convención Constituyente el año 1940.

ÍNDICE

I	INTRODUCCIÓN	11
II	PERSPECTIVA HISTÓRICA DE LA CONSTITUYENTE DE 1940	37
III	GRANDES DEBATES DE LA CONSTITUYENTE	

- Invocación a Dios en el Preámbulo 65
- Igualdad ante la Ley 74
- Irretroactividad de las Leyes Civiles (salvo casos excepcionales de necesidad nacional y con indemnización) 87
- Prohibición de la Confiscación de Bienes 102
- Condiciones para la Expropiación 113
- La Pena de Muerte 123
- El Hábeas Corpus 136
- Libre Emisión del Pensamiento 152

[Fotos de Delegados a la Convención Constituyente] 171

- La Libertad de Cultos y el Respeto a la Moral Cristiana 193
- Prohibición de Organizaciones Políticas Contrarias a la Democracia o que Atenten contra la Soberanía 209
- Matrimonio por Equiparación 241
- La Educación Privada y Religiosa 258
- El Derecho de Sindicación 276
- Proscripción del Latifundio 290
- El Régimen Semiparlamentario 313

IV	PERFILES BIOGRÁFICOS DE PROMINENTES CONVENCIONALES	341
V	CRONOLOGÍA DE GOBIERNOS DE CUBA	363

SESIÓN INAUGURAL DE LA ASAMBLEA CONSTITUYENTE

En el hemiciclo de la Cámara de Representantes,
el Honorable Sr. Federico Laredo Brú, Presidente de la República,
leyendo el discurso de apertura en la mesa presidencial.

I
INTRODUCCIÓN

INTRODUCTION

INTRODUCCIÓN

Por Néstor Carbonell Cortina

Los debates de la Convención Constituyente de 1940 constituyen un tesoro nacional. En ellos palpitan, con cubanísimo fervor, alegatos jurídicos y evocaciones históricas; oratoria frondosa y dialéctica acerada; rivalidades políticas y concertaciones patrióticas; diversidad de criterios y transacciones elevadas; intervenciones dramáticas y réplicas chispeantes; propuestas extremistas y reformas moderadas; excesos reglamentistas y preceptos fundamentales; reacciones impulsivas y sensatez republicana.

Trascendencia de los Debates

La Constituyente del 40 fue, por encima de todo, crisol de cubanía y fragua de democracia. En ella se forjó, con todos sus aciertos e imperfecciones, una de las Constituciones más avanzadas de su época. La versión taquigráfica de los debates interesa no solamente al jurista deseoso de escudriñar el espíritu constitucional, es decir, los antecedentes, principios y experiencias que les dieron forma sustancial a los preceptos. Los debates interesan también al historiador, al político, al sociólogo, al académico, al psicólogo, al amante de la elocuencia ilustrada y del contrapunteo parlamentario, al estudioso de las corrientes ideológicas que pugnaron por prevalecer; en fin, a todo aquel que quiera aquilatar la obra cumbre de la República, labrada con el talento, la pasión y el colorido que matizan la idiosincrasia del cubano.

El texto íntegro de los dictámenes, mociones y debates de la Constituyente del 40 fue recogido cronológicamente en los dos inmensos volúmenes del Diario de Sesiones. En 1941, el ilustre magistrado de la Audiencia de la Habana, Andrés Mª Lazcano, los clasificó cuidadosamente, siguiendo el orden de los artículos, y los publicó en cuatro tomos con un prólogo de quien fuera presidente de la comisión coordinadora de la Constituyente, José Manuel Cortina.

Sesenta años después, ante el naufragio de la República, estos debates cobran gran significación porque en ellos hallamos faros históricos, lecciones de civismo y democracia, puentes institucionales que podrían unir lo mejor del ayer con las necesidades del mañana. Por eso interesa estudiar este fecundo capítulo de nuestro pasado, no con la pretensión absurda de recrearlo tal cual, sino con el propósito sano de aprender de él. Parafraseando al filósofo danés Kierkegaard, la vida hay que vivirla hacia adelante, pero sólo podemos comprenderla hacia atrás.

A fin de extraer estímulos y enseñanzas de nuestra historia republicana, malévolamente deformada por el castrocomunismo, me ha parecido oportuno seleccionar, comentar y publicar extractos de quince de los debates más trascendentales y memorables de la Constituyente del 40. Me concentré en quince para que pudieran caber en un solo tomo. (Los cubanos, abundosos en el hablar, solemos ser parcos en la lectura.) A fin de agilizar los debates, escogí los fragmentos más relevantes, eliminé las redundancias innecesarias y las digresiones superfluas, e interpolé algunas correcciones de rigor. Lo que suprimí, sustituí o agregué –marcado con los correspondientes signos ortográficos– no alteró el fondo de las tesis planteadas, ni el tono de los argumentos, ni el estilo peculiar de los exponentes.

Temas Seleccionados

Traté de seleccionar los debates más apasionantes y apasionados, y los más medulares; aquellos que cautivan por encerrar puntos neurálgicos constitucionales, cuestiones controvertidas y sensibles relacionadas con los derechos individuales, la familia, la enseñanza, la religión, el trabajo, la propiedad y el sistema político.

Concretamente, los temas escogidos y los «issues» o cuestiones centrales objeto de discusión pudieran resumirse como sigue. La *Invocación a Dios* en el preámbulo de la Constitución, ¿hiere la sensibilidad y menoscaba los derechos de los no creyentes? El principio de la *Igualdad ante la Ley*, ¿obliga a detallar en la Constitución actos delictuosos de discriminación con sus correspondientes sanciones? ¿Es absoluto el principio de la *Irretroactividad de las Leyes Civiles*? Si se admiten excepciones por razones de necesidad nacional, ¿cómo amparar los derechos adquiridos? ¿Debe abolirse la *Pena de Muerte* en la Constitución, sin excepciones? ¿Cómo conciliar la defensa de la sociedad, la administración de justicia y la regeneración del delincuente?

¿Cómo fortalecer el *Hábeas Corpus* para garantizar al máximo la integridad física del perseguido político? ¿Debe limitarse el derecho a la *Libre Emisión del Pensamiento* para proteger la honra de las personas y la paz pública, y cómo hacerlo sin caer en la arbitrariedad y el despotismo? ¿Debe la *Libertad de Cultos* tener como límite el respeto a la moral cristiana tradicional de los cubanos? ¿Debe estatuirse la *Prohibición de las Organizaciones Políticas Contrarias a la Democracia*, y cómo hacerlo sin socavar o destruir la propia democracia? ¿Puede reconocerse, por razones humanas y de equidad, los *Matrimonios por Equiparación* sin llegar a consagrar el amor libre? ¿Puede conciliarse el *Laicismo del Estado* y la *Educación Religiosa* en centros privados? ¿Cómo proteger la *Libertad de*

Sindicación sin menoscabar los derechos de los trabajadores que no quieran afiliarse a ningún sindicato? ¿Debe constitucionalizarse la *Proscripción del Latifundio* y, a los efectos de su desaparición, adoptarse impuestos progresivos sobre la tierra? ¿Debe implantarse un *Régimen Semiparlamentario* que racionalice el poder excesivo de los presidentes cubanos sin encumbrar al parlamento?

Esta lista de debates no es exhaustiva obviamente, pero sí es bastante representativa de los temas candentes, de perenne actualidad, que se discutieron en la Constituyente del 40. No incluí el debate sobre la *Moratoria Hipotecaria*, acaso el más denso, intenso y extenso de la Convención, por tratarse de disposiciones transitorias para solventar una crisis emergente.

Cada uno de los debates recopilados lleva un breve introito mío que contiene antecedentes relevantes, así como un resumen de las tesis planteadas por los discursantes y de los argumentos esgrimidos. El propósito de estas glosas, que no aparecen en ninguno de los otros libros que recogen los debates de la Constituyente, es ubicar al lector en tiempo y circunstancia a fin de que mejor aprecie el intríngulis de las controversias, el entorno en que se plantearon, y la trascendencia que tuvieron.

Asimismo, reproduzco, después de esta introducción, un iluminador ensayo del Dr. Carlos Márquez Sterling sobre la Constituyente del 40, que escribió en 1974, a manera de prólogo, para mi libro titulado «El Espíritu de la Constitución Cubana de 1940.» Avalado por su talento y certera visión de repúblico, y por su dignísima y eficaz ejecutoria al frente de la Convención Constituyente del 40, el prólogo con que me honró Márquez Sterling constituye, a mi juicio, el mejor marco histórico que pueden tener los debates aquí publicados.

Personajes y Estilos

La Convención contó con una representación amplia, distinguida y variada de la nación. En ella intervinieron estadistas como Orestes Ferrara, José Manuel Cortina y Carlos Márquez Sterling; intelectuales como Jorge Mañach y Francisco Ichaso; libertadores como Miguel Coyula; juristas como Ramón Zaydín y Manuel Dorta Duque; internacionalistas como Emilio Núñez Portuondo; parlamentarios como Santiago Rey Perna, Rafael Guas Inclán, Aurelio Álvarez de la Vega, Miguel Suárez Fernández, Pelayo Cuervo Navarro, Emilio Ochoa y José R. Andreu; líderes obreros como Eusebio Mujal; industriales como José Manuel Casanova; pedagogos como Alicia Hernández de la Barca; líderes políticos y revolucionarios como Ramón Grau San Martín, Carlos Prío Socarrás, Eduardo Chibás y Joaquín Martínez Sáenz. Y representando al equipo comunista, descollaron, entre otros, un sagaz dirigente de cortante dialéctica, Blas Roca, y dos polemistas e intelectuales de alto vuelo, artífices de la sofística marxista: Juan Marinello y Salvador García Agüero. (Al final del libro incluyo perfiles biográficos de estos prominentes convencionales.)

La diversidad de antecedentes personales, profesiones, temperamentos y modos de expresión de los convencionales esmaltó los debates y les imprimió fascinante amenidad. El Dr. Rafael Guas Inclán describió en estos términos a los delegados y sus diferentes estilos oratorios: «...Puede haberlos amantes de la sobriedad y amantes de la frondosidad; puede haberlos amantes de lo abstracto, de lo genérico, de lo sintético; enamorados de aquella elegancia que nos vino de Atenas y Roma, y partidarios de los tiempos actuales, un poco materialistas, más específicos..., más detallados, porque van dentro de una filosofía positiva al fondo de las cosas[1]...»

---

[1] Andrés María Lazcano, *Constitución de Cuba*, Tomo I, pág. 464.

Tendencias Ideológicas

Si la variedad de idiosincrasias y estilos matizó el ambiente, lo que vino a caldearlo fue el enfrentamiento de tres grandes tendencias ideológicas. Una liberal, en el sentido clásico de Adam Smith, John Locke y Montesquieu, que postulaba la abstención del estado en la economía para dejar actuar libremente a las fuerzas del mercado, y mantenía rigurosamente refrenados y divididos a los poderes públicos para que no menoscabasen los derechos individuales del ciudadano. Uno de los más conspicuos y ardientes abanderados de esta tendencia en la Constituyente fue Orestes Ferrara.

En el otro extremo del espectro ideológico se encontraba la delegación del Partido Comunista, representada principalmente por Blas Roca, Juan Marinello y Salvador García Agüero. Este triunvirato, ducho en la polémica, no abogó abiertamente por la implantación del marxismo-leninismo en Cuba. Siguiendo las directrices conciliatorias de la Tercera Internacional Comunista, que preconizaba la formación de «frentes populares» con otros partidos como paso previo a la toma del poder, el triunvirato cubano empenachó su retórica demagógica para encubrir o edulcorar su verdadero objetivo. Éste consistía en introducir en la Constitución preceptos o enmiendas aparentemente inocuos que resquebrajasen los cimientos cardinales de nuestro sistema de vida: la moral cristiana, la propiedad privada, la santidad de los contratos, la libre empresa, la educación privada y religiosa, la familia, la sindicalización voluntaria, y la defensa legítima de la democracia contra la «quinta columna» sediciosa de los sistemas totalitarios.

Entre estas dos tendencias extremas se hallaba una mayoría heterogénea de delegados, que incluía tanto a civilistas reflexivos y moderados como a demócratas radicales, inspirados estos últimos en programas revolucionarios, principalmente de izquierda, que cuajaron a la caída de Machado. Esta amalgama de delegados, entre los cuales sobresalieron los representantes del Partido Auténtico, rechazó no solamente la colectivización comunista, sino también el «laissez faire» individualista en materia económica y social, por entender que al estado moderno le correspondía atemperar los desajustes económicos y las desigualdades sociales, y proteger a los más necesitados. Algunos de estos convencionales siguieron las prescripciones en boga del economista inglés John Maynard Keynes, partidario de la redistribución de la renta y del estímulo del gasto público para lograr, en lo posible, el pleno empleo. Otros se inspiraron en la amplia red de servicios sociales del llamado «estado benefactor», que comenzó a perfilarse en América con el «New Deal» de Franklin Delano Roosevelt.

Nuestra Carta Magna de 1940 fue precursora de la amplia proyección social que los grandes países europeos les impartieron a sus Constituciones después de la segunda guerra mundial. Siguiendo esta corriente, Francia se declara «república indivisible, laica, democrática y social» (Constituciones de 1946 y 1958); Italia, «república democrática fundada en el trabajo» (Constitución de 1947); Alemania Occidental, «estado federal, democrático y social» (Constitución de 1949); y, más recientemente, España, «estado social y democrático de derecho» (Constitución de 1978).

Todas estas Constituciones, como la cubana, estipularon, en mayor o menor grado, la intervención del estado para suplir la iniciativa individual cuando ésta sea insuficiente y para limitarla cuando sea anti-social. En la Constituyente del 40, el convencional Francisco Ichaso apoyó esta tendencia al rechazar el liberalismo clásico esbozado por Orestes Ferrara. Dijo Ichaso: «El señor Ferrara ha entonado un hermoso himno al viejo liberalismo..., que no hace otra cosa que producir en todas partes la ruina de la libertad... Me ha preocupado mucho la despreocupación del estado...; ese cruzarse de brazos, ese mantenerse indiferente ante los problemas cotidianos… Esto no es postular la hipertrofia del estado… Es, sencillamente, darle un poco de intervención en cuestiones vitales de las que dependen la estabilidad y el progreso social.»[2]

Mirado aisladamente, a la luz de las corrientes capitalistas actuales, el régimen económico-social de la Constitución del 40, incluyendo la sección correspondiente al trabajo y la seguridad social, resulta quizás demasiado dirigista, nacionalista y gravoso. Pero aun con sus excesos, ese régimen hizo posible que la economía cubana antes de Castro llegase en su desarrollo a la fase de despegue, que la clase media acelerase su crecimiento y pujanza, y que Cuba figurase entre los tres países de Latinoamérica que tenían el más alto estandar de vida.

Equilibrio Constitucional

Varios factores contribuyeron a esos notables resultados. La intervención estatal no suplantó, sino complementó la iniciativa empresarial. La defensa de los intereses nacionales, sin posturas extremistas que ahuyentasen al capital extranjero, hizo posible que dos tercios de los centrales azucareros pasasen gradualmente a manos cubanas. Por otra parte, los derechos sociales y laborales, que algunos consideraron excesivos, tuvieron como contrapartida la garantía máxima de los derechos individuales. Por eso la Comisión Internacional de Juristas –entidad consultiva del Consejo Económico y Social de las Naciones Unidas– afirmó que la Constitución de 1940, «en cuya redacción colaboraron prácticamente todos los sectores representativos de la opinión política cubana, se caracteriza por traducir un raro equilibrio

---

[2] *Ibid*, Tomo II, pág. 196.

entre las estructuras republicanas, liberales y democráticas y los postulados de justicia social y promoción económica.»³

Dicho de otro modo más simplista, el equilibrio de la Carta de 1940 radica en ser centro-izquierda en el amplio reconocimiento de los derechos laborales y sociales, y centro-derecha en la defensa irreductible de los derechos individuales. Y para evitar la politización de los conflictos inevitables, la Carta les confirió plenos poderes a los tribunales de justicia para dirimir controversias con arreglo a la Ley.⁴

Transacciones Necesarias

Este equilibrio fue el fruto de importantes transacciones en el seno de la Constituyente. Toda Constitución democrática, enraizada en la conciencia popular, reúne elementos del contrato de transacción en el que se cede algo a cambio de algo («do ut des», decían los romanos). Así es que se forja un consenso nacional en torno a una meta común a las partes y superior a ellas. Sólo se sorprenden de la necesidad de concertaciones o fórmulas consensuadas los puristas teorizantes, quienes piensan acaso que las Constituciones son documentos de gabinete o de academia, y no pactos sociales de ancho espectro, que surgen muchas veces del seno mismo de enconadas controversias.

La Constitución de los Estados Unidos, modelo de democracia representativa, fue el producto de diversas transacciones entre los delegados que abogaban por un gobierno central con amplios

---

[3] *El Imperio de la Ley en Cuba*, Ginebra, Comisión Internacional de Juristas, 1962, pág. 87.

[4] Respecto a la función preeminente del poder judicial en la Constitución de 1940, el Dr. Gustavo Gutiérrez señala lo siguiente: «...En lo que afecta al tercer poder del estado –el judicial– interesa subrayar la casi total omnipotencia que la Constitución le atribuye, pues si bien lo sitúa en el tercer lugar de la clasificación en el artículo 118, en el desenvolvimiento de la súper-ley como cuerpo legal orgánico, le otorga prerrogativas, atribuciones y facultades de rango muy superior a los demás poderes.» (Gustavo Gutiérrez Sánchez, *Constitución de la República de Cuba*, La Habana, Editorial Lex, 1941, pág. 53.)

poderes federales que embridasen la anarquía reinante en el país, y los que insistían en crear una confederación que respetase la soberanía e independencias de los trece estados existentes en esa época. Y el sistema que se acordó para elegir a los congresistas, de representación proporcional en la cámara y de representación igualitaria en el senado, fue el resultado del llamado «Great Compromise» entre los estados grandes y los estados pequeños. Esta fórmula salomónica, que no figuraba en ningún texto o tratado y que afloró tras más de un mes de acalorado debate, vino a romper el impasse que a poco liquida la Convención de Filadelfia.

Este mismo criterio pragmático primó al discutirse el modo de elegir al presidente de los Estados Unidos. El sistema de «colegio electoral», cuestionado a raíz de la última elección que dejó al país en suspenso por varias semanas, fue el resultado de un acuerdo transaccional entre los convencionales que querían que el congreso seleccionase al presidente y aquellos que eran partidarios de una elección directa por el pueblo.

Otro ejemplo de gran transacción es la monarquía parlamentaria o «democracia coronada» establecida en la Constitución española de 1978, actualmente en vigor. Ella fue el fruto de un acuerdo en virtud del cual los partidos de izquierda renunciaron a su aspiración republicana y aceptaron la monarquía «a cambio de que ésta se vaciase de prerrogativa y no fuera ni poder ejecutivo, ni legislativo, ni judicial, es decir, perdiera 'potestas' para ganar 'auctoritas,' como órgano que simbolizaba la unidad y permanencia del estado.»[5]

En el caso de la Constituyente cubana de 1940, puede decirse que los convencionales dieron una demostración de civismo y madurez política, encontrando puntos de convergencia

---

[5] *20 Años Después*. La Constitución Cara al Siglo XXI. Autores Varios. Taurus, 1998, pág. 107.

en los preceptos fundamentales. El choque fuerte de las ideas no impidió las transacciones necesarias. El pueblo ansiaba ponerle fin a las pugnas desestabilizadoras y sangrientas que se desencadenaron tras la reforma constitucional de 1928, que vino a prorrogar los poderes de Machado. Y los convencionales del 40, en su gran mayoría, estuvieron a la altura de las circunstancias, logrando que prevaleciera la cordura sobre la intransigencia, a veces explosiva, que tiende a atomizar a los cubanos.

En la Constituyente solamente se produjo un gravísimo incidente con conato de violencia. Durante la sesión inaugural, turbas enardecidas que se oponían al «Pacto de Conciliación» entre los dirigentes de los principales partidos políticos, causaron una conmoción desde las galerías abiertas al público e interrumpieron el discurso de apertura de José Manuel Cortina. En su alocución, Cortina increpa a las turbas y lanza, desde la tribuna, su célebre apóstrofe para dominar la situación: «¡Los Partidos, Fuera! ¡La Patria, Dentro!»[6]

Claves del Éxito

En las sesiones subsiguientes no se produjeron alteraciones del orden, pero hubo que trabajar afanosamente para zanjar hondas desavenencias. En los partos laboriosos sobresalió la comisión coordinadora que presidió Cortina. Esta comisión, que agrupó a 17 de los líderes políticos más prominentes de la Convención, tuvo a su cargo el estudio y conciliación de los distintos dictámenes, y la elaboración y defensa, en las asambleas plenarias de la Constituyente, de la mayoría de los preceptos que fueron aprobados.

En sus intervenciones en los debates, Cortina y otros convencionales que no sucumbieron al ciego partidismo,

---

[6] Ver *Diario de Sesiones de la Convención Constituyente*, Tomo I, Sesión Primera (Inaugural), 9 de febrero de 1940. págs. 9-13.

desempeñaron una paciente función pedagógica para que no se estancasen o se desorbitasen las discusiones. Veamos una de las admoniciones de Cortina:

«...La tarea de la comisión coordinadora fue precisamente aceptar el pensamiento total de la asamblea, coordinarlo y resumirlo. Y así cuando me levanto a defender el criterio de la comisión coordinadora defiendo la síntesis de la voluntad de la asamblea, que está reflejada en esa comisión. Y lo hago frente al criterio individualista que es característico de nuestra raza, que nunca cede en su criterio... [porque] le resulta muy difícil transigir...»

«Cada uno de nosotros se fabrica un universo de ideas, con sus estrellas, con su atmósfera, su estratosfera y sus rayos cósmicos; y no acepta nada más que aquello que está dentro de su universo, aunque haya intervenido en muchas discusiones tendientes a modificar en algo sus puntos de vista.»

«Yo respeto [la] tenacidad doctrinal de los que tienen ese temperamento, pero no hay que olvidar que cuando se trabaja en la elaboración de una Constitución no se está haciendo tarea individual de cada delegado... Se está coordinando la opinión de la totalidad del país, desde la parte conservadora hasta la parte más radical, para que sea la Constitución de todos los cubanos...»[7]

La otra clave del éxito de la Constituyente fue el ascenso a la presidencia de la asamblea de Carlos Márquez Sterling. Esto se produce cuando Ramón Grau San Martín, al perder la mayoría, renuncia a su cargo en la Convención. Con gran autoridad y destreza, Márquez Sterling imparte la disciplina necesaria para agilizar los debates (sólo se habían aprobado parcialmente cuatro títulos de la Constitución cuando él asumió la presidencia), y logra clausurar las sesiones dentro del plazo fijado de tres meses.

---

[7] Andrés María Lazcano, *Ob. Cit.*, Tomo II, pág. 536.

Salidas Ingeniosas

Pero no solamente las admoniciones y la pericia parlamentaria ayudaron a superar escollos en los momentos difíciles. También la frase ingeniosa y la réplica humorística sirvieron para desinflar la hipérbole, moderar la invectiva y serenar los ánimos. La terapéutica del humor se evidenció durante la controversia suscitada por el artículo que declara ilícita la formación de organizaciones políticas contrarias al régimen democrático o que atenten contra la soberanía nacional. En su réplica al delegado comunista Blas Roca, quien se oponía vigorosamente a esta pragmática, el convencional José Manuel Casanova le hizo retóricamente estas preguntas: «¿Y cree S.S. que hay libertad en Rusia y duda que aquí exista la libertad? ¿Cree S.S.... que podría manifestarse en el parlamento de Rusia con la libertad con que se produce aquí...?»

Interrumpe Orestes Ferrara: «¡Sí podría decirlo [en Rusia] el señor Roca..., [pero] una sola vez...!»

Contesta Blas Roca: «...No era mi interés traer a discusión esta tarde aquí el problema de Rusia; sin embargo, puesto que usted directamente me pregunta, y yo he estado allí dos veces, puedo decir que sí, que yo podría decir todas estas cosas...»

Replica Emilio Núñez Portuondo: «¡Pero en español, no en ruso!»[8]

La respuesta ingeniosa sirvió en otra ocasión para dirimir un incidente en que se vio envuelta la presidencia. Al discutirse una enmienda a la moratoria hipotecaria presentada por el convencional Quintín George, éste planteó la suspensión del debate para que se aclararan conceptos relevantes de otra enmienda presentada a última hora. Objeta el delegado Santiago Rey por entender que el debate se alargaba innecesariamente, y el presidente de la asamblea, Carlos Márquez Sterling, le da la razón al Dr. Rey y le

---

[8] *Ibid*, Tomo I, págs. 582-583.

pide a Quintín George que se concrete a su enmienda sin interrumpir la discusión.

El señor George, visiblemente irritado, se remonta hasta la Revolución Francesa para impugnar, con dramático acento, la decisión presidencial: «...A la presidencia quiero recordar una frase histórica dicha por Camilo Desmoulins junto a Dantón cuando los llevaban a decapitar. Trataron de abrazarse a presencia del verdugo y éste se los impidió violentamente. Entonces [Desmoulins] le dijo: 'Quieres ser más cruel que la muerte, pero nada podrá impedir que nuestras cabezas se besen en el cesto.' No sea la presidencia más cruel que los impacientes autores de [esta] malhadada... [enmienda]; más cruel que el propio proyecto de moratoria [hipotecaria].»

Sin titubear, replicó el presidente Márquez Sterling: «La presidencia le da la razón ahora al señor George en relación con la explicación que ha hecho acerca de la disposición [transitoria] tercera. En lo único que no le da la razón es en que la cabeza del señor Rey y la del señor George se besen en el cesto.»[9]

El Casuismo de la Carta

Muchos fueron los aciertos de la Constitución del 40, pero el casuismo excesivo de la Carta no fue ciertamente uno de ellos. Cabe reconocer, sin embargo, que no hay reglas invariables para determinar lo que es y no es materia constitucional. Según el notable jurisconsulto cubano Gustavo Gutiérrez Sánchez, «la norma jurídica es unas veces constitucional por su carácter institucional medular o básico, y otras, porque los pueblos la han incorporado a la Constitución buscando la garantía de su permanencia, como se observa en no pocas Constituciones de gran prestigio científico.» En apoyo de su tesis, Gutiérrez cita a Hans Kelsen, el gran maestro de la filosofía constitucional

---

[9] *Ibid*, Tomo III, pág. 389.

moderna, quien asevera: «Mediante esta forma constitucional, pueden ser reguladas otras materias jurídicas, diversas de las que corresponden al concepto de Constitución en el sentido material y riguroso de la palabra.»[10]

Aun con esa salvedad, los convencionales del 40 se excedieron en el casuismo o reglamentismo de un buen número de los preceptos. El propósito era evitar que las conquistas sociales que iban a consagrarse estuviesen sujetas a los vaivenes propios de las legislaciones ordinarias. Bajo fuerte presión de los distintos sectores del país que seguían muy de cerca los debates radiados de la Constituyente, los convencionales quisieron constitucionalizar, o, en palabras de Jellineck, darles «fuerza legal aumentada», a una serie de disposiciones propias de los códigos o de leyes complementarias. Y al hacerlo, abultaron la Constitución con algunos artículos inoperantes o recargados.

No faltaron exhortaciones atinadas pero infructuosas de distinguidos convencionales tratando de evitar que se llegase al detallismo festinado. Así, por ejemplo, cuando se discutió el artículo 52 que llegó a estatuir que «el sueldo mensual del maestro de instrucción primaria no deberá ser, en ningún caso, inferior a la millonésima parte del presupuesto total de la nación», Orestes Ferrara expresó en estos términos su preocupación y desacuerdo:

«…Pregunto a… los señores delegados todos si han hecho cálculos, si se ha estudiado la parte económica, si esto no representa una solución 'grosso modo,' tomada solamente porque los maestros en el pasado han sido mantenidos en la indigencia. Tengo la seguridad más absoluta de que ni uno solo de los señores delegados ha hecho cifras sobre la materia y ha podido

---

[10] Gustavo Gutiérrez Sánchez, *Ob. Cit.*, págs. 60-61.

determinar cuál es la cuantía a la cual se puede llegar con la resolución que tomamos.»[11]

Cortina, por su parte, trató también de impedir que se recargase la Constitución, porque el detallismo, según él, sería como ponerle «una camisa de fuerza a la sociedad cubana.» Así, pues, cuando se discutió el artículo 43 sobre la familia, la maternidad y el matrimonio, Cortina advirtió los peligros del casuismo constitucional y recurrió en su argumentación al lenguaje metafórico: «...No le auguro a esta Constitución larga vida, si continuamos por esa senda. Cuando un traje no nos deja respirar porque nos oprime, pronto lo rompemos o lo abandonamos. Lo que ocurre es análogo al caso de un hombre elegante a quien un sastre fanático de su arte le hace un traje bellísimo en el orden anatómico, que se ajusta estrictamente a todas las líneas de su tórax, a los músculos de su cintura y a los salientes de sus hombros... Todo eso lo hace de una manera tan perfecta que no queda un solo músculo ni ninguna deformación ósea que no esté marcada en el traje.»

«El afortunado cliente de este magnífico sastre, cuando se ponga el traje perfecto... y su cuerpo se dilate por la... respiración, sentirá que el traje lo oprime y... es seguro [que]... lo rompa en pedazos... para dar paso a la vida natural...»

«No pongamos, señores, al país un traje hecho a la medida teórica en nuestros afanes de perfección. No llevemos a la Constitución regulaciones minuciosas que no... [tengan] la permanencia de un precepto constitucional, porque entonces haremos de... [este] estatuto... un reglamento asfixiante de la futura vida de la nación.»[12]

No es posible lograr en las Constituciones –obra imperfecta como todas las humanas– el balance ideal que satisfaga, sin

---

[11] Andrés María Lazcano, *Ob. Cit.*, Tomo II, pág. 282.

[12] *Ibid*, Tomo II, págs. 23-24.

lagunas ni excesos, los imperativos del presente y las necesidades del futuro. Ni siquiera la de los Estados Unidos, modelo de previsión y longevidad, alcanzó el desiderátum. Los convencionales norteamericanos, queriendo ser sucintos y escuetos para lograr un consenso, cometieron el error craso de omitir la parte más importante de toda Constitución: el «Bill of Rights», que consagra la garantía de los derechos individuales. Hubo que subsanar éste y otros defectos u omisiones mediante enmiendas constitucionales (27 a esta fecha). Una de ellas, la que prohibía la distribución y venta de bebidas alcohólicas fue revocada posteriormente porque el remedio fue peor que la enfermedad.

La reforma constitucional en los Estados Unidos ha sido un mecanismo de defensa y adaptación de la norma frente a la erosión del tiempo. Este mecanismo, junto a la interpretación dinámica de la letra y el espíritu constitucional por los tribunales, le ha permitido al pueblo norteamericano consolidar su Constitución, renovándola.

En materia de Constituciones, no existe un patrón único aplicable a todos los pueblos. Pero la tendencia de las Cartas modernas es a ser más prolijas, orgánicas y específicas que antes. Los partidos políticos y los distintos sectores organizados de la sociedad tienen hoy una participación más activa e influyente en las democracias y no se conforman con que las Constituciones sean una mera colección de axiomas jurídicos de carácter abstracto. De ahí que la Carta española de 1978, una de las más concisas de estos últimos tiempos, llegase a contener 169 artículos y 9 transitorias. (Hubo que extenderse, entre otras cosas, en los preceptos que tratan de compatibilizar la indisoluble unidad de la nación española con el derecho a la autonomía de las nacionalidades y regiones).

Aun contando el mamotreto constitucional autoritario de Chávez en Venezuela, el récord moderno de Constitución democrática abultada quizás lo tenga Colombia, con los 380 artículos de su Carta de 1991, 100 más que la cubana de 1940.

Aciertos y Quebrantos

Aun con sus excesos, la Carta Magna del 40 mereció el apoyo entusiasta de todos los sectores del país. Se le consideró un triunfo —no de ningún partido— sino de la nación cubana. Al amparo de sus preceptos, se dictaron leyes complementarias muy beneficiosas, como las que crearon el Banco Nacional, el Banco de Fomento Agrícola Industrial y el Tribunal de Cuentas. A pesar de las ráfagas de gangsterismo político y corrupción administrativa que azotaron a los gobiernos constitucionales posteriores a la promulgación de la Carta de 1940, el país avanzaba en su desarrollo económico y social. En el campo jurídico, había una buena arquitectura normativa, pero faltaba, sin embargo, conciencia arraigada del imperio de la Ley (con mayúscula), y debido respeto a las instituciones democráticas. Estas lacras políticas y morales propiciaron, pero no justificaron, el golpe militar del 10 de marzo de 1952.

Los opositores al «cuartelazo» se dividieron en sus enfoques y tácticas, pero coincidieron en un punto fundamental: el pleno restablecimiento de la Carta de 1940. Los grupos civilistas recurrieron al Tribunal Supremo (Sala de Garantías Constitucionales y Sociales) para impugnar los estatutos de Batista y allanar el camino para las elecciones generales. ¿Ilusa pretensión? No, si recordamos la histórica anécdota del molinero de Sans Souci, quien resistió impávido los desafueros de Federico de Prusia. «¿No sabes —le dijo el rey— que con mi poder podría ordenar que quemen tu casa... si no me obedeces?» «Podrías hacer todo eso —le espetó el molinero— si no hubiera jueces en Berlín.» En el caso nuestro, salvando honrosísimas excepciones, faltaron jueces en La Habana —los suficientes para defender la inviolabilidad constitucional y rechazar la tesis perniciosa de que los tanques (o las turbas frenéticas) son fuentes de derecho.

Entre los que promovieron la insurrección contra Batista, se irguió Fidel Castro como máximo constitucionalista. En su autodefensa durante el juicio por el asalto al Cuartel Moncada, celebrado el 16 de octubre de 1953, Castro denunció el «vil cuartelazo judicial» perpetrado por el Tribunal de Garantías Constitucionales y Sociales al fallar en contra de la legítima Constitución cubana de 1940 y a favor de los estatutos de Batista. Y al referirse a la cláusula de reforma de los estatutos mediante acuerdo del Consejo de Ministros, aseveró: «Aquí la burla llegó al colmo... Si para realizar estas reformas basta la conformidad del Consejo de Ministros con un quórum de sus dos terceras partes, y el Presidente es quien nombra el Consejo de Ministros, queda entonces en mano de un solo hombre el derecho de hacer y deshacer la República...»

La Gran Estafa

Pues bien, este seudo Catón legalista pasó a ser uno de los más grandes estafadores revolucionarios de la historia. En lugar de restablecer la Carta Magna de 1940, como había prometido, la mutiló primero y la aniquiló después. En su lugar, implantó arbitrariamente una llamada Ley Fundamental, que modificó a capricho para ir sentando progresivamente las bases de su sistema totalitario.

Preocupado por el rumbo del gobierno revolucionario, escribí un artículo titulado «La Nueva República», que fue publicado en el *Diario de la Marina* en su edición de fecha 8 de marzo de 1959. En dicho artículo abogué por el imperio de la ley, porque «la vida social, si no se desenvuelve dentro de cauces legales, desemboca indefectiblemente en la anarquía o en transitorios gobiernos de fuerza.» Asimismo, plantee la urgente necesidad de restaurar plenamente la Constitución de 1940, leitmotiv de la revolución, que «no se hizo para cambiar el orden constitucional del país, sino para rescatarlo de la fuerza.»

Castro no tardó en contestar. En el discurso que pronunció en palacio el 13 de marzo, afirmó lo siguiente: «...Nos hablan mucho de la Ley, pero ¿de qué Ley? ¿De la vieja o de la nueva? Porque hay dos clases de leyes: la de antes, que la hicieron los intereses creados, y la de ahora que la vamos a hacer nosotros. Nosotros seremos respetuosos de la Ley, pero de la Ley revolucionaria. Respetuosos del derecho, pero del derecho revolucionario, no del derecho viejo; del derecho nuevo que vamos a hacer. Para el derecho viejo nada, ningún respeto; para el derecho nuevo, todo el respeto. Para la Ley vieja ningún respeto; para la Ley nueva todo el respeto».

En cuanto a la Constitución del 40, Castro dijo: «...De Constitución podemos hablar los que la hemos defendido. ¿Y de qué Constitución? De aquella que representa los intereses del país. Es bueno sentar aquí que el Consejo de Ministros revolucionario, representativo de la inmensa mayoría del pueblo, es el poder constituyente de la República en estos instantes, y que si un artículo de la Constitución resulta inoperante, demasiado viejo, el Consejo de Ministros revolucionario... transforma, modifica, cambia o sustituye ese precepto constitucional.»

La suerte estaba echada, pero no muchos se percataron de ello. Aprovechándose del vacío de poder y del estado reinante de epilepsia social, atizado por la mentira demagógica y el terror difuso, Castro cruzó el Rubicón de la legitimidad prometida y estableció como ley suprema del país el paredón de su horrenda tiranía. Esta malvada usurpación no fue solamente una transgresión del orden jurídico-constitucional como las que Cuba había padecido en el pasado. Fue un huracán marxista-leninista de violencia y de odio que arrasó la República, destruyó sus instituciones y rompió el hilo de sus costumbres y tradiciones.[13]

Ya han pasado en Cuba 42 años de subyugación, miseria y sufrimiento. El pueblo permanece cautivo, pero la resistencia, aunque pasiva, no se ha apagado, y la esperanza de libertad, aunque atenuada, no ha fenecido. Castro y su régimen caerán algún día (quiera Dios que sea pronto), pero ello no bastará, por sí solo, para pacificar el país y asegurar el tránsito ordenado y justo a la democracia representativa. Habrá que apoyarse durante la provisionalidad en una base constitucional, afianzada en nuestra historia, que haya sido legitimada por la voluntad expresa del pueblo de Cuba. Sin esa base, será muy difícil estabilizar el país y cerrar el capítulo tenebroso de la usurpación.

Simbolismo y Vigencia de la Carta del 40

El consenso nacional no podría forjarse poniéndole parches o enmiendas a la Constitución comunista de 1976, reformada en 1992. Eso vendría a ser una operación cosmética para hacerle un «lifting» a la tiranía.[14] Tampoco se lograría la concertación necesaria con una nueva Constitución espúria impuesta sin debate ni consentimiento por los gobernantes provisionales que sustituyan a los hermanos Castro. La única Carta que ofrecería

---

[13] Según el filósofo inglés John Locke, el que usurpe la soberanía del pueblo, trastorne su gobierno e invada sus derechos es «culpable de uno de los mayores crímenes que se puedan cometer, y responsable de todas las desgracias, de toda la sangre derramada, del pillaje y de todos los órdenes que destruyen un gobierno y asuelan un país. Todos los que cometan un delito tan enorme y de tan terribles consecuencias deben ser considerados como enemigos del género humano, como una peste fatal a los Estados, y deben ser tratados como se merecen.» Tomado de Carlos Sánchez Viamonte, *Manual de Derecho Político*, Editorial Bibliográfica Argentina, 1959, pág. 144.

[14] Uno de los fallos o errores de los países de Europa del Este, que vino a retrasar su recuperación en la etapa poscomunista, fue el haber prolongado la vigencia de sus Constituciones totalitarias. Ver Juan J. Linz y Alfred Stepan, *Problems of Democratic Transition and Consolidation*, Baltimore, The Johns Hopkins University Press, 1996, pág. 331 (caso de Hungría).

garantías con visos de legitimidad durante la transición, es decir, antes de consultar al pueblo mediante elecciones libres, es la última Constitución democrática de los cubanos, la de 1940.

Ésta no ha sido abrogada ni reformada por el pueblo, sino suspendida por la fuerza. No por haber regido «de facto» los úkases de Castro durante más de cuatro décadas tienen ellos validez «de jure». Según la doctrina democrática constitucional, los actos y resoluciones de usurpadores, sobre todo cuando violentan o suplantan arbitrariamente el conjunto de normas, usos y costumbres que conforman la nación, son «nullius juris». Por eso la Constitución argentina de 1994, entre otras, estatuyó en su artículo 36 que la Carta «mantendrá su imperio aun cuando se interrumpiere su observancia por actos de fuerza..., [los cuales] serán insanablemente nulos».

Claro que no todos los preceptos de la Constitución del 40 serían aplicables, ni podrían regir en una Cuba arrasada por la vesania castrocomunista. Además, habría que resolver situaciones de hecho con un criterio pragmático y equitativo. Esto podría resolverse mediante disposiciones transitorias que dejarían sin efecto artículos de imposible cumplimiento hasta que se pueda consultar al pueblo. Cuando llegue ese día, los delegados a una Asamblea Constituyente, o como en España después de Franco, los congresistas representativos de todas las vertientes políticas,[15] determinarían si lo que procede es reformar y actualizar la Carta de 1940, manteniendo sus esencias, o adoptar una nueva Constitución acorde con las necesidades y aspiraciones del país.

---

[15] En España, durante la transición posFranco, se celebraron primero elecciones generales bajo la Ley para la Reforma Política. Después, la comisión constitucional del congreso electo, integrada por siete diputados representativos de todas las fuerzas políticas del país, redactó una ponencia constitucional que fue debatida, artículo por artículo, en el pleno del congreso a lo largo de doce sesiones. Tras una tramitación similar en el senado, el pleno del congreso debatió y aprobó el dictamen final de una comisión mixta congreso-senado. Así se elaboró la primera Constitución española consensuada, sin extremismos ni imposiciones. Ver *20 Años Después. La Constitución Cara al Siglo XXI. Ob. Cit.* pág. 48.

Si alguna enseñanza debemos extraer los cubanos de la presente desgracia, es que una Constitución legítima es algo más que un compendio de preceptos fundamentales. Ella representa un pacto social para la civilizada convivencia, que tiene también mucho de simbólico porque encarna la soberanía del pueblo y encierra un delicado tejido de experiencias históricas, lazos culturales, usos, tradiciones y metas comunes, que forman parte integrante de la nacionalidad. Pisotear la Constitución o descartarla como papel mojado, como se hizo con la del 40, es atentar contra la nación y abrirle paso a la barbarie.

Por eso, a la caída del régimen de Castro, cuando alboree plenamente la libertad, sin ataduras totalitarias ni lastres continuistas, harían bien los que integren el gobierno provisional en reunir al pueblo, no en la plaza prostituida por el tirano, sino frente al templo profanado de las leyes: el Capitolio Nacional. Y allí, en un acto sencillo pero de hondo simbolismo, deberían desempolvar la Carta legítima de 1940 y jurar solemnemente que nunca más ningún déspota o demagogo habrá de usurpar la voluntad soberana del pueblo, y nunca más el dominio sombrío de las armas habrá de prevalecer sobre el imperio de la Constitución y de las leyes.

LOS PARTIDOS ¡FUERA! ¡LA PATRIA DENTRO!
Momento en que decía esta rotunda exclamación el Tribuno y Convencional Dr. José Manuel Cortina, en el discurso que pronunció en la Sesión inaugural de la Convención Constituyente, la tardel día 9 de febrero de 1940 y que colmó un violento tumulto provocado por rivalidades políticas de los Partidos concurrentes, que amenazaba con disolver la Constituyente.

II

PERSPECTIVA HISTÓRICA

PERSPECTIVA HISTÓRICA DE LA CONSTITUYENTE DE 1940[16]

Por el Dr. Carlos Márquez Sterling
Presidente de la Convención Constituyente de 1940

La Tesis del Dr. Carbonell Cortina

La Constitución de 1940 es un faro de esperanzas libertadoras para todos los cubanos. Bajo su imperio, nuestra República vivió días de grandeza política, social y económica.

De ahí que el Dr. Néstor Carbonell Cortina, pino nuevo de añoso tronco, haya decidido publicar ahora su tesis del doctorado de leyes, escrita hace diecisiete años, titulada: *El Espíritu de la Constitución de 1940* en los Derechos Individuales y Sociales.

En realidad, se trata de un examen global de la Carta de 1940, que a pesar del tiempo transcurrido y del eclipse total de la libertad en Cuba bajo la esclavitud del comunismo, aún conserva vigencia y debe ser, según Carbonell, la «fórmula de concordia nacional que nos una a todos los cubanos».

La Constitución de 1940, concreción jurídica de experiencias, necesidades y aspiraciones nacionales, no ha sido abrogada ni modificada por representantes legítimos del pueblo. Sólo ha sido suspendida por la fuerza.

Sostiene el Dr. Carbonell, a lo largo de su magnífico estudio, que «llegará el día en que nuestra Patria se libere del yugo comunista que la sojuzga y oprime, y será como un renacer

---

[16] Reproducción del prólogo del libro *El Espíritu de la Constitución de 1940* de Néstor Carbonell Cortina, Playor, Madrid, 1974.

de esperanzas cubanas». «Ese día –añade– necesitaremos una fórmula democrática de gobierno que nos permita pacificar el país y edificar la nueva República sobre bases sólidas de legitimidad y justicia».

Demostrando una fina percepción política, que le viene de casta, Carbonell traza un ideario digno de recogerse y adoptarse. Las realidades que imperen el día de la liberación –afirma con jerarquía jurídica– crearán seguramente la necesidad de reformar o suspender algunos preceptos de la Carta del 40 para hacerle frente a [situaciones] que no pueden ignorarse. Esta afirmación es exacta. Pero estamos convencidos, como el propio Carbonell, de que los legítimos mandatarios del pueblo cubano, en su día, ratificarán las esencias de la Constitución de 1940. Ella concilia, con un gran espíritu de nacionalismo, la libertad y la dignidad del hombre con el orden y la justicia social.

Tradición Constitucionalista de las Revoluciones Cubanas

Todas las revoluciones cubanas, excepto la castro-comunista, presentan un profundo tracto jurídico-legal. Así procedió la revolución independentista de 1868, constitucionalizándose en Guáimaro al año siguiente. La de Baraguá, en la protesta de «los Mangos» en 1878, dirigida contra el Pacto del Zanjón. Las de Jimaguayú y La Yaya, en 1895 y 1897, durante la guerra emancipadora de fines del siglo XIX, organizada por el genio político de José Martí.

Al libertarse la Isla, después de la Guerra Hispano-Cubano-Americana, lo primero que se hizo fue convocar a una Asamblea Constituyente. Esta Asamblea se reunió en La Habana y aprobó la Carta de 1901. Entró en vigor el 20 de mayo de 1902, al tomar posesión el presidente y los mandatarios elegidos, iniciándose así la primera República cubana.

La Constitución de 1940 no desconoció este gran tesoro de nuestras tradiciones; y del proceso revolucionario de 1933 salió el texto que, con tanta sabiduría y aciertos interpretativos, comenta el Dr. Néstor Carbonell Cortina.

Resumiendo: Guáimaro, Baraguá, Jimaguayú, La Yaya y 1901, son las Cartas Fundamentales originadas en nuestras revoluciones; ellas preceden a la del 40. Y no incluimos entre las mencionadas antes a la Constitución de 1928, pues la Asamblea Constituyente de ese año fue convocada durante el gobierno del Presidente Machado para autorizar la reelección y prórroga de poderes de todos los funcionarios electivos, y fue el punto de partida de la protesta cívico-política que generó la revolución de 1933.

La Revolución de 1933

La revolución de 1933 surge, como se ha dicho, de la protesta iniciada contra la reelección del Presidente Machado y la reforma de la Constitución de 1901 por la Convención Constituyente de 1928. Logradas las reformas a la Carta de 1901 y promulgadas en la Gaceta Oficial, en medio de agitaciones y rebeldías, el Presidente Machado se hizo postular por los tres únicos partidos existentes (Liberal, Conservador y Popular) en la llamada política del «cooperativismo».

Al cerrársele a la oposición las vías legales, se abrió el cauce revolucionario a través de la Unión Nacionalista, presidida por el Coronel Carlos Mendieta, y de los Directorios Estudiantiles de 1927 y 1930. Comenzó un período difícil. La protesta tomó primeramente las vías legales. Se acudió al Tribunal Supremo para que éste aceptara un recurso de inconstitucionalidad contra la reforma y la prórroga, y las declarara nulas. El Supremo desestimó el recurso, pero dos votos particulares declararon con lugar aquella apelación.

El 30 de septiembre de 1930, cuando los estudiantes desfilaban junto al monumento de Eloy Alfaro, en un pequeño parque aledaño a la Universidad de La Habana, la policía los detuvo. Surgió el choque y cayó muerto el estudiante Rafael Trejo. Ésta fue la señal definitiva del comienzo de la revolución.

A partir de entonces, se sumaron a la oposición contra el gobierno el General Mario G. Menocal, jefe y caudillo de las masas conservadoras, y el Dr. Miguel Mariano Gómez, Alcalde de La Habana, con una gran influencia en los hombres de fila del Partido Liberal. Menocal y Mendieta liquidaron una larga e histórica enemistad, y organizaron la llamada revolución de Río Verde, mientras que Carlos Hevia, Sergio Carbó y Lucilo de la Peña entraban en la Isla por Gibara para sumarse a la revolución. Estos movimientos fracasaron. Menocal y Mendieta fueron presos e ingresados en la Cabaña. Machado no se llenó de rencores. Poco después los amnistió, y todos ellos, más un número respetable de sus seguidores, tomaron el camino del exilio y se reunieron con sus jefes en Nueva York, estableciéndose, además, una colonia de desterrados en Miami, en la Florida.

Cuando el Presidente Machado creía tener dominada la situación, surgió la asociación secreta ABC, dirigida por los doctores Joaquín Martínez Sáenz y Carlos Saladrigas, y comenzó un nuevo tipo de revolución a base de bombas, petardos y atentados personales a los principales personeros del régimen y de las fuerzas armadas. En uno de esos atentados fue muerto el Presidente del Senado, Dr. Clemente Vázquez Bello. La reacción por parte del gobierno fue terrible. Distinguidos políticos de la oposición fueron ultimados en represalia.

Lograda la unidad de los revolucionarios en Nueva York, bajo la presidencia de don Carlos de la Torre, sabio profesor universitario, en abril de 1933, poco después de haber tomado posesión de la presidencia de Estados Unidos Franklin D. Roosevelt, fue enviado a La Habana, en calidad de Embajador, el distinguido diplomático Sumner Welles. Éste planteó al Presidente Machado la necesidad de llegar a un acuerdo político con los partidos y grupos de oposición, y se inició la llamada

Mediación. Esta mediación fue combatida por profesores y estudiantes universitarios, que no la aceptaron. Poco después surgió una huelga general, y el Embajador Welles forzó la renuncia de Machado.

Machado había nombrado Secretario de Estado al Jefe del Ejército, Alberto Herrera, el cual se posesionó de la presidencia, pero no habiendo sido aceptado por las fuerzas actuantes, renunció y le sustituyó el Dr. Carlos Manuel de Céspedes. Éste se hizo cargo de la situación el 12 de agosto de 1933. Días después, el 4 de septiembre, los sargentos y clases del ejército y la marina, encabezados por el Directorio Estudiantil del 30, «asumieron la responsabilidad de consagrar la intervención de las fuerzas armadas en la decisión de las luchas políticas de nuestro país» y derrocaron a Céspedes, estableciendo un gobierno colegiado integrado por los profesores universitarios Ramón Grau San Martín y Guillermo Portela, el periodista Sergio Carbó, el economista José Miguel Irizarri, y el banquero y hombre de negocios Porfirio Franca y Álvarez de la Campa. Este gobierno designó Jefe del Ejército al sargento Fulgencio Batista, quien fue ascendido a coronel y formó parte ex-oficio de la llamada Pentarquía. Días después, el 10 de septiembre, la Pentarquía adoptó el sistema político republicano-democrático y designó Presidente de la República al Dr. Ramón Grau San Martín, el cual formó gobierno.

Las primeras manifestaciones «constituyentistas» de la revolución de 1933 tienen lugar en este gobierno provisional. En efecto, el Dr. Grau, que había repudiado la llamada Enmienda Platt y se había negado a reconocerla como parte de la Constitución de 1901 o del llamado Tratado Permanente, declaró que era necesario convocar al pueblo de Cuba para que eligiera una Asamblea Constituyente con el objeto de que ésta, una vez reunida, discutiera y aprobara la nueva Carta Fundamental. A estos propósitos encaminó sus pasos, publicando la correspondiente declaración y regulando sus fines mediante decretos, algunos de los cuales no llegaron a publicarse.

Pero Grau se hallaba, después de la euforia popular con que fue saludada su presidencia provisional, en situación muy complicada, pues tanto los partidos políticos tradicionales, como una buena parte de las fuerzas nuevas, no estaban pensando en elecciones por el momento, y mucho menos en las de constituyentes. En este caso se encontraba especialmente el Partido Liberal, que había sido despojado por un decreto de su nombre y de su emblema y tachaba aquel proceso de ilegítimo, puesto que no tenía en cuenta todas las fuerzas políticas de la nación, las cuales debían participar en el empeño de constitucionalizar el país.

Los revolucionarios auténticos, como habían sido bautizados los partidarios y seguidores de Grau, y los del ABC, dirigidos éstos por Martínez Sáenz, en pugna por las glorias y los honores de la revolución, produjeron rebeliones y asaltos. El 2 de octubre fueron desalojados a cañonazos los oficiales del ejército depuestos el 4 de septiembre, quienes se habían refugiado en el Hotel Nacional. Y el 8 de noviembre fue derrotado el ABC. Habiendo promovido un alzamiento para apoderarse del Campamento de Columbia, el Castillo de Atares, y los cuarteles de la policía en la ciudad de la Habana, no encontró el apoyo popular que suponía. La figura dominante en estos acontecimientos era el Coronel Fulgencio Batista, quien dirigía la única fuerza organizada para poner orden y encauzar el país.

No obstante estas victorias, el gobierno de Grau no se estabilizó e hizo crisis. Le sustituyó el Ingeniero Carlos Hevia. No pudo formar gobierno y renunció. Se hizo cargo provisionalmente de la presidencia, el Secretario de Estado don Manuel Márquez Sterling. Convocó a una Junta de Sectores Revolucionarios y éstos eligieron unánimemente presidente provisional al Coronel Carlos Mendieta.

Se Inicia el Camino Hacia la Convención Constituyente de 1940

Contra lo que han propalado sus enemigos, el gobierno de Mendieta decidió convocar a elecciones de constituyentes, adhiriéndose a la línea más revolucionaria de las dos corrientes políticas que se disputaban entonces el favor del pueblo.

En efecto, el 3 de febrero de 1934, por decreto-ley publicado en la Gaceta Oficial, convocó a elecciones de constituyentes, señalando el 31 de diciembre para llevarlas a su más cabal realización.

La gestión de Mendieta tropezó con la oposición de comunistas, auténticos y abecedarios. Tomaban los dos primeros, de pretexto, a los viejos partidos rehabilitados por Mendieta y se negaban a participar en los comicios convocados, haciendo responsables de los errores del gobierno de Machado a dichas agrupaciones.

A esto vinieron a sumarse dos hechos fundamentales. La oposición de los claustros de profesores universitarios al gobierno de Mendieta, y la huelga revolucionaria, que finalmente se llevó a efecto en marzo de 1935. Esta huelga, de grandes proporciones, donde se hallaban mezclados los partidos de izquierda y los comunistas, fue vencida por el ejército y la policía al mando respectivamente de los Coroneles Fulgencio Batista y José E. Pedraza.

Anulados los efectos de la huelga y dispersos los sectores revolucionarios, los partidos políticos iniciaron de nuevo la consigna: «constituyente primero y elecciones después». Pero el General Menocal advirtió enérgicamente que si se efectuaban elecciones de constituyentes antes que las generales, después de lo ocurrido con la huelga revolucionaria, su partido, el Conjunto Nacional Democrático, el más fuerte de todos en aquellos momentos, se abstendría de tomar parte en las elecciones. Menocal agregaba en sus declaraciones que era necesario poner orden definitivo en el país mediante autoridades de elección popular y después celebrar las de constituyentes, y ya en un clima de paz, efectuar la discusión y aprobación de la nueva Constitución.

Restablecida la tranquilidad pública, el Presidente Mendieta declaró «que tenía el deber inexcusable de dotar al país de un gobierno que le devolviera la plenitud de sus libertades y permitiera ordenadamente ponerle fin al régimen de facto». Pero al mismo tiempo hacía constar que «hubiera preferido primero la elección de constituyentes, por ajustarse al proceso revolucionario que imperaba en el país desde la reforma y prórroga de poderes acordadas en la Convención de 1928".

Las Elecciones Generales de 1936

Las elecciones generales se efectuaron el 10 de enero de 1936. Fue electo el «ticket» presidencial Gómez-Laredo frente al de Menocal-Cuervo Rubio, y la situación política y económica comenzó a encauzarse en el país. En abril tomó posesión el Congreso elegido. Y antes de la inauguración de Gómez-Laredo, el día 13 de aquel mes, el representante Antonio Bravo Acosta presentó una moción encaminada a viabilizar el proceso constituyentista. La Cámara designó una comisión que debía presentar el proyecto de la nueva Carta Fundamental. La presidía el propio doctor Bravo Acosta, y era secretario de la misma el Dr. Eduardo Suárez Rivas, representante por la provincia de Las Villas y líder del Partido Liberal en aquel cuerpo colegislador.

Al discutirse en el pleno, el que estas líneas escribe ocupaba la presidencia de la Cámara, y propuso y fue aceptado encabezar la reforma con una disposición preliminar compuesta de tres preceptos. Se modificaba en ellos el artículo 115 de la Ley Constitucional vigente, de manera que la Convención, en su día, pudiera declararse libre y soberana para redactar y aprobar la nueva Constitución sin cortapisas ni impedimentos legales de ninguna clase. Al remitirse al Senado, éste designó una comisión que culminó en una más amplia de carácter bicameral, de legisladores de ambos cuerpos. Nombró asesor de dicha bicameral, para entenderse con la redacción de la ley electoral y del proyecto final de la nueva Carta, al eminente jurista, doctor Gustavo Gutiérrez y Sánchez, profesor de Derecho Internacional Público de la Universidad de La Habana.

Andando los días, después de la toma de posesión del Presidente Gómez, surgió una disparidad entre éste y el Jefe del Ejército, Coronel Batista. El Presidente se oponía a la legislación que creaba las escuelas cívico-rurales y gravaba el saco de azúcar con nueve centavos. Los fondos se destinaban al sostenimiento de dichos centros educativos. Cuando el Presidente anunció el veto, la situación alcanzó niveles de gran gravedad. Acusado Gómez por la Cámara ante el Senado, se constituyó este cuerpo en Tribunal de Justicia, presidido por el titular de nuestra más alta Corte, y con fecha 23 de diciembre de 1936 procedió a la destitución de Gómez. Años después, por acuerdo de 20 de diciembre de 1950, el Presidente Gómez fue rehabilitado.

Presidencia del Dr. Laredo Brú

Fue muy afortunada y de provechosos resultados la presidencia del Dr. y Coronel Federico Laredo Brú. Conocedor del medio y de los hombres que se movían en él, Laredo sabía sortear con verdadera habilidad las dificultades de aquél régimen, pues si bien él presidía la República, era Batista su verdadera fuerza desde el campamento de Columbia, por lo que cuidaba su actuación y no forzaba los acontecimientos sino se atemperaba a ellos, una vez removidos los obstáculos que se le oponían.

Laredo resolvió mediar entre los jefes de la oposición y el Coronel Batista. Encontró a éste dispuesto a acceder al deseo de constitucionalizar el país. Después de una actuación inteligente, reunió en su finca del Wajay a los representantes de todos los partidos, gubernamentales y oposicionistas, entre los cuales tuvimos nosotros el honor de estar presente. Asistieron Grau y Batista, y se dieron un apretón de manos. Laredo pronunció unas palabras muy patrióticas, y abierto el debate de aquella asamblea inolvidable, comenzó la discusión con el fin de encontrar la mejor forma de convocar y reunir la Convención Constituyente que acordara una nueva Constitución.

Los Acuerdos de la Finca Párraga

Las discusiones de la finca del Wajay, conocida con el nombre de Finca Párraga, culminaron felizmente en las elecciones de delegados a la Asamblea Constituyente. Estos comicios se efectuaron con arreglo a la Ley Electoral de 1939, redactada por los doctores Gustavo Gutiérrez, Miguel Suárez Fernández y el que estas líneas escribe. Tuvieron efecto el 15 de noviembre del año antes citado. De un censo de 1.940.444 electores inscritos, votaron aproximadamente el 57 por ciento, siendo electos los delegados de acuerdo con el sistema de representación proporcional. El gobierno obtuvo 35 delegados y la oposición 42. El gobierno había sido derrotado.

La coalición gubernamental se componía de los siguientes partidos y delegados electos:

Partido Liberal: Manuel Benítez González, César Casas, José Manuel Casanova, Miguel Calvo Tarafa, José Manuel Cortina, Felipe Correoso, Arturo Don, Rafael Guas Inclán, Orestes Ferrara, Quintín George, Alfredo Hornedo, José A. Mendigutía, Delio Núñez Mesa, Emilio Núñez Portuondo, Juan Antonio Vinent Griñan y Fernando del Villar (16).

Partido Nacionalista: Francisco Alomá, Fernando del Busto, Nicolás Duarte Cajides, Simeón Ferro Martínez, Ramón

Granda, Felipe Jay Raoulx, Amaranto López Negrón, Juan B. Pons Jane y Francisco Prieto (9).

Partido Comunista: Romárico Cordero, Salvador García Agüero, Juan Marinello Vidaureta, Blas Roca, Esperanza Sánchez Mastrapa y César Vilar (6).

Conjunto Nacional Democrático: Antonio Martínez Fraga, Eugenio Rodríguez Cartas y Alberto Silva Quiñones (3).

Partido Nacional Revolucionario (Realista): José Maceo González (1).

La coalición oposicionista se componía de los siguientes partidos y delegados electos:

Partido Revolucionario Cubano (Auténtico): Salvador Acosta Casares, Aurelio Álvarez de la Vega, Ramiro Capablanca, Eduardo R. Chibás, Mario Dihigo, José Fernández de Castro, Ramón Grau San Martín, Alicia Hernández de la Barca, Emilio Laurent, Gustavo Moreno, Eusebio Mujal Barniol, Manuel Mesa Medina, Emilio Ochoa Ochoa, Manuel Parrado Rodés, Carlos Prío Socarrás, Primitivo Rodríguez, Miguel Suárez Fernández y María Esther Villoch (18).

Partido Demócrata Republicano: José R. Andreu, Rafael Álvarez González, Antonio Bravo Acosta, Antonio Bravo Correoso, Alberto Boada Miqueli, Juan Cabrera, Ramón Corona, Miguel Coyula, Pelayo Cuervo Navarro, Francisco Dellundé, Joaquín Meso, Manuel Orizondo, Mario Robau, Santiago Rey y Manuel Fueyo (15).

Partido Acción Republicana: Adriano Galano, Félix García Rodríguez, Carlos Márquez Sterling, Ramón Zaydin y Manuel Dorta Duque (5).

Partido A.B.C.: Francisco Ichaso Macías, Joaquín Martínez Sáenz, Jorge Mañach Robato, Salvador Esteva Lora (4).

Es bueno hacer constar que el General Mario García Menocal, el Dr. Miguel Mariano Gómez, el Dr. Gustavo Cuervo Rubio y el Dr. Ramón Zaydin fueron elegidos por más de una provincia. Menocal, Cuervo Rubio y Gómez renunciaron definitivamente a pertenecer a la Asamblea, y fueron sustituidos por sus respectivos suplentes. El Dr. Zaydín optó por la provincia de La Habana, entrando por Santiago de Cuba, en su lugar, el Dr. Galano. En definitiva, la nómina de los delegados quedó tal y como se transcribe más arriba. Algunos comentaristas hacen ascender el número de delegados a 81, cuando en realidad no fueron más que 77, pues no tienen en cuenta las renuncias de aquellos personeros antes mencionados, que fueron sustituidos al constituirse la Asamblea.

Se Constituye la Asamblea de 1940

Entre la elección y la toma de posesión de los electos, los delegados de los cuatro partidos oposicionistas, presididos por sus respectivos jefes, Menocal, Grau, Gómez y Martínez Sáenz, se reunieron en la residencia del General retirado José Martí y Zayas Bazán, hijo del Apóstol Martí, para acordar la línea de conducta común a seguir y escoger los candidatos a la presidencia, vice-presidencia y secretaría de la mayoría. Hubo acuerdo unánime en elegir a los doctores Grau, Presidente, Martínez Sáenz, Vice-Presidente, y Boada, Secretario.

En lo político chocaron dos tendencias. Una, que entendía que la soberanía de la Asamblea era absoluta. Otra, que fijaba como límite de esa soberanía la potestad de redactar y aprobar la Carta. Después de una larga discusión, a propuesta del que estas líneas escribe, se acordó fijar esa soberanía hasta para recortar mandatos, sin llegar a la designación del Gobierno.

Finalmente, se acordó que el Dr. Mañach pronunciara el discurso inaugural el día de la constitución de la Asamblea, correspondiendo seguramente al que habría de pronunciar el Dr. José Manuel Cortina, designado por la coalición gubernamental.

La Convención Constituyente inauguró sus sesiones el 9 de febrero de 1940. Clausuraba un período de violaciones constitucionales, abierto en 1928 con motivo de la prórroga de poderes y de la reelección del Presidente Machado. Y ponía término a los siete años de leyes constitucionales, acordadas por los Consejos de Secretarios y el Consejo de Estado que existían en los gobiernos provisionales de Mendieta a Barnet.

El día de la apertura en el hemiciclo de la Cámara de Representantes, en el Capitolio Nacional, resultó de imperecedera recordación. Era un crisol en ebullición. Tenía el exacto reflejo de su grandeza popular. Allí estaba, en toda su integridad, con su impresionismo y noblezas características, la nación cubana, fundada en Guáimaro noventa años atrás. Afuera, todo el país escuchaba por la radio el grandioso espectáculo que estaba transmitiéndose.

Abrió el acto el Presidente Laredo Brú, con unas breves y sencillas palabras transidas de emoción.

Constituyeron la mesa de edad el Dr. Antonio Bravo Correoso, delegado que había sido de la Constituyente de 1901, quien era el de más edad, y los delegados Salvador Acosta Casares y Eusebio Mujal Barniol, secretarios, por ser los más jóvenes.

A continuación hicieron uso de la palabra los señores Jorge Mañach por la mayoría y José Manuel Cortina por la minoría, y Juan Marinello por los comunistas.

Mañach era un excelente orador, y cumplió su cometido con la brillantez que le caracterizaba. «Nuestros partidos –dijo con sobriedad– no usarán su mayoría para empequeñecer esta Asamblea con sentido faccioso». Este discurso fue recibido fríamente por las tribunas populares, en las que predominaban las fuerzas del radicalismo más exagerado.

Le sucedió el Dr. Cortina, líder de los Partidos Liberal, Nacionalistas, Conjuntistas y Realistas. Pronunció este gran orador de Cuba republicana uno de sus más elocuentes discursos. Coincidía en el enfoque doctrinal con Mañach. «¡Aquí –dijo Cortina– debemos apagar las pasiones egoístas y estar hermanados en este sagrado propósito. Para ello es imperiosa la solidaridad nacional ¡Los partidos, fuera! ¡La Patria dentro!».

Esta última frase de Cortina produjo cierto desasosiego en las tribunas. Había en ellas muchos partidarios de que la Asamblea fuera trampolín de pasiones políticas y pudiera, a la terminación de su cometido, elegir un nuevo gobierno sin tener en cuenta las realidades y materialismos de que estaba rodeado todo aquel proceso. Este ambiente fue recogido por el Dr. Cortina con la sagacidad de su talento ejemplar. «Llamo la atención, señores delegados, que esta es una Convención Constituyente, y que una Convención de esta índole es como un altar de creación, como un templo. Y en los templos todos estamos obligados a reprimir nuestras pasiones».

«No olvidemos –dijo Cortina al terminar– que esta Patria no tuvo por máximo apóstol a un hombre cruel, que para unir a los cubanos usara sólo el implacable y homicida acero. La nación cubana, en su liberación, tuvo por jefe y por guía al más evangélico de los libertadores del mundo, aquel que, hasta para sus enemigos, pedía la Rosa Blanca… La Patria de Martí no debe ser patria de fratricidas... La Patria de Martí tiene que ser de todos, con todos, y para el bien de todos».

En la sesión celebrada el día 14 de febrero (1940) se efectuó la elección de la Mesa de la Asamblea, cuyo resultado fue el siguiente:

Para Presidente, Ramón Grau San Martín 39 votos. El candidato de la minoría fue el Dr. Cortina y obtuvo 29 votos. Primero y segundo Vice-presidentes los señores: Joaquín Martínez Sáenz de la mayoría, y Simeón Ferro Martínez de la minoría, con 39 y 29 votos respectivamente.

Constituida la mesa, el Dr. Grau San Martín dio las gracias en un breve y emotivo discurso, y la Asamblea comenzó sus sesiones. El primer asunto a debatir fue la discusión y aprobación de la Disposición Preliminar, proponiendo que la Convención se declarase libre y soberana mediante la reforma y promulgación del artículo 115 de la Ley Constitucional de 11 de junio de 1935. Fue aprobada. El propio Presidente de la Asamblea la promulgó, enviándola a la Gaceta Oficial. Puestos de pie todos los convencionales, el Dr. Grau pronunció las siguientes palabras: «Queda proclamada la libertad y la soberanía de la Asamblea Constituyente».

Presidencia de Grau San Martín

Los problemas que el Dr. Grau tenía que resolver, antes de entrar en la discusión de los proyectos de Constitución, eran los que a continuación se expresan: 1) duración de la Asamblea; 2) el reglamento; 3) el acuerdo de las magistraturas; 4) la renovación de los poderes constituidos; 5) la coexistencia del Congreso con la Asamblea; 6) el régimen parlamentario o presidencial; y 7) el momento en que entraba a regir la nueva Carta.

Solventó todos estos asuntos en medio de grandes dificultades, pues la Asamblea constantemente se desviaba de sus verdaderas funciones, pasando a tratar mociones y proposiciones de carácter general, algunas de ellas ligadas a problemas universales. Dentro de este clima, se creó una Comisión Coordinadora. Fue designado para presidirla el Dr. José Manuel Cortina. Sobre esta Comisión, y sobre la persona del Dr. Cortina, pesó la organización y estudio de los proyectos que, una vez armonizados, debían ser traídos a discusión al pleno para su aprobación definitiva.

Debemos llamar la atención de los lectores acerca de un asunto de suma importancia. Al mismo tiempo que se celebraba la Asamblea, se efectuaba el proceso electoral, y eran candidatos el Dr. Grau y el Coronel Batista. Éste había renunciado a la jefatura del ejército para poder presentarse con el traje civil. En estas condiciones, el General Menocal y su Partido, el Demócrata Republicano, resolvieron separarse de la coalición que formaba la mayoría en la Asamblea, para aceptar la candidatura de Batista por la coalición de sus partidos afines. Naturalmente, al faltarle los votos menocalistas a la mesa de la Asamblea, el Dr. Grau se vio en minoría. Y aunque fue ratificado en la presidencia, estimándose que la política no debía irrumpir en las sesiones de la Convención, una decisión suya, que no respaldó el pleno, lo llevó por aquella situación y este resultado a renunciar a la presidencia de la Asamblea, y esto determinó la crisis total de la Mesa.

Presidencia de Márquez Sterling

Enfrentaba el que estas líneas escribe una situación verdaderamente comprometida cuando fue electo Presidente de la Asamblea en sustitución del Dr. Grau. Sólo se habían aprobado parte de los títulos I, II, III y IV del proyecto que venía discutiéndose. En esta situación, por un acuerdo del pleno, se decidió conferir a la Comisión Coordinadora la potestad de armonizar el proyecto y traerlo por capítulos al hemiciclo para discutirlo y aprobarlo en su totalidad. Al mismo tiempo, se modificó el reglamento y se autorizó al nuevo Presidente a fijar la duración de los turnos en favor y en contra.

La Comisión Coordinadora, admirablemente dirigida por el Dr. Cortina, trajo al pleno los acuerdos. Y fueron aprobados. De esta manera, pude clausurar las sesiones de la Constituyente el 8 de junio de 1940, es decir, a los tres meses de plazo que se había fijado en los acuerdos. Un mes después, se firmó en Guáimaro la Carta y la promulgué en la escalinata del Capitolio. Era el 15 de julio de 1940.

La Carta del 40
La Constitución de 1940, escrita, discutida y aprobada sin presiones de ninguna clase ni intervenciones de poderes extranjeros, fue obra de todos los partidos políticos de aquella época, de todas las asociaciones, grupos y sociedades que informaron en las comisiones, y de los hombres más capaces de entonces, y constituye la prueba más eficaz de la madurez del pueblo de Cuba cuando es legítimamente interpretado por sus mandatarios, honestamente elegidos en comicios intachables.

Políticamente, la Constitución de 1940 declara que nuestra República es un estado independiente y soberano, organizado unitaria y democráticamente para el disfrute de la libertad, la justicia social, el bienestar individual y la solidaridad humana.

Conteniendo la estructura del régimen parlamentario regulado, el Presidente era poder moderador y debía gobernar a través de gabinetes presididos por un Primer Ministro, responsable ante el Congreso de su política y de la de su gabinete. Desdichadamente, ninguno de los Presidentes de la República (Batista, Grau y Prío) puso en funcionamiento el expresado régimen.

El mandato presidencial duraba cuatro años y no existía reelección, sino pasados ocho años. El Poder Legislativo estaba compuesto de dos cuerpos: Cámara y Senado. La Cámara se componía a razón de un miembro por cada 35.000 habitantes, o fracción mayor de la mitad de esta suma. El Senado quedaba compuesto de nueve senadores por provincia: seis por la mayoría y tres por la minoría. El Poder Judicial gozaba de una independencia absoluta.

En materia de derechos individuales, la Ley Fundamental, destruida por el castro-comunismo, reconocía los principios más adelantados. Todos los cubanos eran iguales ante la Ley; la República no reconocía fueros ni privilegios, declarándose ilegales y punibles las discriminaciones de cualquier clase.

Las leyes no tenían efecto retroactivo; estaba prohibida la confiscación y no se podía expropiar a nadie sino por causa de utilidad pública y previa indemnización; no existía la pena de muerte, sino por traición a la Patria; estaban prohibidas las jurisdicciones especiales; nadie podía ser condenado sin ser oído; existía el registro de presos y la presunción de inocencia mientras durara el proceso; había hábeas corpus, libertad de movimiento, derecho de reunión, secreto de la correspondencia; libertad de pensamiento; inviolabilidad del domicilio; libertad religiosa y de conciencia; derecho de petición; se podía entrar y salir del territorio nacional sin ninguna interferencia; se autorizaba la resistencia legal contra aquellas disposiciones que disminuyeran o restringieran todos estos derechos, suprimidos por el castro-comunismo.

Si en el orden político y civil la Carta del 40 es una de las más avanzadas y progresistas del mundo, en el orden de las conquistas obreras se halla a la cabeza de la mayor parte de los textos de esta índole en el mundo entero. Todos estos derechos están protegidos, y el régimen de los seguros sociales –dice la Enciclopedia Británica, en su edición de 1958, Tomo VI, pág. 833– es de los más avanzados del mundo, pues incluye las vacaciones pagadas y el expediente de despido, sin el cual los obreros, oficinistas y empleados no podían ser separados de sus cargos, sino a virtud de dicho expediente y por sentencia firme que en vía de apelación dictaba la Sala de Garantías Constitucionales y Sociales del Tribunal Supremo, creada específicamente por la propia Carta del 40. Éste último derecho, ni siquiera era reconocido en Estados Unidos, de cuya avanzada legislación social nadie podrá dudar razonablemente.

En el orden económico y cultural, la Constitución de 1940 marcó amplias directrices. Reconoció la existencia y legitimidad de la propiedad, en su más amplio concepto de función social; declaró el subsuelo propiedad del Estado; dispuso que la tierra, los bosques y las concesiones de los mismos, utilización de aguas, etc., medios de transportes, y las empresas de servicios públicos, debían de ser explotados de manera que propendieran al bienestar social; proscribió los latifundios; dispuso la limitación de tierras, estableciendo el Homestead y declarando de utilidad pública todas aquellas tierras o terrenos donados o mercedados a censo en la época de España, cuyos títulos pretendían revalidarse en los pleitos entre los propietarios y los colonos, aparceros, precaristas o poseedores. Puede asegurarse que la Constitución de 1940 liquidó totalmente esta situación heredada de la colonia y complicada con las Ordenes militares de la primera intervención americana, en los primeros años del siglo, antes de constituirse la Isla en República.

La Constitución de 1940 saneó la situación económica de la Isla, colocando al cubano, sin los antiguos amarres de la arcaica legislación colonial, en situación de labrar una fortuna, o al menos, en condiciones de tener acceso a las posiciones de dirección y mando de las empresas. Fijó, en sus preceptos, el fundamento de leyes posteriores para la existencia decorosa de los ciudadanos; reguló los jornales y salarios fijando un mínimo; dispuso el fomento y la diversificación de la agricultura, la industrialización del país, la captación de la plusvalía de las tierras rústicas y urbanas; reguló los arrendamientos, aparcerías, colonatos, refacción agrícola y molienda de cañas, procurando cumplir las necesidades socio-económicas a fin de mantener la industria azucarera sobre las bases de la división de los dos grandes factores propendientes a su desarrollo: industriales y agricultores, es decir, productores y sembradores.

La Constitución de 1940 y sus leyes posteriores contribuyeron en el curso de los años a la creación de una clase media poderosa de técnicos, expertos, funcionarios especializados y pequeños capitalistas. Estos sectores permitieron a los cubanos recuperar las dos terceras partes de la industria azucarera, fuente principal de nuestra riqueza, y fomentar la industrialización, situando a Cuba muy lejos de ser un país sub-desarrollado como se ha venido diciendo, y se sostiene todavía, pues se hallaba francamente en la fase del «despegue». Por esto no es raro que los cubanos en el destierro hayan demostrado su capacidad y condiciones extraordinarias. La Constitución de 1940 tiene su parte en ello.

En Cuba, los gobernantes surgidos de la revolución del 33 cometieron grandes y costosos errores políticos a causa de pasiones y aspiraciones perturbadoras, pero no descuidaron el aspecto social y económico del país, de manera que cuando triunfó la revolución castrista, Cuba se hallaba en el pináculo de su economía, y el año de 1957 había sido el más productivo de toda su historia colonial, republicana y democrática.

La Constitución del 40 durante los Gobiernos de Batista, Grau y Prío

El Presidente Batista, en su primer mandato, y el Congreso elegido con él, no tocaron la Constitución de 1940. Su primera reforma, de carácter parcial, tuvo efecto por la Ley n.º 14 de 18 de diciembre de 1946, que modificó el artículo 98, y fue publicada en la Gaceta Oficial de 20 del propio mes y año. Dicho artículo 98, originalmente, exigía el 51 por ciento de mayoría de los votos emitidos en las urnas para declarar electos a los candidatos a cargos ejecutivos. Es decir, en muchos casos, determinaba la necesidad de una segunda vuelta entre los dos candidatos de mayor votación. Esta sana regla de elección popular estorbaba a los jefes políticos, y fueron ellos los que tramitaron esa reforma. Nosotros no nos hallábamos en el Congreso. De haber estado presentes nos hubiéramos opuesto con todas nuestras energías a esa modificación. En resumen, la reforma vino a favorecer a los partidos grandes en detrimento de los pequeños, que en la primera vuelta, por pluralidad de sufragios, quedaban fuera de combate. Esta reforma se produjo siendo el doctor Grau Presidente de la República.

El ocaso de la Constitución de 1940 comienza con el golpe militar del 10 de marzo, incubado y dirigido por el General Fulgencio Batista. Fue destituido el Dr. Carlos Prío Socarrás, a quien solo faltaban siete meses de mandato, y esto ocurrió a tres meses de la celebración de los comicios de 1952.

No hay dudas de que el General Batista trastornó los cauces legales de la República. Pero es absolutamente falso que en el orden gubernamental que siguió después se cometieran todas las indignidades y crímenes que se le han atribuido por la propaganda comunista.

Después del golpe del 10 de marzo de 1952, se promulgó por el gobierno de facto la Ley Constitucional de 4 de abril del propio año. No afectaba al sistema económico y social, ni a las conquistas de trabajadores y empleados, ni tampoco al régimen de garantías individuales y políticas. Pero trastornaba por completo la regulación de los derechos electorales, y suprimía el texto del artículo 98 en cuanto al voto. Dicho texto decía:

«El voto se contará única y exclusivamente a la persona a cuyo favor se haya depositado, sin que pueda acumularse a otro candidato, etc...»

Se regresaba a la ley anterior al 40 en la cual se autorizaba que los votos de los representantes de la columna donde figuraba el candidato presidencial se le contaran a éste. Aquella transgresión provocó las primeras manifestaciones de oposición a dicho régimen, y culminó con la abstención política de los partidos más radicales. El único que aceptó la modificación fue el Dr. Grau y su partido, que concurrió a las elecciones de 1954 y naturalmente perdió.

La Ley Decreto 1133 de 30 de octubre de 1953 dispuso que la Constitución de 1940 entrara nuevamente en vigor tan pronto el Presidente electo en 1954 tomara posesión.

Con excepción de la duración de los mandatos de los Representantes a la Cámara que un decreto inconsulto fijó en cuatro años, la Constitución de 1940 se promulgó nuevamente en su global estructura. Pero, naturalmente, estos cambalaches no podían ser aceptados por la ciudadanía en aquellos momentos. La realidad era que la Constitución de 1940 carecía del valor absoluto que le había dado su promulgación por la Constituyente del 40. Había perdido su virginidad, y así lo interpretaba la inmensa mayoría del pueblo cubano. En esta verdad fundó Fidel Castro su protesta, el asalto al cuartel Moncada y sus múltiples declaraciones, después que fue condenado por un Tribunal de Justicia en Santiago de Cuba, y aun después que el Congreso, con la anuencia y la aprobación del General Batista, lo amnistió en 1955 para tratar de dotar a un nuevo proceso electoral de aquellas garantías que habían faltado en los comicios de 1954.

Ya en vísperas de los comicios de 1958, la Constitución de 1940 sufrió una nueva reforma, esta vez por el Congreso, estableciendo, en lugar de una minoría senatorial, dos minorías. Reforma que no complació y que por otra parte no resolvió la situación, pues la mayor parte de los partidos se encontraban en el retraimiento, es decir, en la abstención, con excepción del Partido Revolucionario Cubano, Auténtico (Inscrito) presidido por el Dr. Grau, y el Partido del Pueblo Libre, dirigido por el que estas líneas escribe. Sosteníamos ambos la tesis de que la solución de nuestro drama político de 1952-58 no se hallaba en la Sierra Maestra, donde se había alzado en armas Fidel Castro, sino en la verificación de unos comicios que franquearan, con un mandato limitado a dos años, una nueva Convención Constituyente que ratificara solemnemente la del 40, o que escribiera, discutiera y aprobara otra, si fuere menester. Pero nada de esto operó. Los comicios de 1958 no resolvieron sino que agravaron la situación creada a partir del 10 de marzo de 1952, hace ya 22 años, y aún no hemos salido de ella, tan grave es para los pueblos violar su Ley Fundamental.

Martí y la Constitución de 1940

En varias oportunidades de mi vida pública he aludido a estas tristes realidades que se juntan al unísono para hacernos comprender lo que hemos perdido y necesitamos recobrar. Queremos repetirlo ahora, con mayor alcance, al prologar este gran trabajo de Néstor Carbonell Cortina, nieto de dos grandes cubanos, José Manuel Cortina y José Manuel Carbonell, e hijo de un político avisado y de visión certera, Néstor Carbonell Andricaín.

«Fue necesario que José Martí se inmolara gloriosamente en Dos Ríos para que a partir de aquel instante tremendo se comprendiera a plenitud su vida, su obra y sus grandes sacrificios».

«Con la Constitución de 1940 ha sucedido algo parecido. Se precisó el desconocimiento de sus mandatos, la traición y el ultraje de todo su contenido para que los cubanos, una vez que ha dejado de regir en nuestra Patria, tuvieran conciencia de que eran poseedores de una de las leyes más fundamentales de estos tiempos».

Tal vez sea por eso que nuestro Apóstol y la Ley Fundamental de 1940 se mencionen tanto y resulten en nuestro triste y amargo destierro dos puntos luminosos hacia los cuales vuelven los cubanos sus ojos cargados de esperanzas en esta lucha por la nueva independencia de la Patria. A José Martí, con su ideal heroico de actividades, todas patrióticas, se le mira como ejemplo y acicate. A la Constitución de 1940, escrita y aprobada por los cubanos, sin injerencias foráneas, es decir «con virtud doméstica», se le ve como el mejor basamento jurídico sobre el cual construir la nueva Patria por la que han dado su sangre y su vida tantísimos mártires de la tiranía comunista, quienes, junto con los de ayer, constituyen el mandato más sagrado de nuestras actividades presentes y futuras.

No hay que prestar atención a aquellos indiferentes, verdaderos suicidas, que contemplan impávidos nuestro drama, pues tenemos la seguridad de que el pueblo cubano pertenece, desde hace siglos, a esa raza de peleadores y ciudadanos que no se resignan a vivir sin Patria.

Nueva York, invierno de 1974.

III

LOS GRANDES DEBATES

LA INVOCACIÓN A DIOS EN EL PREÁMBULO DE LA CONSTITUCIÓN

El tema de la invocación a Dios suscitó un memorable debate en la Convención Constituyente de 1901. En defensa de la invocación, Manuel Sanguily aseveró con acendrada elocuencia: «Dios es, al cabo, el símbolo de lo supremo, y no puede comprenderse que sea para nadie humillante que levantemos a Él nuestras manos y le pidamos amparo... Bueno es procurar asirnos a un ancla de oro suspendida en el espacio, pues esa idea santa representa algo más poderoso que la voluntad de los hombres y más firme y permanente que las vicisitudes de la historia.»

Inspirada en esos principios, la comisión coordinadora de la Constituyente de 1940 sometió a la asamblea el preámbulo siguiente:

«Nosotros, los delegados del pueblo de Cuba, reunidos en Convención Constituyente a fin de dotarlo de una nueva Ley Fundamental que consolide su organización como Estado independiente y soberano, apto para asegurar la libertad y la justicia, mantener el orden y promover el bienestar general, acordamos, invocando el favor de Dios, la siguiente Constitución».

Antes de someterse ese texto a votación, se presentaron dos enmiendas que excluían la invocación a Dios. La que originó apasionado debate fue la que suscribieron los delegados del Partido Comunista:

«Nosotros, los delegados del pueblo de Cuba, a fin de dotarlo de una nueva Ley Fundamental que consolide su organización como Estado independiente y soberano, asegure el disfrute popular de la riqueza nacional, garantice la igualdad ciudadana sin discriminaciones ni privilegios, y afiance sobre su estructura democrática la realización de la justicia social, acordamos y adoptamos la siguiente Constitución».
(Fdo. Juan Marinello, César Vilar, Blas Roca, Salvador García Agüero, Esperanza Sánchez, Romárico Cordero).

Las dos figuras centrales del debate fueron: el ilustre repúblico y veterano de la Guerra de Independencia, Miguel Coyula (en contra de la enmienda que excluía la invocación a Dios), y el líder comunista de caudaloso verbo, Salvador García Agüero (a favor de la enmienda). Participaron también en el debate los convencionales Francisco Alomá (a favor) y Carlos Prío Socarrás (en contra).

Sr. Coyula (Miguel): «La enmienda que nos ocupa tiende esencialmente a excluir del preámbulo de la Constitución que vamos a ofrecer al pueblo cubano la invocación del favor de Dios....»

«Yo pregunto, señores delegados, ¿qué daño se le infiere al pueblo de Cuba, cualesquiera que sean las representaciones ostentadas en este hemiciclo –todas respetabilísimas– invocando el favor de Dios? Pensemos, señores, que laboramos para un país creyente, que podrá en cierta proporción no ser un pueblo de practicantes, pero que, indiscutiblemente, es un pueblo de elementos que tienen alma y a quienes conviene llevar por el camino de la ilusión que alienta y no por el de la fe perdida, que destruye y envilece.»

«....¿Por qué negarnos a invocar el favor de Dios? ¿No pensaron siempre que la fe podía mucho, aquellos que luchaban en 1868 y 1895 por la libertad de Cuba? ¿No lo invocaban en la manigua libertadora, frecuentemente, los héroes mambises moribundos? Muchos de nuestros compañeros, al dar a la vida el adiós definitivo, pensaban en la novia linda, en la madre idolatrada, y junto con la novia y con la madre, tenían en sus labios, en tales momentos (los labios santificados por la gloria y por la muerte), un recuerdo para Dios.»

«En la Asamblea Constituyente de 1901, hombres extraordinarios, entre los cuales figuraban Pedro González y Manuel Sanguily, arquetipos de gran ciudadanía, invocaron también el favor de Dios, y lograron al fin que sus compatriotas decidieran que tal invocación figurase en el preámbulo de la Constitución.»

«Vivimos, señores delegados, en un momento de abatimiento colectivo, de confusión, de sombra, y, en algunos aspectos, de tristes inmoralidades. A todos nos afectan dichas realidades, porque todos nos sentimos cubanos, cualesquiera que sean las representaciones ostentadas en este hemiciclo.

Sr. Roca (Blas): «*¿Me permite una interrupción?*»

Sr. Coyula (Miguel): «Con mucho gusto.»

Sr. Roca (Blas): «Tengo el concepto de que, para el creyente, Dios es lo más grande y lo más divino que hay. S.S. está diciendo que estamos frente a esas inmoralidades. ¿Por qué mezclar a Dios en estas cosas?»

Sr. Coyula (Miguel): «Precisamente, señor Blas Roca, estimo que invocando algo superior a nuestras fuerzas haremos al país dos grandes beneficios: Primero, sentirnos fortificados nosotros mismos en el orden colectivo; segundo, indicarle a nuestro pueblo que todavía puede confiar en algo que es conveniente [que] no pierdan... Ese algo indispensable, señor Roca, se llama la fe...»

«Señores delegados: No debemos dar al pueblo de Cuba la triste impresión de que en medio de tantos ideales e ilusiones que sucumben en nuestra tierra, todo, absolutamente todo, se ha perdido.

Debemos darle siquiera como un lenitivo, como un bálsamo, que si no salva, por lo menos alivia, la impresión [de] que somos hombres que tienen fe en inspiraciones muy altas, y creyendo que ellas alientan para la lucha, procuran ponerse a tono con tales inspiraciones, invocando el favor de Dios.»

Sr. Alomá (Francisco): «Yo lamento no estar de acuerdo con el preámbulo que ha formulado la comisión coordinadora, después de las palabras vertidas por mi distinguido compañero, señor Coyula, muy bellas en su fondo, muy elevadas y muy patrióticas...» «En cambio, estoy en total acuerdo con la enmienda presentada por el señor Marinello y los señores Vilar, García Agüero, Roca, Esperanza Sánchez y Cordero... A juicio mío – y en esto repito las palabras del señor Blas Roca– Dios se tiene *in mente*... la invocación a Dios se hace para sí... porque esas son cuestiones espirituales para uno, no para una Constitución que habremos de votar los convencionales de 1940.»

Sr. García Agüero (Salvador): «Quiero aclarar, tanto al señor Coyula como a todos los señores convencionales, que está muy lejos de ser la intención única de los miembros del Partido Unión Revolucionaria Comunista la de excluir del preámbulo esta invocación a favor de Dios.»

«Entendemos que el pueblo nos ha convocado aquí para que reorganicemos las bases del estado, afianzando nuestra independencia y nuestra soberanía. Entendemos que nos convoca el pueblo para que aseguremos el disfrute, para él, de la riqueza popular de un modo bien distinto y más justo... Entendemos que nos llama el pueblo aquí para que se garantice la igualdad ciudadana sin discriminaciones ni privilegios... Entendemos, en definitiva, que el pueblo nos convoca aquí para que se afiance la estructura democrática de hoy... a fin de garantizar... la mayor amplitud de la verdadera justicia social a que todo pueblo libre ha de aspirar.»

«....En cuanto a la invocación a Dios, diremos sencillamente lo siguiente: Entendemos que no hay ninguna razón que justifique la imposición de esta invocación en este preámbulo, cuando existe la realidad indudable de que ésta es una Constitución hecha para todo el pueblo de Cuba sin distingos de ninguna especie; y nadie puede afirmar, con visos de veracidad, que todo el pueblo de Cuba está inclinado o dispuesto, se siente impulsado u obligado, a hacer realmente esta invocación.»

«El pueblo de Cuba, como todos los pueblos de la tierra, está integrado por individuos de los cuales unos tienen una creencia, otros [tienen] otra, aquellos tienen una fe, otros carecen de principio o creencia religioso, y todos poseen, y cada cual a su modo, su concepto del mundo y de la vida, más o menos agradable a cada cual, más o menos pormenorizado o detallado, pero cada quien tiene el suyo, a menudo discrepante del de los demás.»

«Y no hay ninguna razón que pruebe que sea necesario, o justo, o lógico, que los hombres que no aceptan un criterio religioso se vean obligados por una afirmación de esta índole a aparecer realizando una invocación que..., de acuerdo con su criterio y su doctrina, entienden que no es... aconsejable.

«Ahora bien, el señor Coyula afirmaba que los constituyentes de 1901 no eran menos cubanos que nosotros, y sin embargo, habían establecido en el preámbulo la invocación a Dios...»

«Si de eso se trata, al señor Coyula podríamos decir entonces, contradiciendo su criterio respetable, que tampoco eran menos cubanos que los constituyentes del año uno, los de Guáimaro, Jimaguayú y La Yaya, y en ninguno de los preámbulos de aquellas tres Constituciones, esencialmente raigales en los fundamentos de la cubanidad, figuraba, ni como asomo, una alusión lejana o remota a la invocación al favor de Dios.»

¿«Por qué no lo hicieron los constituyentes de aquellas tres asambleas? Tal vez por una razón, tal vez por otra; acaso porque quiso cada uno, en ejercicio libérrimo de esa absoluta independencia de criterio filosófico o moral, respetar el criterio de tantos y tantos revolucionarios de aquel momento que no tenían... esa creencia religiosa.»

«Decía el señor Coyula que la acción estimuladora de algo superior a nosotros mismos, y que está por encima de nuestros intereses, es indispensable, y añadía a una pregunta del compañero Blas Roca que es necesario decirle al pueblo que todavía podemos ofrecerle algo que sea bálsamo y consuelo, que si no salva al menos alivia: la fe...»

«Me parece, desde el punto de vista espiritualista, muy bien esta afirmación del señor Coyula; pero yo afirmo que nuestro deber y nuestro compromiso no es..., en el momento trascendental en que hay que trasformar las bases esenciales de la sociedad...., decirle al pueblo que por lo menos tenemos algo en qué poner nuestra esperanza, algo que sería alivio, teóricamente: la fe»...

«¡No! amigos míos, la única fe que importa en este caso es la fe esencial que han de tener estos delegados, como el pueblo que les respalda..., en la verdadera virtualidad de la institución republicana y democrática; la fe que no ha de ponerse en un poderío extraterreno que puede acordar bienandanzas y dolores y que puede en un caso o en otro hacer venturosa, por obra de milagros, la existencia de la humanidad.»

«Lo que hay que hacer entre nosotros es partir rectamente, por la vía práctica y eficaz, a la reestructuración de la economía nacional y a la garantía cierta de que los derechos de cada hombre han de ser respetados; a la renovación de todas las instituciones nacionales que han sido maltratadas a lo largo de cuarenta años de República...»

«Para eso estamos aquí... pero no lo lograremos jamás si sólo nos ponemos a pensar que una invocación a tal o cual potencia extraterrena...»

Sr. Coyula (Miguel): «¿Me permite una interrupción el señor García Agüero, con la venia de la Presidencia?»

Sr. García Agüero (Salvador): «Con mucho gusto.»

Sr. Coyula (Miguel): «El señor García Agüero duda de que pueda ser efectivo, si sólo nos dedicamos a hacer invocaciones... Me parece que la afirmación, cerrándola en ese particularismo extremo, no está a tono con lo que he manifestado.»

«Lo que creo es que las fuerzas espirituales, en este caso, pueden ser fuerzas coadyuvantes, cooperadoras. Debemos tener fe en nuestras energías; pero nada impide que robustezcamos el espíritu para sentir así más firmes nuestra conciencia y nuestra voluntad.»

Sr. García Agüero (Salvador): «Me parece muy estimable la afirmación del señor Coyula. Claro está que si sólo en la invocación a Dios se pone la esperanza de solución, efectivamente estaríamos ya perdidos, y no pretendo imputar al señor Coyula una afirmación semejante.»

«....Yo sostengo, señores, que la invocación a Dios es, en primer término, inadecuada, por cuanto no es una invocación que todos compartimos. Y si algunos de nosotros tienen ciertamente fe en ese más allá y en ese Poder Superior y ultraterreno, nada les impide hacer... la invocación que corresponda a ese Supremo Hacedor supuesto que ha de iluminarlos, pero los demás no tenemos, por ninguna razón, que hacernos solidarios de esta invocación...»

«....Hagamos como los constituyentes de La Yaya, que no remitieron su actuación... a la responsabilidad suprema, distante y exoneradora de un Dios de tal o cual categoría, sino [que] dijeron, sencillamente, que estaban en aquella asamblea para responder estrictamente a los intereses del pueblo...»

«...Nuestra labor no ha de tener más que un Dios, un responsable, un fiscal: el pueblo soberano que aquí nos envió... Y si salimos de aquí cumpliendo su mandato, nos dará el mejor de los parabienes; pero si salimos habiendo violentado sus intereses o sus necesidades, o habiendo olvidado lo que es demanda entrañable de su vida desesperada, no tendrá otra cosa que la función colérica de su justicia inexorable, que es la única a la que nosotros nos remitimos.»

Sr. Prío Socarrás (Carlos): «Debo declarar ante todo que si el problema de la invocación a Dios, que parece [ser] el centro de la discusión y el motivo único de discrepancia, no se hubiera traído al hemiciclo, no sería yo ciertamente quien se levantara a proponerlo.»

«Estimo que en las distintas Asambleas Constituyentes a que ha hecho referencia el convencional García Agüero no debió haberse planteado el problema...; pero ya en este camino..., me parece que si de veras vamos a interpretar la voluntad popular, no debe excluirse esa invocación porque es innegable que el pueblo de Cuba es esencialmente espiritualista...»

«...El dicho de que estamos avanzando, y es obra de los que avanzan quitar esas evocaciones espiritualistas, no debe ser una afirmación rotunda... La humanidad en su evolución... avanza cuando regresa a las más viejas ideas filosóficas ¡No se estima avance el criterio radical materialista!»

«...Quien no cree, quien vive ajeno a la existencia de un Ser Supremo que rige los destinos de los hombres, aquel para quien la religión no es un problema, en fin, para el ateo. , [le] ha de ser indiferente que se invoque o no a Dios. Pero no sucede lo mismo para aquellos otros para quienes la existencia toda del ser humano está regida por ese Ser Supremo al cual aman y temen y cuya ayuda creen indispensable cuando van a acometer grandes empresas en la vida. Por respeto a estos últimos no debe borrarse [esta] invocación...»

[Las enmiendas excluyendo la invocación a Dios fueron rechazadas y se aprobó, por amplia mayoría, el texto del preámbulo que aparece en la Constitución.]

IGUALDAD ANTE LA LEY

El primero de los derechos individuales consagrados en la Constitución de 1940 es el que se refiere a la igualdad ante la Ley. Esta igualdad de protección y oportunidades en justicia y libertad –corolario del respeto universal a la dignidad humana– no admite distingos ni privilegios discriminatorios.

Cabe aclarar, sin embargo, que protección jurídica igualitaria no implica nivelación o uniformidad en el reconocimiento de esfuerzos, talentos y virtudes. Desgraciados los pueblos en que el funcionario venal tenga la misma consideración que el magistrado probo, el legislador torpe que el sagaz estadista, el lépero rufián que el ciudadano honesto. La democracia, sin una escala de valores cívicos, morales e intelectuales que la enaltezca, se anquilosa en la mediocridad, degenera en la abyección, y cae a la postre en la dictadura, gangrenada por la demagogia y la corrupción.

Siguiendo los lineamientos pautados en la Carta de 1901, los convencionales de 1940 establecieron en el artículo 20 de la nueva Constitución que:

«Todos los cubanos son iguales ante la Ley. La República no reconoce fueros ni privilegios.»

Conscientes, sin embargo, de que la armonía y el progreso social del país requerían de un mandato más explícito y conminatorio para hacerle frente al lastre ignominioso de la discriminación racial, los delegados le impartieron fuerza muscular al enunciado constitucional. A ese efecto, agregaron lo siguiente:

«Se declara ilegal y punible toda discriminación por motivo de sexo, raza, color o clase, y cualquiera otra lesiva a la dignidad humana. La Ley establecerá las sanciones en que incurran los infractores de este precepto.»

El texto de este artículo, que correspondió casi literalmente al dictamen que la comisión coordinadora presentó y defendió ante el pleno de la asamblea, no satisfizo a los delegados del Partido Comunista. Éstos, representados por Salvador García Agüero, formularon una enmienda casuística que pretendía llevar a la Carta del 40 ejemplos específicos de discriminación, tales como «toda disposición o acto que impida a cualquier ciudadano el disfrute de los servicios y lugares públicos, el derecho al trabajo y a la cultura en todos sus aspectos y el pleno goce de sus funciones civiles y políticas, por su raza, color, sexo, clase o cualesquiera otros motivos discriminatorios.»

El debate fue intenso, ya que numerosos convencionales no vinculados a los comunistas decidieron apoyar su enmienda por ser más detallada y precisa que el dictamen. Y estuvo caldeada la discusión, porque elementos radicales de la opinión pública trataron de politizar la controversia, distribuyendo impresos en los que se tildaba de racista a todo el que se opusiera a la enmienda.

En realidad, la discrepancia no era de fondo, sino de forma. La mayoría objetó únicamente el casuismo de la enmienda por considerar que la enumeración pormenorizada de los casos de discriminación era propia de una ley complementaria, y no de la Constitución.

No obstante un incidente personal que se suscitó en pleno debate, prevaleció la cordura. Al final se acordó agregar, con espíritu transaccional, el concepto «color» a los motivos de discriminación mencionados en el dictamen, y se dispuso en una transitoria que las sanciones correspondientes a las violaciones del precepto serían establecidas por ley dentro de las tres legislaturas siguientes a la promulgación de la Constitución.

Veamos un resumen de los alegatos y de las explicaciones de los votos a favor y en contra de la enmienda formulada por Salvador García Agüero, así como del debate posterior que culminó en la aprobación del dictamen con ligeras modificaciones.

Sr. García Agüero (Salvador): «Nuestra enmienda pretende aclarar... el propósito y alcance que este artículo debe tener... Entendemos que existe [un] estado discriminatorio..., que procede del... momento en que la integración económica y social de este país empezó a ajustarse, fundiendo al hombre negro con el blanco por la vía del proceso de la esclavitud.»

«De entonces a acá..., este proceso se ha ido incrementando... [Esto] ha dado como consecuencia el mantenimiento de prejuicios..., de opresiones, de rémoras, de limitaciones..., que constituyen no sólo una lacra para cualquier organización o país democrático, sino además un peligro para su estabilidad interior y un obstáculo para su avance y desarrollo...»

«Nadie ignora que existen numerosísimos lugares y servicios de carácter público, dentro de los cuales el criterio discriminatorio impide a los hombres y mujeres negros disfrutar plenamente de iguales derechos que el resto de los ciudadanos cubanos.»

«Nadie ignora que, en cuanto al trabajo, son también objeto de discriminación constante y evidente en los innumerables ramos de la vida económica del país, especialmente en los de más ventajosa remuneración...»

«Nadie ignora tampoco que, incluso en lo cultural, infinidad de motivos discriminadores están evidenciando cada día la situación inferiorizada en que se coloca al ciudadano negro.

Incontables escuelas privadas, religiosas y laicas (porque ya hemos dicho... que aquí hasta Dios, a quien algunos invocan a menudo, es discriminador), establecen una división hostil... entre blancos y negros del país, limitando de este modo el acceso a la cultura de un porcentaje considerable, –el treinta y tanto por ciento– dicen nuestros censos oficiales de la población nacional.»

«Nadie ignora tampoco que, aún en el aspecto de la política, se producen también iguales circunstancias...»

«Nos parece, por esta razón, que el viejo precepto estrictamente teórico que afirmaba que todos los cubanos son iguales ante la Ley, no es suficiente... para garantizar realmente esa igualdad... Es necesario que se establezcan, como lo establece la enmienda, las sanciones necesarias para que toda violación de esa igualdad ciudadana sea efectivamente penada...»

«Por esta razón es por la que hemos presentado la enmienda, señalando e insistiendo en los aspectos específicos en que es menester que insista la Constitución ahora, y más tarde la ley, para corregir las consecuencias de semejante prejuicio. Y sólo cuando esto se haya hecho, es cuando estaremos ciertamente en la vía de una integración de la nacionalidad cubana...»

Sr. Cortina (José Manuel): «Me levanto en una forma muy curiosa dentro de la dialéctica. En cuanto al fondo, al propósito, estoy de acuerdo [con la enmienda]... Aquí no estamos discutiendo, ni podemos discutir, que... una parte del pueblo cubano tenga una situación de inferioridad respecto de otra; pero [sí] discutimos [y objetamos] la redacción [de la enmienda]: no principios ni normas con las que yo estoy de acuerdo y tengo la seguridad que está de acuerdo la unanimidad de la Convención.»

[Sometida la enmienda a votación, fue rechazada por una mayoría de tres votos. La diversidad de opiniones, matices y criterios se hizo patente en las explicaciones de los votos emitidos. Veamos una muestra.]

Sr. Capablanca (Ramiro): «He votado que no [a la enmienda] porque... estimo que la redacción del precepto, tal como viene en el dictamen de la comisión coordinadora, comprende la enmienda del señor García Agüero y resulta más amplio todavía... Como decía el doctor Cortina, no solamente incluye los casos especificados en la enmienda..., sino también cualquier otro que pueda estar omitido..., desde el momento que el precepto del dictamen dice que se declara ilegal y punible toda discriminación por motivo de sexo, raza o cualquier otro lesivo a la dignidad humana.»

Sr. Guás Inclán (Rafael): «He votado que sí, o sea favorablemente a la enmienda de los señores García Agüero y otros, porque creo que en este problema –uno de los de más hondura que ha de encarar esta Constituyente– no deben privar las generalizaciones abstractas que llegan a pecar de vagas. Si la generalización regula la materia, ningún precepto más hermoso ni más amplio que el de la Constitución del año 1901, que declaró iguales ante la ley a todos los cubanos y prohibió toda clase de privilegios personales.»

«A pesar de la hermosa declamatoria de la Constitución del año 1901, el torpe prejuicio racial ha vivido en nuestras costumbres y ha vivido en nuestras realidades... En el partido donde yo milito, en una de sus bases, se proclama la absoluta igualdad racial que la enmienda del señor García Agüero propugna, y creo que va a poner el dedo en la llaga en las distintas manifestaciones donde florece esa preterición.»

«He creído mi deber votar esa enmienda, como votaré todas aquellas otras que traten de acabar de una vez y para siempre con la discriminación. Bajo el cielo de nuestra patria no debe haber cubanos de un color ni de otro. No es posible establecer jerarquías entre nosotros por algo tan baladí como es el pigmento.»

Sra. Hernández de la Barca (Alicia): «He votado a favor de la enmienda... porque creo que en una Constitución se han de resolver de una manera precisa, de una manera definitiva, todos aquellos problemas que afectan a cualquier sector de la sociedad. Aunque aquí se ha dicho… que hay algunos problemas que no se pueden llevar a la Constitución, porque no se puede poner allí todo lo que se nos ocurra, yo, aceptando las indicaciones bien intencionadas e inteligentísimas hechas en un discurso pronunciado por el doctor Cortina en 1931, he seguido al pie de la letra sus consejos. Él dice: [lee].»

«Ése es uno de los motivos que me han hecho votar a favor [de la enmienda para resolver] un problema doloroso, de largos años, que se confronta aquí en Cuba.»

Sr. Cortina (José Manuel): «Pido la palabra para alusiones… La distinguida convencional señora Hernández de la Barca, al referirse a su voto particular, me ha hecho el honor de citar palabras mías del discurso titulado Presidentes y Parlamentos, en el que hice la defensa de una reforma constitucional encaminada a hacer cesar el régimen político que determinó la revolución y a establecer… una modalidad del sistema parlamentario en Cuba.»

«…En el discurso pronunciado por mí, yo sostengo la tesis de que una Constitución es un traje adecuado a las necesidades del país, y que cuando… exista algún dolor o algún abuso mantenido constantemente, es conveniente que en la Constitución se establezca un precepto que evite el dolor o el abuso existente.»

«Precisamente eso es lo que se hace aquí… en el precepto que yo defiendo. Con lo que yo no estoy de acuerdo es que en la Constitución, al señalar la prohibición y su sanción, se entre… a hacer una descripción minuciosa de todas las infracciones que se puedan producir… Eso es ya puramente reglamentario…»

«En los Estados Unidos, por ejemplo, existía el abuso nacional de las bebidas alcohólicas en condiciones [tales] que sus gobernantes estimaron que hería medularmente la vitalidad de la nación. Entonces se hizo una reforma constitucional en la que se estableció la prohibición de distribuir bebidas alcohólicas... [Pero] en la Constitución americana, que desciende a este caso especial..., no se reglamenta las clases de bebidas que se han de considerar tóxicas, ni las penas que se impondrán a los que se intoxiquen, ni lo que se hará con los establecimientos que expendan bebidas frente a las leyes... Esto sería absurdo... Basta la prohibición con carácter genérico para que las leyes puedan castigar debidamente.»

«Como se ve, al sostener la tesis que mantengo ahora, no me he puesto en contradicción con... aquel discurso, sino que lo ratifico.»

Sra. Hernández de la Barca (Alicia): «¿Me permite una interrupción? Quiero aclarar que en modo alguno hice una crítica al señor Cortina; hice una cita que, como todas las suyas, siempre enseñan.»

Sr. Cortina (José Manuel): «Solamente he querido señalar que sigo manteniendo la misma doctrina de adaptación constitucional que [la señora Hernández de la Barca] mantiene. Nos diferenciamos en cuanto a la extensión de ese criterio..., [que] no puede llevarnos hasta los límites menudos y casuísticos de un reglamento.»

Sr. Mañach (Jorge): «He votado que no a la enmienda... porque entiendo que el precepto del dictamen a la vez que conserva la dignidad y la solemnidad de la Constitución del año Uno, subsana los defectos de que aquella ha adolecido. Entiendo que la cuestión de dignidad en la forma no es ociosa...

Sr. Roca (Blas): «¿Quiere usted decir que nuestra enmienda tiene indignidad en la forma...?

Sr. Mañach (Jorge): «Hablo de dignidad, señor Roca, no en sentido moral, sino en el todo, en el estilo...»

Sr. Roca (Blas): «Eso quiere decir que nuestra enmienda es indigna.»

Sr. Mañach (Jorge): «No, señor Roca, en lo absoluto he podido decir eso.»

«...El precepto de la Constitución del año Uno tenía cierta vaguedad, como ya se ha señalado aquí. Era un precepto que empleaba palabras de un sentido puramente jurídico; la palabra fuero, la palabra privilegios, son palabras de sabor e intención jurídicos... Soy partidario de ese precepto, porque tiene el corte constitucional que todo precepto debe tener, pero estimo que debe ser completado.»

«El párrafo [del actual dictamen]: Se declara ilegal y punible... [continúa leyendo], es de tal concreción racial, tan categórico y explícito contra la discriminación, que no comprendo yo cómo pueda evadirse ninguna situación al alcance de este precepto.

«Por otra parte..., el párrafo, tal como está en el dictamen, entraña un concepto adicional, que me parece importante, cuando declara que no podrá establecerse discriminación por motivo de sexo, raza u otro cualquiera igualmente lesivo a la dignidad humana. Esta última frase está estableciendo el principio moral en el cual nos basamos los constituyentes del año 40 para pronunciarnos de una manera explícita y específica en contra de toda discriminación. Lo hacemos porque tales actos son lesivos a la dignidad humana. Esta idea, que no figura en la enmienda propuesta, es una razón más, a mi juicio, para preferir la redacción del dictamen. Por eso he votado contra la enmienda.»

[Terciaron también en el debate, para explicar sus votos, los convencionales Carlos Márquez Sterling, Eusebio Mujal y Ramón Zaydín. Éstos apoyaron la enmienda por considerar que la unión moral de los cubanos –crisol de razas no alcanzado por la nación en cierne– hacía imperativa la especificidad constitucional en el señalamiento de los casos punibles de discriminación. Tras concluir las explicaciones de voto respecto a la

enmienda rechazada, se sometió a debate el artículo del dictamen. Las palabras en contra de Salvador García Agüero, que a continuación se resumen, dieron lugar a otra propuesta de enmienda que incluía expresamente el concepto «color» como motivo de discriminación y ordenaba, mediante una disposición transitoria, el establecimiento de las sanciones correspondientes dentro de las tres legislaturas siguientes a la promulgación de la Constitución. Esta segunda enmienda al dictamen mereció amplio respaldo, y fue aprobada.]

Sr. García Agüero (Salvador): «He pedido la palabra en contra del dictamen... Puede decirse, como ha afirmado el señor Guás Inclán..., que resulta tan amplio en alguna de sus expresiones, que prácticamente comienza a ser vago y a no ser útil.»

«Pero... hay otra circunstancia esencial que nos obliga a estar en contra del artículo. Dice él que: Se declara ilegal y punible toda discriminación por motivo de sexo, raza o clase, u otra cualquiera, etc. Nuestro criterio es que aquí hay una omisión que resulta esencial, especialmente para nuestro país. Esta omisión se refiere a... la palabra color.»

«A alguien podrá parecerle, tal vez, superficial o insustancial esta modificación... Yo afirmo que es esencial de todo punto. En nuestro país no hay un problema de razas, efectivamente... Pero afirmamos que existe un problema de discriminación [por motivo de color].»

«...[En] un país como el nuestro, de un mestizaje tan profundo, tan intrincado... es muy difícil de separar con claridad las verdaderas líneas divisorias entre una raza y otra; [es] tarea de cíclopes... desentrañar de un modo... preciso hasta dónde llega y hasta dónde no, la mezcla de sangres blancas y negras en todas las venas de la población...»

«...Un país como éste no puede tener un problema de razas, porque para que exista... es preciso que [halla] un núcleo efectivo y considerable de raza pura... Y esto está probado por los antropólogos de nuestra generación [que] no existe, prácticamente... en Cuba, país de mestizaje, que en la retorta de su humanidad local ha ido fundiendo todas las sangres que han venido a constituir la nación...»

«Pero lo cierto es que en Cuba existe un problema de color... Es el color [lo] que diferencia aquí a los hombres...; es por motivo de una coloración más o menos oscura por lo que se... prejuzga contra determinados núcleos de la población.»

«No es raro, por estas razones, ver cómo en todos los aspectos de la vida política, económica y social nos encontramos de continuo con el caso del mestizo que esconde su condición social de tal por una razón que no es ni siquiera de indignidad... Es simplemente que la realidad económica, que injustamente maltrata a los unos y concede ventajas y tributos a los otros, les hace pretender incluirse dentro del grupo de los privilegiados por una natural tendencia humana a la vida mejor.»

«No siendo en Cuba el problema de la discriminación problema de raza, sino problema de color, nos parece, o demasiado torpe o demasiado significativo, que se omita precisamente lo que importa: el color, y que se establezca aquello que no cuenta: la raza...»

Sr. Ichaso (Francisco): «¿Me permite una interrupción?»

Sr. García Agüero (Salvador): «Con mucho gusto.»

Sr. Ichaso (Francisco): «Yo tengo entendido, señor García Agüero, que la razón por la cual fue rechazada la enmienda de S.S. no fue por el detalle del color. Al contrario, creo que precisamente prosperaría el que se especificase el color. Las razones que S.S. ha alegado me han convencido y estimo que debe incluirse el color...»

Sr. García Agüero (Salvador): «Yo no estoy defendiendo, señor Ichaso..., la enmienda. La enmienda es cosa liquidada. Estoy, sin embargo, oponiéndome al precepto... para señalar lo que me parece defectuoso, y proponer como consecuencia su rectificación.»

«Por lo tanto, terminado [de discutir] el problema del color, proponemos [además] una transitoria en la cual, en el término de tres legislaturas –como propusiera el señor Bravo Acosta– se haga la ley correspondiente [para establecer] las sanciones que deban impartirse a los que incumplan el precepto.»

Sr. Cortina (José Manuel): «El espíritu del precepto que la comisión coordinadora redactó, tomándolo en esencia de la sección correspondiente, tiene la mayor amplitud y el... mejor deseo de comprender completamente toda discriminación y abarcar y remediar todo dolor social que quiera encerrarse en ese precepto.»

«Por esta razón yo acepto, y tengo la seguridad que toda la comisión la acepta, la [última] enmienda del señor García Agüero: que se ponga el concepto del color.»

«Estoy de acuerdo porque eso viene bien con mi deseo de [eliminar] toda discriminación. Quisiera abarcar hasta las que en este momento no se nos ocurran. Quisiera eliminar la posibilidad de que esa palabra elemental, que forma un punto neurálgico, tuviera razón de existir. Yo creo que el señor García Agüero tiene razón en cuanto a que se señalen tres legislaturas [para establecer las sanciones]. Estoy de acuerdo, y puedo asegurar de antemano que la comisión coordinadora lo está...»

[Las dos proposiciones del señor García Agüero fueron recogidas en una nueva enmienda presentada por los convencionales Ramón Zaydín, Eusebio Mujal, Pelayo Cuervo y José Maceo. Antes de ser sometida a votación con amplio respaldo, el convencional José Manuel Casanova pidió la palabra, no para oponerse a la enmienda, pero sí para comentar el clima intimidatorio que reinó durante el debate y para expresar hondas reservas sobre el método legalista de resolver con sanciones el hondo problema de la discriminación racial].

Sr. Casanova (José Manuel): «Decía, hace breves momentos, que no tenía la intención de intervenir en el debate, porque la cuestión que está sometida a la consideración de la asamblea ha sido ilustrada y defendida, muy brillantemente por cierto, por varios señores delegados...»

«Pero al penetrar en el hemiciclo..., alguien puso en mis manos panfletos acusatorios, escritos en forma áspera y ruda, en los cuales se atacaba airadamente a los señores convencionales que hemos votado en forma contraria a la [primera] enmienda que hubo de presentar la representación del Partido Comunista...»

«...La cuestión se ha desorbitado más de lo debido... Porque es lo cierto, señores delegados, que aquí nadie... ha pretendido negar la existencia de una inquietud racial evidente y palpable... Y al desorbitarse la cuestión, sustrayéndola de su ambiente natural y justo, se creó un problema que no existía, [presentándose] a unos delegados como defensores esforzados y heroicos de los innegables derechos de la raza de color cubana y a otros delegados como enemigos despiadados y obtusos de esos mismos derechos.»

«...Niego rotundamente que establecer sanciones, de la naturaleza... que aquí se han apuntado, resuelva el problema del negro en Cuba. Creo que esas sanciones, al final, serán inaplicables y, por lo mismo, ineficaces. Yo creo honradamente, señores delegados, que ninguna minoría racial debe escoger esta ruta para la reivindicación de sus derechos hollados...»

«Yo predico y a la vez practico mi amistad a la raza negra de Cuba. Que lo digan, si no, los muchos negros que son comerciantes, colonos y altos empleados en las fincas azucareras de mi propiedad, a los cuales no les han faltado nunca ni mis consejos ni mi protección. Yo sostengo, señores delegados, que es así y no de otra manera, como se ayuda de verdad al negro cubano en sus... empeños de superación ciudadana. Pero señores delegados de recia mentalidad y con mejores títulos de los que puedo exhibir yo, reclaman esta medida, que a mi juicio es imprudente y además ineficaz para los altos fines que persigue... y yo voy a votarla, declinando... la responsabilidad de su futura consecuencia, si a la postre resulta que hemos herido de muerte los derechos que hemos querido defender.»

Sr. Chibás (Eduardo): «*¿Debo entender que S.S. se opone a la disposición transitoria?*»

Sr. Casanova (José Manuel): «No, señor. Estoy diciendo que la apoyo absolutamente; estoy, en todo caso, calmando los latidos de mi conciencia y salvando mi responsabilidad histórica... Pido a Dios que yo sea el equivocado; y pido a todos que para ayudar al negro se le dé la mano, se le emplee en actividades que hasta ahora le han sido negadas..., se le brinden oportunidades. De todo esto está urgido el negro cubano, ... cansado de frases bellas y pensamientos rutilantes, ... que suelen durar muy poco después que el eco se pierde en la agitación de los días y en el crujir de este mundo atacado de histeria.»

[Sometida a votación esta última enmienda al dictamen, fue aprobada por unanimidad, según se hizo constar en acta].

IRRETROACTIVIDAD DE LAS LEYES CIVILES
(Salvo casos Excepcionales y con Indemnización)

El debate sobre la retroactividad versus la irretroactividad de las leyes civiles resultó tan intenso y variado en sus enfoques, que la comisión coordinadora dejó en libertad a sus miembros para que plantearan sus puntos de vista sin apego al dictamen presentado. Pesaba sobre los hombros de los delegados una grave responsabilidad, agudizada por la crisis económica que padecía el país y por las implicaciones de medidas radicales, como la moratoria hipotecaria, que hubo que adoptar.

En efecto, Cuba en 1940 era un país sin banca nacional; sin sistema monetario propio; sin banco de refacción agrícola e industrial, y con una deuda hipotecaria y pignoraticia que se calculaba en más de 400 millones de pesos. Para complicar la situación, la circulación monetaria era ínfima, y la riqueza nacional se había desvalorizado en un veinticinco o treinta por ciento.

Ante estos hechos alarmantes, los convencionales se vieron precisados a acudir a la moratoria para evitar, de un lado, la quiebra en masa de deudores insolventes, y del otro, la apropiación de gran parte de la riqueza nacional por algunos acreedores, en su mayoría extranjeros. En tal virtud, se suspendió o aplazó el ejercicio de las acciones nacidas de los contratos, y se llegó también a reducir los intereses.

Estas medidas perentorias, de excepción, fueron llevadas a la Carta de 1940 por la vía de una disposición transitoria con término de vigencia limitado. Ello no obstante, quedaba la preocupación de que si no se establecía en el articulado de la Constitución un precepto claro y terminante sobre esta materia, el congreso en el futuro podría continuar la práctica anarquizante, permitida por la Ley Constitucional de 1935, de alterar con festinación el orden legal y contractual preexistente. Conscientes del clima funesto de inseguridad jurídica que esto crearía, algunos delegados, como el distinguido parlamentario Santiago Rey Perna, defendieron el principio de la irretroactividad de las leyes civiles, sin excepciones, consagrado en la Constitución de 1901.

Por su parte, el doctor Orestes Ferrara, desgranando sólidos argumentos históricos y doctrinales, sostuvo la tesis contraria de la retroactividad de las leyes civiles, pero con la obligación de indemnizar en los casos en que se lesionasen derechos adquiridos. Los delegados comunistas, representados por Salvador García Agüero, rechazaron el concepto de indemnización y varias de las condiciones propuestas para autorizar la retroactividad. Otros convencionales, como Miguel Suárez Fernández y Manuel Dorta Duque, coincidieron en la defensa de los principios fundamentales que prevalecieron en el debate: a) no retroactividad, salvo en casos excepcionales; b) mayoría de dos tercios para aprobar la ley, la cual deberá indemnizar los daños que se infiriesen a los derechos adquiridos; c) posibilidad de impugnar ante el Tribunal de Garantías Constitucionales el fundamento de la retroactividad; y d) no podrá la ley producir efectos contrarios al artículo 24 de la Carta, que prohibe la confiscación de bienes.

Uno de los puntos más polémicos fue el de la intervención del poder judicial en cuestiones de fondo de la ley extraordinaria del congreso, al disponerse que el Tribunal de Garantías Constitucionales deberá decidir, en caso de impugnación, sobre el fundamento de la retroactividad. Tras amplia discusión, la mayoría de los delegados consideró que la injerencia del tribunal no era improcedente ni perniciosa. Por el contrario, estimó que el contrapunteo inevitable entre el poder legislativo y el judicial en materia de constitucionalidad era inherente al sistema de frenos y contrapesos establecido en las democracias más avanzadas para evitar desafueros gubernamentales y salvaguardar los derechos individuales y la libertad.

El artículo 22, resultante de estas deliberaciones, dispone lo siguiente:

«Las demás leyes [civiles] no tendrán efecto retroactivo, salvo que la propia ley lo determine por razones de orden público, de utilidad social o de necesidad nacional, señaladas expresamente en la Ley con el voto conforme de las dos terceras partes del número total de los miembros de cada cuerpo colegislador. Si fuere impugnado el fundamento de la retroactividad en vía de inconstitucionalidad, corresponderá al Tribunal de Garantías Constitucionales y Sociales decidir sobre el mismo, sin que pueda dejar de hacerlo por razón de forma u otro motivo cualquiera.»

«En todo caso, la propia ley establecerá el grado, modo y forma en que se indemnizarán los daños, si los hubiere, que la retroactividad infiriese a los derechos adquiridos legítimamente al amparo de una legislación anterior.»

«La ley acordada al amparo de este artículo no será válida si produce efectos contrarios a lo dispuesto en el artículo veinticuatro de esta Constitución.»

Tras resolver algunas cuestiones incidentales planteadas, el debate de fondo comenzó con la intervención del convencional Ferrara.

Sr. Ferrara (Orestes): «Esta cuestión es de por sí harto difícil; por lo tanto es preciso analizarla, no sólo con serena conciencia, sino con método. Sé que hay un gran interés en fijar el principio de la no retroactividad de la leyes [civiles]... Pero, señores delegados, lo cierto es que no hay ley que no sea en realidad retroactiva. La Constitución de 1901 ha fijado el criterio... [de] que la ley no debe ser retroactiva, pero todas las leyes que se han promulgado al amparo de la Constitución de 1901 –que han sido miles de leyes– todas han sido retroactivas. La ley es la suprema verdad, y no puede haber dos supremas verdades al mismo tiempo...»

«En Europa..., no hay una Constitución que hable de la irretroactividad de las leyes, ni una sola... En Francia..., la de 1795..., consignó la no retroactividad de la ley, pero tal excepción representó una reacción al abuso revolucionario... Pasado ese caso, que no duró más que cuatro años, nunca más en las Constituciones francesas se ha escrito el precepto de la no retroactividad.»

Sr. Suárez Fernández (Miguel): «Se insertaron en el código civil.»

Sr. Ferrara (Orestes): «El código civil no se escribe para el legislador, sino para el juez. De manera que el legislador estaba libre: podía realizar cualquier acto que quisiera...»

«En América, la legislación... en materia constitucional no tiene más que cinco Constituciones que mantienen el principio de la no retroactividad de las leyes [civiles]; las otras no hacen mención... en su texto... a esta cuestión.»

«...En la isla de Cuba, bajo el régimen de la retroactividad de las leyes, vino la ley del divorcio y se aplicó a los matrimonios que se habían celebrado al amparo de la Constitución y de legislaciones precedentes...»

«En sentido favorable a la retroactividad se han producido ...juristas... desde Laurent y Aubry y Rau, Baudry-Lacantinerie,

Rice, hasta Giovanni Ferrara... Pero entre la retroactividad de la ley y la violación del derecho adquirido hay un inmenso vallador. La ley, en cuanto a su aplicación es una cosa, y el derecho adquirido es otra cosa completamente distinta... Es el derecho adquirido el que hay que mantener incólume...»

«Por lo tanto, en mi enmienda, así como he afirmado que la ley tiene efecto retroactivo, he dicho que... cuando viola un derecho adquirido hay que [indemnizarlo] en todo caso, porque el derecho adquirido es la estabilidad de un país, es la estabilidad de la economía.»

«...En el dictamen y en... otras enmiendas... se dice que se puede dar fuerza retroactiva a una ley en determinadas condiciones. ¿Cuáles son las condiciones? Primero, [que exista] un interés público o un interés social, y se añaden dos condiciones formales: 1º el voto de las dos terceras partes [del congreso para aprobar la ley]; y 2º la apelación por medio de recursos de inconstitucionalidad ante un tribunal determinado, el cual tiene que juzgar si efectivamente hay interés de la colectividad en el asunto legislado... Quiere decir que el tribunal puede juzgar la cuestión de fondo. Estas dos [condiciones] formales me parecen del todo absurdas, y en contra de ellas estoy decididamente...»

«La primera condición de las dos terceras partes, me parece injusta, inarmónica con nuestra Constitución. ¿Cómo nosotros, que hemos dejado que por mayoría de votos los representantes de la nación del futuro puedan decidir sobre la vida y la muerte de los ciudadanos, [aplicando la pena capital] en determinados casos, exigimos en cambio en... cuestión de dinero la garantía de las dos terceras partes?...»

Sr. Suárez Fernández (Miguel): «No los autorizamos a matar con efecto retroactivo...»

Sr. Ferrara (Orestes): «No es cuestión de matar o no matar con efecto retroactivo. La cuestión está en las garantías que se exigen [para aprobar] una ley... Por ejemplo, el caso de la expropiación... no puede ser equiparado a la aplicación de la pena de muerte.»

«Ahora fíjense bien, con este sistema, mientras de un lado se piden las dos terceras partes [del congreso para aprobar la retroactividad], del otro lado ¿qué queda? Queda una tercera parte [que puede bloquearla]. Así, el resultado de la votación nos da que la tercera parte domina la voluntad de las dos terceras partes, o sea, que la minoría decide... el curso que deben tomar los acontecimientos de la nación, en contra de la voluntad de la mayoría. Esto no es democrático.»

«En cuanto al segundo punto –la apelación en [cuestiones de] fondo ante el tribunal especial de garantías constitucionales, yo me pregunto si los señores delegados... han pensado bien... este asunto. Esto niega al parlamento su función propia, y se la da a uno de los poderes que no la tiene por... mandato popular. La división de los poderes [quedaría] barrida, y el Tribunal Supremo o el organismo que deba impartir esta justicia [trataría] una cuestión legislativa y no judicial.»

«...¿Por qué se encuentra el precepto de la no retroactividad radicalmente expresado en Constitución de 1901?... [Yo] tengo dos hipótesis para contestar esta pregunta... Una, que en aquella Constituyente había juristas de primera [clase], pero excesivamente conservadores. Estos juristas probablemente [quisieron] llevar un precepto del código civil a la Constitución, temiéndole a los legisladores... La segunda [hipótesis] me parece más acertada. En aquel entonces, a pesar de la libertad mental que tuvieron nuestros constituyentes, había una influencia americana [activa] en nuestro país... Supongo que esta influencia les quiso dar garantías... excesivas a las inversiones capitalistas que debían venir...»

«Debo confesar a esta asamblea que el artículo que en forma de enmienda he propuesto está tomado, palabra por palabra, del libro del escritor más notable que hay en la materia, el que el doctor Desvernine aconsejaba en la universidad nacional a todos sus discípulos: el libro sobre la no retroactividad del profesor italiano Gabba... En [cuanto a la protección] del derecho adquirido [como] derecho individual, [lo he tomado] de aquel libro que tuvo fama mundial, escrito por el socialista célebre, Fernando Lasalle...»

«Pido, pues, a los señores delegados, que sin dejarse influir por palabras, sin pensar en la impresión popular, tomando su conciencia como único consejero, escriban en el texto constitucional un precepto que revele el conocimiento de esta asamblea [sobre la retroactividad de las leyes], y mantenga... las garantías necesarias [sobre los derechos adquiridos]...»

Sr. Suárez Fernández (Miguel): «...Ya el camino para la discusión me lo ha trillado el señor Ferrara: puedo explicar el problema en términos sencillos.»

«Yo no creo que el derecho político sea un derecho universal: cada país, cada pueblo tiene su propio derecho político... Nosotros estamos llevando a nuestro texto... constitucional... preceptos casi reglamentarios en virtud de una experiencia que hemos recogido a través de la vida republicana... Hemos visto que el texto constitucional inspira en nuestro país un poco más de respeto que las leyes ordinarias... Así cuando ayer se discutía el problema del trabajo, muy pocos preceptos de los aprobados podemos afirmar que no están incluidos ya en la legislación... vigente, pero les hemos querido dar la solemnidad del precepto constitucional.»

«[Por eso] incluimos la institución de la retroactividad, que surgió a la vida... jurídica con la Constitución de 1901. Yo no comparto el criterio del señor Ferrara [calificando] el precepto de la [no] retroactividad [de] inspiración... norteamericana. [Fue] más bien una garantía al crédito cubano en una República que iniciaba en aquellos instantes su formación... Era necesario inspirar confianza [a] las inversiones de países extranjeros, no solamente norteamericanos, sino ingleses y franceses...»

«Más adelante, nuestro derecho político recogió en la [Ley] Constitucional de 1935 un principio totalmente contrario al mantenido en la Constitución de 1901, en cuanto a que las obligaciones civiles podían ser modificadas por el poder legislativo y por el poder ejecutivo por razón de interés social o de utilidad pública... Llevamos cinco años de experiencia [con] este precepto, en el que yo declaro [haber tenido] participación. Desgraciadamente para la economía nacional, [se han promulgado] leyes [con] efecto retroactivo que no tienen interés social ni [utilidad] pública...»

«[Por eso,] en Cuba es necesario definir en la Constitución... [las condiciones para la retroactividad]..., no [comparándolas] con otras naciones, ni con textos demasiado apegados al derecho común, como los que ha citado el señor Ferrara –casi todos ellos de tratadistas de derecho civil... No aprecia lo mismo un problema de derecho público el abogado civilista que cualquiera acostumbrado a estas cuestiones...»

«...El señor Ferrara hacía dos objeciones [a las condiciones propuestas para permitir la retroactividad]. La primera, que no debía ser aprobada por las dos terceras partes del número total de congresistas. [Pero] ¡ah, señores! La retroactividad para modificar obligaciones de interés social o de orden público no puede ser objeto de una ley ordinaria... En nuestros textos constitucionales [hemos establecido] la votación extraordinaria de las dos terceras partes para determinados casos, como el problema de los empréstitos y la destitución del presidente de la República... Y ¿puede haber, señores delegados, un caso de mayor interés que el darle efecto retroactivo a las leyes por razón de interés social o de utilidad pública?»

«Afirmaba también el señor Ferrara que por qué se iba a dar la potestad al Tribunal Supremo de anular la resolución del congreso dándole efecto retroactivo a la ley. Yo recuerdo una sentencia del Tribunal Supremo de los Estados Unidos que entró a resolver esta cuestión en momentos muy difíciles para la unión americana. El Presidente Roosevelt acababa de [adoptar] aquella serie de [medidas] conocidas por las [siglas] AAA. [Habiendo sido impugnadas], el Tribunal Supremo entró a resolver [cuestiones de fondo de] aquella legislación, anulando la política seguida entonces por el Presidente Roosevelt. [Ratificó el tribunal] que tenia la potestad de revisar [o] anular... las leyes [que incumpliesen] los cánones constitucionales.»

«...Por todas estas razones pido a la asamblea que se sirva brindarle su voto afirmativo a la enmienda que he tenido el honor de presentar... Después de la moratoria hipotecaria..., es necesario... restablecer el crédito público, y eso no se logra sino dándole una verdadera intangibilidad a los contratos civiles...»

Sr. Rey (Santiago): «Debo puntualizar en mis primeras palabras, que tanto en el dictamen como en las distintas enmiendas presentadas a la consideración de esta asamblea, con excepción de la mía, se acepta el principio de la retroactividad de las leyes...; varían únicamente entre sí [en] lo que se refiere a las condiciones y requisitos con que ese principio debe aparecer en el texto constitucional... Mi enmienda es fundamentalmente distinta... porque tiende a llevar a nuestra Constitución,... con toda su integridad y pureza, el principio de la irretroactividad de las leyes [civiles] consagrado por la Constitución de 1901.»

«Yo me he sentido... abrumado por las razones jurídicas y la profusión de autorizadas citas del doctor Ferrara combatiendo la irretroactividad de las leyes civiles, y he oído con la lucidez [con] que ha defendido el principio del derecho adquirido. Y yo quería preguntarle al doctor Ferrara, ¿cómo es posible considerar aisladamente el derecho adquirido –que en definitiva tiene su origen en un acto material– sin que haya una norma jurídica que lo consagre, un principio constitucional [que lo origine], un precepto que lo ampare…?»

«Así, por ejemplo, la posesión de un año y un día es un derecho adquirido, y, sin embargo, la acción reivindicatoria acaba por hacerlo desaparecer. Derecho adquirido, también, es el del precarista y cede, en cambio, al propietario en juicio de desahucio. Por lo tanto, el derecho adquirido, analizado en forma aislada, en ningún caso puede ni debe consagrarse como principio constitucional, porque al cabo no es más que el resultado material que se deriva del principio jurídico puro.»

«…Sabemos cómo fue sustituido el precepto de la Constitución de 1901. Fue en un momento revolucionario y de intentos de renovación, llevando al texto, por la vía de prueba, la retroactividad de las leyes civiles mediante un procedimiento expeditivo y fácil. Y hoy la experiencia ha demostrado que esa innovación no ha constituido ciertamente un éxito. Esa experimentación nos ha puesto frente a dos graves problemas…: la moratoria hipotecaria… y otro que a mi juicio es enorme error –la posibilidad de que los poderes legislativo y ejecutivo puedan intervenir en los contratos civiles.»

«…Estimo que ahora… debe ser el pronunciamiento de esta Convención sereno y conservador –como para cerrar para siempre las puertas a la preocupación existente– dándole confianza al capital para que circule, estimulando la inversión y, en síntesis, no sólo [consagrando] el principio de la irretroactividad de las leyes [civiles], sino también estableciendo la imposibilidad de que el poder legislativo y el ejecutivo intervengan en los contratos civiles…»

Sr. Roca (Blas): «Tengo entendido que al prohibirse la retroactividad de las leyes, [no] se autoriza la posibilidad de modificar los contratos de arrendamiento de tipo leonino que están rigiendo en la materia. [Se consagraría así]… el derecho [del] terrateniente y [del] latifundista para poner sus condiciones onerosas [en] la contratación de la gran masa campesina de Cuba.»

Sr. Rey (Santiago): «Tiene razón el señor Roca. Efectivamente, de acuerdo con la forma en que aspiro que... queden redactados los artículos... [en cuestión] no podrá ser permitida la intervención [retroactiva] del estado en el problema que [usted] plantea. Pero es que yo aspiro también a que en nuestro país no existan [en el futuro] contratos de arrendamiento de esa naturaleza, que no se permitan contratos de aparcería de esa clase, porque la ley debe regular en una forma fija el mínimo y el máximo de todas las condiciones.»

Sr. García Agüero (Salvador): «Quiero consumir un turno en contra del dictamen más bien que en pro de (nuestra) enmienda, porque evidentemente el dictamen en este artículo parece lo que no es.»

«...Parece el dictamen admitir efectivamente la retroactividad de la ley [por razones de orden público, de utilidad social o de necesidad nacional]; pues bien, yo afirmo que el dictamen no admite la retroactividad de la ley; es más bien un artículo burlón que representa un efectivo camuflaje.»

«No se da [la retroactividad], porque las posibilidades de realizarla se niegan inmediatamente con tres o cuatro condiciones que la hacen prácticamente imposible. En primer lugar, el voto conforme de las dos terceras partes del número total de miembros de cada cuerpo colegislador constituye un requisito tan excesivo, que incluso no lo exige el propio dictamen de la comisión coordinadora cuando se refiere a las leyes extraordinarias...»

«...Por otra parte... resulta poco congruente y un tanto absurdo que un cuerpo tan numeroso como un congreso, elegido directamente por votación popular..., no tenga... suficiente autoridad... para dictaminar... cuándo exista en realidad una necesidad nacional, una utilidad social o un problema de orden público que aconseje la retroactividad de la ley, y que en cambio se le conceda mayor potestad… a una entidad que no es más … que una sala de un Tribunal Supremo.»

«…Se ha hablado aquí de los derechos adquiridos, sagrados e intangibles… desde el punto de vista individual… Yo me pregunto, si cuando una ley viene a ser retroactiva… [porque] lo aconseje el interés fundamental de la nación… ¿qué ha de pesar más… el derecho adquirido… de tipo estrictamente individual, al amparo de tal o cual ley que en el momento en que se dictó tal vez fue o no adecuada, o el derecho inmanente a la vida –a la vida justa y decorosa– de los hombres que integran la mayoría de la nación…?»

«Frente a estas dos consideraciones, nosotros no tendríamos ninguna vacilación al decidir; nos decidiríamos siempre… en favor del gran interés común, sacrificando, si fuere preciso, ese sagrado e intangible, para algunos, derecho individual…»

Sr. Cuervo (Pelayo): [Al oponerse al dictamen, alude al párrafo del precepto que establece la indemnización de los daños que la retroactividad infiera a los derechos adquiridos].

«…Yo creo que toda retroactividad en materia civil lleva implícita una alteración [de] la obligación… [contraída] con anterioridad a la legislación que se pone en práctica. Al alterarse, al novarse esa contratación, necesariamente se produce la lesión en algún interés, y si el estado tiene que indemnizar esa lesión sufrida, prácticamente nunca habrá retroactividad en materia civil…»

Sr. Dorta Duque (Manuel): [En su defensa del dictamen, con las modificaciones introducidas en la enmienda del convencional Suárez Fernández, Dorta Duque califica de fundamentalísimas las implicaciones de la retroactividad de leyes civiles].

«No se debaten pesos y centavos; se debate sustancialmente [nuestro] régimen económico. Si al régimen económico le quitamos la garantía de la no retroactividad de la ley o las garantías… .a que aspira el artículo… [del dictamen], nosotros estamos clavando una puñalada en el corazón del régimen económico existente. Las garantías dadas [del voto de las dos terceras partes de cada cuerpo colegislador] en ningún momento significa... menosprecio [del] poder legislativo...»

Sr. García Agüero (Salvador): «Era para hacerle observar sencillamente que nosotros no hemos pretendido que esto se resuelva en votación ordinaria, sino... extraordinaria, es decir, votación de la mitad más uno de los integrantes de cada cuerpo colegislador.»

Sr. Dorta Duque (Manuel): «Perfectamente, a mí me parece que desde el punto de vista del Partido Comunista es una concesión extraordinaria, pero no desde el punto de vista de los que mantenemos el régimen [económico]...»

Sr. Cuervo (Pelayo): *[Cuestionando la facultad que se le concede al Tribunal de Garantías Constitucionales de decidir sobre el fundamento de la retroactividad].*

«El recurso de inconstitucionalidad se debe dar para [impugnar defectos] formales de la ley, pero no para la apreciación del motivo de conveniencia social, de orden público, que es sencillamente una facultad discrecional del congreso...»

Sr. Dorta Duque (Manuel): «El recurso de inconstitucionalidad se debe dar en todos los casos en que el poder legislativo infrinja la Constitución.»

Sr. Cuervo (Pelayo): «No es infringir, eso; [es apreciación del] motivo de conveniencia social, de interés colectivo... y la sala del Tribunal Supremo no puede venir a desoír la soberanía del congreso...»

Sr. Dorta Duque (Manuel): «Pero... esa apreciación tiene que ser objetiva y no meramente formal, porque de lo contrario sería fácil burlar la disposición constitucional. Le bastaría disponer todo lo que le venga en ganas al poder legislativo, y con un... precepto meramente formal, invocando interés social, ampararía los atropellos más evidentes de los derechos adquiridos. Es una cuestión objetiva que tiene que apreciar el Tribunal Supremo [en caso de impugnación].»

«El artículo... del dictamen resuelve con toda garantía y, a la vez, con toda flexibilidad... [la] defensa del régimen económico. Llegar al establecimiento de la irretroactividad con un punto de vista absoluto, sería incompatible en muchos casos con las necesidades del progreso y con el bienestar del pueblo. Por eso... abrimos una brecha al régimen... Y a esa brecha le ponemos, no insuperables obstáculos, sino filtros de realidades... para determinar la resolución de graves problemas, de cuestiones vitales, en las que deben concurrir el poder legislativo, el poder ejecutivo mediante el veto, y, en último extremo, el Tribunal Supremo, cuando [haya] personas afectadas en lo más hondo de sus intereses por una legislación que mire al pasado y [lesione] derechos adquiridos...»

Sr. Ferrara (Orestes): *[Previendo la aprobación sustancial del dictamen, Ferrara pide que se suprima la palabra «intereses» de la frase que dice: «se indemnizarán los daños que la retroactividad infiera a los derechos o intereses adquiridos.»]*

«...En todos los tratados del mundo se encuentra la advertencia de no confundir los derechos adquiridos con los intereses. Y en todos los tratados se añade que los derechos adquiridos merecen indemnización, pero no los intereses... El derecho adquirido... ya ha entrado en la esfera patrimonial, pero el interés es una utilidad expectante que todavía no ha entrado en el patrimonio.»

Sr. Presidente (Márquez Sterling): «Señor Ferrara, la presidencia le ruega que concrete.»

Sr. Ferrara (Orestes): «Más concreto de lo que he dicho, sólo la presidencia, que está muy alta, puede mejorarlo...»

Sr. Dorta Duque (Manuel): «...[Ya] está subsanado el error que señala el doctor Ferrara.»

Sr. Cortina (José Manuel): «La comisión coordinadora, por acuerdo de todos sus miembros, estimó que, dada la naturaleza de este asunto, era conveniente dejar abierto el debate... para que se revisara el criterio de todos sobre este asunto. Por esta razón, hemos acordado no defender especialmente el dictamen, sino presentarlo como una basa de discusión...»

Esta decisión de la comisión coordinadora hizo posible que se lograra un consenso mayoritario, basado en el dictamen, que se concretó en la enmienda presentada al final del debate por los convencionales Suárez Fernández, Mujal, Casanova y Prío Socarrás, con el aval de los partidos Revolucionario Cubano, ABC y Acción Republicana. El texto de dicha enmienda, aprobado por mayoría de votos (45 contra 16), es el que figura en el artículo 22 de la Constitución.

Habiéndose establecido en dicho artículo que las leyes civiles no tendrán efecto retroactivo salvo en casos excepcionales y bajo condiciones rigurosas, la convención aprobó, como corolario lógico y sin mayor debate, el siguiente artículo 23:

«Las obligaciones de carácter civil que nazcan de los contratos o de otros actos u omisiones que las produzcan no podrán ser anuladas ni alteradas por el poder legislativo ni por el ejecutivo, y por consiguiente, las leyes no podrán tener efecto retroactivo respecto a dichas obligaciones. El ejercicio de las acciones que de éstas se deriven podrá ser suspendido, en caso de grave crisis nacional, por el tiempo que fuere razonablemente necesario, mediante los mismos requisitos y sujeto a la impugnabilidad a que se refiere el párrafo primero del artículo anterior.»

LA PROHIBICIÓN DE LA CONFISCACIÓN DE BIENES

La propiedad privada es un derecho fundamental del individuo que incluye los frutos que se derivan del ejercicio de sus facultades físicas, intelectuales, artísticas y empresariales. Privar a un ser humano del producto de su ingenio y de su trabajo es atentar contra los atributos esenciales de la persona. Por eso el Papa León XIII, en su Encíclica Rerum Novarum, sentenció que «el derecho de propiedad individual emana, no de las leyes humanas, sino de la misma naturaleza; la autoridad pública no puede, por tanto, abolirla; sólo puede atemperar su uso y conciliarlo con el bien común.»[17]

Mas la propiedad privada no sólo es un derecho natural complementario del derecho primario a la vida; es también una institución básica de la sociedad. Sin ella no se logra, a plenitud, potenciar la creatividad humana, promover inversiones productivas, y acelerar el desarrollo económico y social del país. La historia contemporánea demuestra, con hechos incontrastables, que los pueblos que han alcanzado los niveles de vida más altos son aquellos donde la propiedad privada, dentro de sus límites racionales, es más respetada, estimulada y difundida.

Aparte de los beneficios económicos y sociales que dimanan de la propiedad privada, hay un bien supremo que en ella descansa: la libertad individual. La propiedad privada emancipa al ser humano del yugo de sus necesidades materiales y le confiere autonomía, espacio discrecional, para desenvolver sus capacidades sin sumisión degradante, y con dignidad y eficiencia.

---

[17] Tomado de J. Azpiazu, Direcciones Pontificias, Madrid, Editorial Bibliográfica Española, 1950, pág. 440.

No es libre el ciudadano que depende totalmente de otros para vivir, sobre todo cuando éstos son déspotas que concentran en sus manos los poderes omnímodos del estado.

Los regímenes autoritarios, en todos los tiempos, se han valido del arma de la confiscación de bienes (apoderamiento arbitrario de la propiedad sin pagarla) para amedrentar o reprimir a sus adversarios. Pero el totalitarismo moderno (especialmente el comunista) fue más allá de las represalias políticas. Elevó esta práctica ocasional (la confiscación) a la categoría de sistema, y lo aplicó indiscriminadamente a las poblaciones que cayeron bajo su férula. Su objetivo no era sólamente conculcarles sus derechos civiles y políticos, sino también despojarles del último reducto de independencia y decoro: la propiedad privada. Sin recursos propios para subsistir, teniendo que depender abyectamente de la minoría gobernante para todo (comida, alojamiento, trabajo, educación y salud), los ciudadanos pasaron a ser autómatas de un sistema implacable, tuercas de un engranaje sombrío y brutal.

A la luz de las tendencias totalitarias que amenazaban al mundo y de antecedentes históricos de represalias políticas en Cuba en tiempos coloniales, la comisión coordinadora de la Constituyente de 1940 consideró que la propiedad privada era un derecho fundamental, garante de la libertad individual, que había que proteger frente a toda extralimitación estatal de carácter confiscatorio. En tal virtud propuso, en forma categórica, que se prohibiera la confiscación de bienes, sin excepción alguna (artículo 24).

La delegación del Partido Comunista presentó una enmienda limitando la prohibición a la «pena de confiscación.» Quedaban, pues, excluidas las confiscaciones por causas no penales y por vías gubernativas no judiciales. Para justificar el lenguaje restrictivo de su enmienda, los comunistas invocaron, con ribetes sentimentales, la Constitución de 1901, que prohibía únicamente la pena de confiscación. Veamos cómo se desarrolló el debate que entablaron, entre otros, el líder comunista Blas Roca (a favor de la enmienda), y el presidente de la comisión coordinadora, José Manuel Cortina (en contra).

Sr. Roca (Blas): «La comisión coordinadora estudió con detenimiento este precepto, que fue motivo de grandes discusiones; pero se trata [ahora] de rendir un homenaje más a los constituyentes de 1901. Nosotros [les] hemos rendido homenaje en el preámbulo de la Constitución, en la moral cristiana y en otras cuestiones sin importancia... Ahora la comisión coordinadora no quiere rendirles este homenaje de respeto a los constituyentes de 1901, [aprobando la enmienda] que propone mi partido...»

Sr. Núñez Portuondo (Emilio): «¿Me permite una interrupción el señor Roca?»

Sr. Roca (Blas): «Con mucho gusto.»

Sr. Núñez Portuondo (Emilio): «El señor Blas Roca no le rindió homenaje a los constituyentes de 1901, ni cuando la invocación a Dios en el preámbulo, ni cuando la moral cristiana. Por lo tanto, permítasele al señor Cortina no rendirles este homenaje...»

Sr. Roca (Blas): «Exactamente, pero comprenda el señor Núñez Portuondo que... en aquellas ocasiones no era homenaje reproducir esas palabras en la nueva Constitución, pero ahora que se está discutiendo un precepto profundo, me parece que sí...»

Sr. Coyula (Miguel): «Para un ruego. No por rendir homenaje a los constituyentes de 1901 exclusivamente, sino porque tengo la opinión de que el concepto se mantendría del propio modo y acaso de manera más apropiada, me permito rogar al señor Cortina, como presidente de la comisión coordinadora, que responda con una cortesía... a la falta de cortesía que tuvo con nosotros –cuando la invocación a Dios y el debate sobre la moral cristiana– nuestro compañero Blas Roca. Le pido que acepte modificar el precepto, de manera que quede en pie lo acordado por los constituyentes de 1901.»

Sr. Cortina (José Manuel): «Es interesante cómo al margen de ciertas palabras se plantean aquí problemas trascendentales de coincidencia patriótica, de evocación histórica, que nada tienen que ver con el propósito frío y sereno... de redactar debidamente los preceptos de la Constitución de acuerdo con la experiencia y los nuevos tiempos.»

«Voy a contestar, en primer término, al convencional señor Coyula. Y yo le ruego a mi distinguido amigo que me oiga con atención las razones que tengo para mantener el precepto tal como está redactado.»

«Yo creo que el homenaje que se rinda a los constituyentes de 1901 no tiene que consistir en repetir todo lo que ellos hicieron, sino en mantener el mismo espíritu de previsión y alto patriotismo que inspiraron sus palabras... En este caso se mantiene la misma idea de los convencionales de 1901, pero dicha con un lenguaje más rotundo, puesto que tenemos más experiencia para definir los conceptos. Si esto se hace así, creo que no solamente rendimos homenaje a aquellos hombres, sino que lo ampliamos perfeccionando sus ideas.»

«Me agradaría continuar tratando este mismo asunto, pero quiero contestar al señor Blas Boca, a quien veo que por primera vez se ha conmovido en forma solemne.»

«El señor Blas Roca es un convencional dotado de vigorosa inteligencia. Habla siempre, entre sonrisas sarcásticas, en forma irónica, y eso constituye una de las eficaces armas de sus sutiles argumentaciones. En este caso ha abandonado ese estilo [y] hace una conmovida evocación para que se le rinda homenaje patriótico a los convencionales de 1901.»

Sr. Roca (Blas): «Permítame, señor Cortina, si de mis palabras se desprende alguna ironía, crea, en realidad, que no he puesto ninguna [en] ellas, y ruego [que] las tome en su sentido recto, sin ninguna ironía, en una forma solemne.»

Sr. Cortina (José Manuel): «Entonces acepto que la forma serena y conmovida del lenguaje del señor Blas Roca no es irónica, sino un cambio total en su estado de ánimo en las discusiones. [Él] me ha pedido un homenaje… es decir, que un carácter revolucionario como el de mi distinguido compañero, que no rindió homenaje a nadie, ni a la sociedad… en que vive, la cual desea modificar radicalmente, quiere que yo le rinda homenaje a unas palabras históricas… De manera que él, muy conmovido, recomienda y predica lo que él no hace.»

«Por lo demás, el convencional Blas Roca es una persona muy sagaz y sabe bien lo que dice. Precisamente él sabe razonar, conoce a dónde van sus palabras y qué propósito persiguen… y yo también lo sé.»

«Lo que se trata en el precepto que defendemos es que quede prohibida, en toda forma, la confiscación. ¿Qué significa esto? Que no se pueda imponer la confiscación por razones políticas, cuando un partido determinado suba al poder y lo crea conveniente a sus intereses… Es decir, que queda perfectamente aclarado que no es lo mismo el concepto de 1901 que el que nosotros mantenemos; que el de 1901 habla de la confiscación como pena exclusivamente, y nosotros pretendemos que la confiscación no se imponga bajo ningún concepto y por ninguna causa.»

Sr. Marinello (Juan): «¿El señor Cortina cree que técnicamente… es éste el lugar en que debe consignarse la proscripción de la pena de confiscación de bienes?»

Sr. Cortina (José Manuel): «Desde luego que a mí no me importaría discutir esto mismo en alguna otra oportunidad; pero deseo señalar que aquí no se trata de… un homenaje sentimental con el que se ha querido envolver una sutil idea política…»

«Por esto yo dije antes que... el convencional Blas Roca no habla nunca inútilmente. Él no se pone serio y conmovido sino cuando tiene alguna intención dialéctica. Cuando él dice algo, aunque parezca dicho sin intención polémica, lo tiene bien pensado. Y por eso yo le contesto, no a sus palabras sencillas y emotivas, sino a su pensamiento y su intención, que son dos cosas distintas...»

Sr. Roca (Blas): «Usted me dice que cuando habla me contesta atendiendo no solamente a mis palabras, sino a mi pensamiento, pero como mi pensamiento no puede saberse sino por mis palabras, no me explico cómo usted puede conocer mi pensamiento. Únicamente en el caso de que exista realmente la telepatía.»

Sr. Cortina (José Manuel): «Esto no es telepatía, sino el uso adecuado de la imaginación y de la deducción.»

«De manera, señores, que el precepto que discutimos está redactado como debe quedar. Si los convencionales de 1901 hubieran conocido los problemas... totalitarios que existen actualmente y hubieran conocido la intensidad de las luchas sociales existentes, que están minando el liberalismo democrático, tengo la seguridad de que... hubieran redactado el precepto en la forma en que nosotros lo hacemos.»

Sr. Mujal (Eusebio): «¿Me perdona una interrupción el señor Cortina?»

Sr. Cortina (José Manuel): «Con gusto; parece que el asunto resulta importante.»

Sr. Mujal (Eusebio): «Mi criterio es que se ha traído muchas veces aquí el problema de lo que afecta a la economía para poner a los señores que tienen dinero con un rifle detrás de ciertos preceptos constitucionales... Desearía que explicara el señor Cortina la diferencia que hay incluyendo la[s] palabra[s] 'la pena' [en la prohibición de la confiscación].»

Sr. Cortina (José Manuel): «En verdad, señores, que he sido objeto de dos interrupciones muy originales. Por una se me ha pedido que rinda un homenaje histórico en un problema técnico; y en otra interrupción, también llena de agudeza y dialéctica, se me pide que explique ahora por qué soy yo partidario del precepto actual, y la diferencia que hay con el llamado histórico. Voy a complacer a mis interruptores.»

«En primer lugar, mantengo el precepto como está, porque... si no es aceptable [la confiscación], debe [establecerse] la prohibición absoluta. De lo contrario, dejaríamos abierta la puerta para interpretaciones peligrosas... Así como los convencionales de 1901 tuvieron en cuenta las confiscaciones que impusieron los españoles con carácter de penas, hoy hay que tener en cuenta también las confiscaciones que se imponen por los partidos políticos dominantes a los vencidos. Y esto también hay que evitarlo.»

Sr. Marinello (Juan): (Interrumpiendo): «Es que hay homenajes importantes y otros que no lo son...»

Sr. Cortina (José Manuel): «Muy bien. De manera que estoy convencido de que no hace falta el homenaje, porque no es importante; y por esto está bien puesto el dictamen.»

«En cuanto a la explicación que me pedía el señor Mujal, voy a contestarle. El concepto confiscación es la apropiación... arbitraria de los bienes ajenos sin la debida remuneración o compensación, ya sea en forma 'legal' o... en forma violenta, ya sea por la acción directa de la autoridad gubernativa [o] por medio de una pena. En todo caso, cuando no se paga [debidamente] al dueño de la propiedad, existe... confiscación.»

«¿Qué es lo que hace el precepto? Comprender y abarcar todas las formas de confiscación, porque todas se pueden presentar... Si nos referimos sólo a los casos que por razón de delito se quisiera imponer la pena de confiscación, como ocurrió muchas veces en la persecución que se hizo a los revolucionarios del sesenta y ocho, limitaríamos mucho el concepto.»

«Lo que nosotros deseamos es la prohibición de la confiscación, no sólo la que se refiere a la pena como tal, sino a todo forma arbitraria y violenta de apoderarse... de lo ajeno, sin pagar su importe...»

«Por lo demás, esto no significa que mantengamos un derecho de propiedad egoísta y absorbente, puesto que en otros aspectos de la Constitución hemos defendido y aceptado... todas aquellas garantías [sociales] necesarias del bienestar humano... La propiedad... debe existir en beneficio del que la tiene, pero armonizado con el beneficio también de la sociedad donde se desenvuelve. Este concepto de democracia social yo lo mantengo y lo respeto, porque creo que responde a las necesidades modernas y al progreso del bienestar humano.»

[Tras otras intervenciones, se sometió a votación la enmienda del Partido Comunista que sólo prohibía la pena de confiscación, es decir aquella impuesta, en caso de delito, por sentencia judicial. Fue rechazada dicha enmienda por amplia mayoría. Se condensan a continuación las explicaciones de los votos emitidos.]

Sr. Coyula (Miguel): «He votado que no, porque, después de los razonamientos del señor Cortina... –a pesar de haberle hecho la súplica de que aceptara lo indicado por el señor Roca– estimo que el precepto resulta más expresivo tal como lo presenta la comisión coordinadora.»

Sr. Cuervo (Pelayo): «He votado que no... porque el dictamen es mucho más amplio...; en cambio la enmienda del Partido Comunista dejaba que el poder legislativo y el ejecutivo pudieran hacer la confiscación y únicamente la prohibía en el caso [de que la impusiera] el poder judicial.»

Sr. Chibás (Eduardo): «He votado que no, porque entiendo que esta enmienda, a pesar de venir envuelta con cierto carácter revolucionario y progresista, es, en el fondo, lo más antiliberal, lo más antidemocrático y lo más antiprogresista que se ha traído al seno de esta Asamblea Constituyente.»

«La enmienda presentada por el Partido Comunista no habla nada del poder legislativo; sencillamente prohibe que las confiscaciones de bienes las hagan los tribunales de justicia. Pero autoriza, de una manera tácita, que... las pueda hacer el poder ejecutivo..., [que] pudiera ser el día de mañana un dictador. [La enmienda] pondría en las manos de ese dictador el derecho constitucional de confiscar los bienes a todos los miembros de la oposición... Como garantía para las... oposiciones de nuestra República, yo no quiero dejar esa arma terrible en manos de los futuros ejecutivos del país.»

Sr. Roca (Blas): «...Como uno de los firmantes de la enmienda, me creo aludido personalmente y voy a contestar con sólo dos palabras. Esta enmienda tan terriblemente reaccionaria y antidemocrática [según algunos convencionales], lo mismo que otras enmiendas que hemos traído aquí, no hacen más que reproducir los criterios que mantuvieron casi todos, o todos, los convencionales de 1901.»

Sr. Zaydin (Ramón): «He votado que no, porque la enmienda que trata de reproducir el artículo correspondiente de la Constitución de 1901 no llena la función social del artículo del dictamen. Tiene su historia ese artículo... La mayor parte o todos los cubanos, poseedores de fortuna, que se lanzaron a la guerra de independencia..., se vieron castigados o sancionados por los gobiernos de la ex-metrópolis por decretos de confiscación de bienes... Por eso es que [los convencionales de 1901] introdujeron en la Constitución un precepto mediante el cual se establece que quedaba prohibida la pena de confiscación de bienes.»

«En cambio, el precepto, tal como está redactado [ahora], viene precisamente a garantizar... el derecho de propiedad para que no esté [sujeto] a la desorbitación o extralimitación ilegal o antijurídica, ya sea del poder ejecutivo, ya sea del poder legislativo... En Cuba se han producido muchas legislaciones que han ido de una manera directa a confiscar los bienes, como esa de la reivindicación de las tierras del estado, en la cual no se atenta precisamente contra la... propiedad de los ricos, sino contra la de los pobres... cuando se declara que toda tierra que no esté inscripta en los registros de propiedad se considerará propiedad del estado cubano... Miles de campesinos que han venido cultivando y trabajando su tierra desde hace muchísimos años se encontraron de pronto con que no tenían derecho de propiedad... a virtud de esa ley de carácter confiscatorio.»

«Cuando en la comisión coordinadora se trató este problema, tuve la satisfacción y el honor de haber redactado... ese precepto que se somete a la consideración de la Asamblea. Por esa responsabilidad, que asumo totalmente, es por lo que he querido explicar mi voto y felicitar al doctor Cortina por la exposición que hiciera.»

[Antes de aprobarse finalmente el precepto «Se prohibe la confiscación de bienes», sin limitaciones o condicionantes, el convencional Eusebio Mujal trató infructuosamente de que se aplazara la votación por considerar que dicho precepto no era propiamente un derecho individual, y debía estar supeditado al régimen de propiedad que se aprobase. Le contestó el convencional Francisco Ichaso.]

Sr. Ichaso (Francisco): «El señor Mujal parece que teme que al insertarse aquí este artículo pueda condicionar los preceptos en que se organice el régimen de la propiedad... Para tranquilidad del señor Mujal debo decirle que por mucho alcance que le demos a la función social de la propiedad, por mucho que acentuemos esa innovación, nunca será incompatible con la prohibición de confiscar bienes, que nada tiene que ver con la expropiación por motivo de utilidad pública o conveniencia social. De modo que esto puede quedar aquí como un derecho del individuo.»

Sr. Mujal (Eusebio): «Creo que esto tranquiliza la conciencia del señor Ichaso, pero la mía no la tranquiliza… Cuando trabajamos en la comisión del régimen de trabajo y de la propiedad, ya mi conciencia estaba rebelde con su punto de vista. Con el deseo de acertar, propongo que pospongamos la discusión de este artículo para [cuando se ventile] el régimen de la propiedad.»

[Fue rechazada esta propuesta, y se aprobó el dictamen de la comisión coordinadora por amplia mayoría.]

CONDICIONES PARA LA EXPROPIACIÓN

Tras prohibir la confiscación de bienes en el artículo 24, los convencionales estipularon en el propio precepto las condiciones permisibles para la expropiación (i.e. compra forzosa de la propiedad privada por el estado).

> «Se prohibe la confiscación de bienes. Nadie podrá ser privado de su propiedad sino por autoridad judicial competente y por causa justificada de utilidad pública o interés social y siempre previo el pago de la correspondiente indemnización en efectivo, fijada judicialmente. La falta de cumplimiento de estos requisitos determinará el derecho del expropiado a ser amparado por los tribunales de justicia y, en su caso, reintegrado en su propiedad.»

El régimen económico y social delineado en la Carta Magna del 40 se aparta del individualismo extremo, anclado en el «laissez faire, laissez passer» que proclamaron los fisiócratas franceses, pero sin caer en la economía dirigida ni en sistemas colectivistas que asfixian la iniciativa empresarial. Trataron los convencionales de hallar un equilibrio entre la autodeterminación inviolable del ciudadano y la intervención necesaria del estado; entre los derechos individuales y las responsabilidades sociales.

Este difícil equilibrio, que procura armonizar dos esferas de acción a veces contrapuestas (la individual y la estatal), se intentó en el muy debatido artículo 24 de la Constitución de 1940. En virtud de este precepto, los convencionales ampliaron las facultades del estado para efectuar reformas estructurales, acordes con el principio de la función social de la propiedad. Con ese fin, autorizaron la expropiación forzosa, no sólo por causa justificada de utilidad pública, como estatuía el artículo 32 de la Carta de 1901, sino también por motivos de interés social.

Pero junto con este derecho ampliado, la Constitución le impuso al estado ciertos deberes ineludibles enderezados a regular y limitar la intervención gubernamental y a proteger la propiedad privada frente a todo acto arbitrario e injusto.

Se establece que la indemnización que le corresponda al expropiado debe ser previa a la expropiación, en efectivo y fijada judicialmente. Quedan, pues, tácitamente prohibidas las expropiaciones con precio aplazado o por medio de bonos y otros títulos de créditos (salvo que las partes, de común acuerdo, así lo dispongan).

Los convencionales, en su mayoría, decidieron estipular que la indemnización fuese en efectivo por temor a que el estado, al fijar la forma de pago (incluyendo posibles títulos de dudoso valor) y los plazos en que deba efectuarlo, pudiese llegar a enmascarar una confiscación o anular virtualmente los derechos del propietario.

Asimismo, la Constitución del 40 le confirió al ciudadano afectado el derecho a impugnar ante los tribunales el fundamento de la expropiación y a ser reintegrado en su propiedad si el estado incumpliese los requisitos consignados en el artículo 24. Este derecho goza de máxima jerarquía y fuerza legal, no sólo por el hecho de estar consagrado en la Constitución, sino porque no puede ser anulado ni lesionado por ninguna ley posterior, según lo dispone el artículo 23 de la propia Carta Magna.

El precepto constitucional sobre la expropiación que figura en el artículo 24 fue combatido por el líder sindical, Eusebio Mujal, y por los delegados del Partido Comunista, quienes presentaron sendas enmiendas que eliminaban la condición del pago previo y en efectivo de la indemnización, fijada judicialmente. La defensa del dictamen de la comisión coordinadora le correspondió a su presidente, José Manuel Cortina.

Sr. Marinello (Juan): «...Nos separan del texto del dictamen dos cuestiones de mucha importancia. En primer lugar, [nosotros] sobreponemos la intervención legislativa a la judicial, contra lo que preceptúa el artículo. Entendemos... que materias de esta naturaleza, dada su importancia social..., deben ser decididas por ley, deben ser esclarecidas y resueltas en un cuerpo fácil a la resonancia popular... Entregar a los tribunales la fijación de la certeza de la utilidad pública o el interés social y la necesidad de la expropiación cuando ella se impugne..., es un gran desacierto... Los tribunales de justicia son tímidos y formalistas, y de mil casos sólo en uno expresarán su conformidad con la expropiación...»

«Disentimos del dictamen en cuanto exige el pago previo de la indemnización en dinero efectivo. De aprobarse este extremo del dictamen se cometería por la asamblea un error de mucha monta. Y no es... que, como alguien ha echado a volar por estos bancos, intentemos nosotros transformar de una manera inconsulta y extremista la organización de la propiedad. Lo que queremos es evitar una contradicción infecunda y perturbadora: que en un artículo de la Constitución se diga que el estado cubano reconoce la existencia y legitimidad de la propiedad privada en su más amplio concepto de función social, y que en otro artículo... se invalide la declaración esencial acumulando tal cantidad de requisitos... que, en la práctica, vivamos en flagrante retraso, contemplando... a la propiedad como un privilegio agresivo y opresor...»

«¿Han meditado con algún cuidado los señores convencionales en lo que sería el mantenimiento de esta redacción? ... Estamos necesitados de carreteras que crucen en todos sentidos el territorio de la isla, que comuniquen la vía central con los puertos más importantes. Pues bien, con este precepto en la Constitución ello se hace dificilísimo, casi imposible. Si hubiera existido un artículo parejo en la Constitución de 1901, no hubiera podido construirse la carretera central...»

«Exigir la indemnización previa y mediante el pago en efectivo es un disparate sin tamaño. Somos un país en crisis y un estado en bancarrota. ... Habrá mil ocasiones en que sea aconsejable emprender una obra importante de beneficio público y en que sea [sólo] posible llevarla a cabo por pagos aplazados, emisión de bonos o cualquier otro medio similar. El cumplimiento de la Constitución, caso de aprobarse el precepto, impediría un real beneficio nacional.»

«Pero hay para nosotros... una razón de mayor tamaño para oponernos... de modo especial al pago previo y en efectivo: la necesidad de resolver rápidamente y en justicia verdadera nuestra cuestión agraria. Si se respeta religiosamente la realidad económica de nuestros campos –latifundio, potreros despoblados, arrendamientos leoninos, sujeciones feudales de todo orden– nada eficaz se habrá logrado. Ha de removerse la propiedad, han de transformarse las relaciones esclavistas que el actual estado de la propiedad mantiene. ¿Y podrá realizarse obra útil, podrá llegar alguna mejoría, si es indispensable el pago previo y en efectivo? Convengamos, señores convencionales, en que, al aprobarse este precepto, lo que se pretende es dar de lado al problema campesino de Cuba...»

«Por estas razones, que creemos serias y convincentes, ha presentado Unión Revolucionaria Comunista su enmienda al artículo... del dictamen.»

Sr. Mujal (Eusebio): «Somos partidarios de todos los requisitos legales para la expropiación, pero siendo partidarios de la correspondiente indemnización, no somos partidarios ni de la previa [ni], mucho menos, en efectivo. Así habla el programa del Partido Revolucionario Cubano, y así lo sostiene la enmienda presentada por los delegados responsables de la sección de trabajo y régimen de la propiedad.»

«Pero vamos todavía más allá: ningún partido representado en esta Asamblea Constituyente tiene en el programa la obligatoriedad del pago en efectivo; no hay ningún antecedente, y ruégole al presidente de la comisión coordinadora que atienda, no tanto por el placer de saber que me escucha, como para ver si nos podemos poner de acuerdo... Yo me pregunto... y me extraño del mal concepto que tiene la mayoría de los delegados... del estado y del gobierno. ¿Por qué? Porque [a] cualquier particular [que] va a comprar una tierra que necesita, en el acto [se] le concede un crédito de diez, ocho o cinco años para poder pagar. Pero cuando el estado necesita un pedazo de tierra... para alguna obra de utilidad pública, como dice [el artículo del dictamen], en el acto se le obliga a pagar en efectivo, como si en realidad estuviéramos en un estado económico desarrollado, y como si se quisiera desconocer la realidad de que estamos en un país económicamente colonial todavía.»

«Ningún programa de los partidos presentes habla del pago en efectivo.»

Sr. Bravo Acosta (Antonio): «El programa del Partido Demócrata Republicano..., y por eso nosotros hemos aceptado el precepto en la forma en que está en el dictamen..., habla de la previa y correspondiente indemnización. Previamente: eso significa que tiene que ser en valores, en efectivo.»

Sr. Mujal (Eusebio): La interrupción del señor Bravo Acosta, precisamente, aclara que ningún programa, ni siquiera el del Demócrata Republicano, habla de pago en efectivo. Dice «previa» y «correspondiente", pero previa se sabe que tiene que ser antes, y correspondiente puede ser en valores del estado, valores... con suficiente crédito... No se [debe] resucitar aquí el argumento de los famosos billetes de Pancho Villa, que tanto pánico han producido aquí, pues no estamos frente a un fenómeno revolucionario de las características de la época mexicana.»

«Estamos frente a un estado que acaba de dar una moratoria hipotecaria, con todos los avances sociales. Casi pudiera decirse que está ya en el límite de socializar la propiedad. Ha rebajado los intereses, ha alargado los plazos de manera extraordinaria..., con lo cual ha demostrado una bondad y una generosidad extraordinarias.»

«...Lo que queremos es, frente a un estado y un gobierno bueno, consecuente y formal, que tenga posibilidades de llegar, por [razones] de utilidad pública, a una expropiación, y que mediante pago correcto se haga la indemnización, pero en valores del estado... con el previo pago inclusive de bonos... o bienes muebles o inmuebles... pero que nunca se requiera pago en efectivo.»

Sr. Dellundé (Francisco): «¿Qué es lo que propone S.S. que el estado pague por la propiedad expropiada? ¿Qué propone si no es en efectivo el pago? Usted dice bienes muebles, o bienes de otra clase, en especie. Entonces sabe S.S. que no se trataría de una expropiación, ya que expropiación es una compra forzosa. ¿De qué se trataría entonces?»

Sr. Mujal (Eusebio): «Voy a explicarle brevemente. Si yo fuera gobierno..., le contestaría al señor Dellundé de esta manera: que por una cuestión de utilidad pública estaría dispuesto a pagarle un tanto por ciento en efectivo, hasta lo que el estado pudiera pagarle, y al propio tiempo se le darían valores del estado... para que pudiera en el plazo necesario cobrar el valor de la propiedad.»

«No se trata de quitarle al señor Dellundé, por ejemplo, una finca de diez caballerías o de cien... y darle otra finca de cien o de mil caballerías en otra propiedad...»

Sr. Dellundé (Francisco): «No es una compra, es una permuta.»

Sr. Mujal (Eusebio): «Yo creo inclusive que para una cosa de utilidad pública se podría hacer una permuta, detallando las obligaciones.»

Sr. Dellundé (Francisco): «Sería difícil detallarlo.»

Sr. Mujal (Eusebio): «Sería difícil detallarlo para usted, pero no para los que deseamos el beneficio de Cuba a todo trance.»

«El ruego que quería hacer al presidente de la comisión coordinadora, que ayer mostraba un deseo de no querer cooperar, es que estaríamos de acuerdo en que se acordara el pago previo y correspondiente, pero nunca en efectivo. Si el presidente de la comisión aceptara este criterio del delegado que habla, se podría modificar el dictamen y por mi parte retiraría la enmienda.»

Sr. Martínez Saenz (Joaquín): «Yo, como miembro de la comisión, acepto.»

Sr. Cortina (José Manuel): «Pido la palabra... Yo me levanto para sostener el dictamen tal como está. Recuerdo que precisamente el convencional señor Mujal sugirió algo parecido [a su enmienda] en el seno de la comisión coordinadora y todo esto fue allí objeto de profunda y serena discusión. Si esto no hubiese sido tratado... y resuelto a plena conciencia por la comisión, yo podría adelantarme a interpretar alguna modalidad nueva... Pero habiendo habido una controversia..., que se resolvió por la comisión, no me siento con autoridad suficiente para cambiar ninguna de las frases y conceptos consignados en ese precepto del anteproyecto constitucional.»

«Reconozco la buena disposición de espíritu y los razonamientos expuestos por el convencional señor Mujal... Ahora, con la misma sinceridad y francas palabras con que él... ha expuesto sus puntos de vista, yo voy a aducir los argumentos que tuvieron los miembros de la comisión coordinadora para mantener el precepto que defiendo.»

«...En estos últimos tiempos, las teorías económicas introducidas en algunos países han [hecho surgir] un nuevo tipo de estado, el cual asume, como... los jefes de tribus y los faraones de Egipto, todos los poderes, todas las facultades y todos los derechos. Según esa doctrina..., el estado... se puede apoderar de toda propiedad por simple ocupación o por impuestos de tipo confiscatorio político. También, según ella, puede hacerlo por medio de expropiaciones a las cuales el mismo estado puede fijar las condiciones de pago, ya sea en bonos, cédulas o pagarés, con vencimiento en largos años y con el interés que... tenga por conveniente fijar.»

«Ese tipo de estado, absorbente y dominador, lo mismo se produce al calor de las doctrinas llamadas fascistas, que para practicar las comunistas. Es decir, que las democracias tienen que considerar que ya pasaron los tiempos en que la libertad individual se consideraba un dogma sagrado. Hay programas políticos que sostienen que suprimir toda la libertad individual es un progreso; o sea, que cosas que el siglo pasado se consideraban monstruosas, hoy parecen elegantes [adelantos].»

«Nosotros somos todavía, afortunadamente, una democracia..., y el pueblo de Cuba no me dio a mí el mandato de destruirle fundamentalmente su régimen político y económico para implantar aquí un estado totalitario. Por esta razón, es natural que yo vigile todos aquellos preceptos que, cualquiera que sea la buena voluntad con que se formulen, [sean] como antenas del consabido régimen absorbente del estado, frente al cual el individuo y la propiedad [privada] no son nada.»

«...Se puso expresamente en el dictamen que el estado pagará en efectivo, porque es el estado quien hace la ley o dicta el decreto de expropiación, y si no se le determinan ciertas limitaciones a esa potestad, también ese decreto o ley puede fijar el tipo de moneda, la forma de pago, el plazo en que va a pagar... Por medio de estas condiciones, el estado, en definitiva, pagaría como lo tuviera por conveniente, [de] forma que pueda hacer totalmente nulo el pago que pretenda realizar.»

«Es preciso reglamentar en alguna forma esa potestad de compra que se le da al estado. No queremos establecer... que una sola de las partes tenga el derecho de escoger la forma de pago y sus condiciones, sino que nosotros, desde ahora, fijamos cómo ha de pagarse...»

«...El dictamen mantiene la misma doctrina y el mismo precepto de la Constitución de 1901, que ha regido tantos años en Cuba. Naturalmente, esto no excluye el pacto en contrario entre las partes. El expropiado siempre está en libertad de aceptar la forma de pago que tenga por conveniente... Incluso, si desea estimular la ejecución de la obra pública de que se trate, o [si] su patriotismo se lo aconseja, puede ceder gratuitamente al estado la propiedad o dársela en condiciones de pago absolutamente favorables y fáciles. Nada de esto impide el precepto que estamos defendiendo. Lo único que se ha agregado [a lo establecido en la Constitución de 1901] es el concepto en efectivo.»

Sr. Roca (Blas): «¿Me permite el señor Cortina? El señor Cortina dice que es lo mismo que había antes. Sin embargo, se ha construido aquí la carretera central...; se ha podido hacer, incluso manteniendo algunas deudas por expropiaciones realizadas... Si desgraciadamente hubiéramos tenido este precepto en la Constitución de 1901, la carretera central sería un sueño en la mente calenturienta de algunos cubanos, pero no una realización.»

Sr. Cortina (José Manuel): No tengo noticias de que cuando se hizo la carretera central no existiera el precepto de la Constitución de 1901, que ordena pagar previamente [en] la expropiación. La observación tendría razón de ser si no existiera ese precepto, o [si] se hubiese realizado la transacción por el estado... mediante pagos a crédito o en otra forma. Mis noticias son que la mayoría de los propietarios cedieron gratuitamente al estado los terrenos.»

«Por otra parte, no creo que nosotros tengamos aquí que formular el precepto para estimular al estado a que sea mal pagador. Lo que queremos es señalar garantías para que el estado pueda hacer la expropiación, pero que el particular también pueda defender su derecho debidamente, en cualquier contienda civil, si es despojado injustamente.»

Sr. Roca (Blas): «El estado no puede ser mal pagador, pues tiene que pagar hasta el último centavo.»

Sr. Cortina (José Manuel): «A pesar de todos los preceptos que pongamos aquí, el estado es, al fin y al cabo, el poderoso. Si no [establecemos] una reglamentación clara, el individuo resulta aplastado por la maquinaria formidable del estado. Un individuo luchando solo contra el estado, y sin leyes claras y precisas, nada puede hacer.»

«En resumen, en el precepto mantenido por la comisión coordinadora sobre expropiación, no hay nada nuevo. No hay más que una ratificación de lo que existía en la Constitución de 1901, con la aclaración que se sobreentendía ya anteriormente de que el estado debe pagar con dinero [en efectivo]… [Esto] no excluye lo que indicaba el señor Mujal, o sea, que el estado se ponga de acuerdo con el expropiado para pagarle en la forma que tenga por conveniente o le sea posible.»

[Sometido a votación el precepto sobre expropiación formulado por la comisión coordinadora, fue aprobado por mayoría de votos y fueron rechazadas las enmiendas.]

LA PENA DE MUERTE

La pena de muerte –su establecimiento o abolición, ora en la Constitución, ora en la legislación penal– ha sido un tema muy debatido en todas las latitudes y en todos los tiempos. Esto se debe a que encierra principios tan delicados y contrapuestos como la represión del delito y la regeneración del delincuente, la defensa de la sociedad y las garantías de la justicia, la ejemplaridad del castigo y la humanización de la pena.

Sin embargo, los que aman la libertad coinciden, al menos, en que no se permita la imposición de la pena capital por motivos políticos a fin de que ningún gobierno pueda disponer de artificios legales para sembrar el terror y eliminar a sus opositores. Hay también consenso general en no aplicar la pena de muerte a los responsables de la mayor parte de delitos comunes.

La discrepancia surge, o se agudiza, cuando se trata de crímenes horrendos, cometidos a veces en serie, o de traición o espionaje en tiempos de guerra, o de graves delitos perpetrados por los militares. Aun en esos casos excepcionales, los abolicionistas se oponen a la aplicación de la pena de muerte por considerar que con ella no se hace justicia ni se logra ningún fin ejemplarizante y humano. En cambio, los que estiman que la pena de muerte, con todas las debidas garantías procesales, es un arma legítima y necesaria de defensa social, sostienen que el estado no puede renunciar a aplicarla en esos casos de extrema gravedad.

Las dos tesis, con sus diversas variantes, fueron debatidas en el seno de la convención. Los partidarios de la abolición total, sin excepciones, mediante un precepto constitucional, estuvieron representados principalmente por la doctora Alicia Hernández de la Barca y por Salvador García Agüero (éste último respaldado por la delegación del Partido Comunista). Ambos presentaron enmiendas similares, consignando que en ningún caso podrá imponerse la pena de muerte; que la pena máxima de prisión no excederá de veinte años, y que la organización del sistema penitenciario se orientará científicamente hacia la regeneración del delincuente, más que hacia la simple represión del delito.

El doctor Orestes Ferrara se opuso a dichas enmiendas por entender que la regeneración del delincuente como objetivo central del sistema penitenciario era una utopía en la que ningún penalista serio creía. Otros convencionales objetaron esas enmiendas porque la prohibición de la pena de muerte no contemplaba excepciones, y porque los principios enunciados sobre la reforma del sistema penitenciario ya figuraban en el código de defensa social y no había que llevarlos al texto constitucional. La enmienda de la doctora Hernández de la Barca fue rechazada, y la de García Agüero fue retirada.

La cuestión de fondo sobre la pena de muerte fue analizada por José Manuel Cortina al oponerse a la enmienda del convencional Aurelio Álvarez. Esta enmienda autorizaba la aplicación de la pena capital a los culpables de traición o espionaje, pero no incluía a los miembros de las fuerzas armadas por delitos militares. Al concluir Cortina su intervención, el doctor Álvarez retiró su enmienda.

Finalmente, se aprobó la enmienda del doctor Ferrara, que vino a resumir, en forma más sintética, los puntos esenciales contenidos en el dictamen presentado por la comisión coordinadora. El texto de dicha enmienda, con ligeras modificaciones de estilo, es el que figura en el siguiente artículo 25 de la Constitución:

> «No podrá imponerse la pena de muerte. Se exceptúan los miembros de las fuerzas armadas por delitos de carácter militar y las personas culpables de traición o

de espionaje en favor del enemigo en tiempo de guerra con nación extranjera.»

El debate comenzó con la intervención del convencional Ferrara oponiéndose a la enmienda de la doctora Hernández de la Barca, y por extensión a la del señor García Agüero, que prohibían en todos los casos la pena de muerte y propugnaban la regeneración del delincuente en el penal. El doctor Ferrara se refirió únicamente a este último punto.

Sr. Ferrara (Orestes): «Pido la palabra... en primer término, para hacer más fácil a la distinguida convencional la defensa de su enmienda; en segundo término, para felicitarla, ya que, mujer al fin, pone su sentimiento al servicio de la bondad y de la piedad; y en último término, para decir que, no encontrándome en sus mismas condiciones, soy completamente contrario a esa enmienda.»

«...Estas ideas de regeneración del delincuente son viejas ideas, que algunas veces llegan con el vapor correo, quiere decir, con mucho retraso.»

«No hay penalista que crea en ellas... No es posible que en un penal haya regeneración. El hombre que en su hogar, bajo las caricias de la madre, del calor y la protección del padre, del afecto de los hermanos, en una sociedad honorable, no se ha regenerado, ¿se va a regenerar... con los otros delincuentes, en la infamia común?»

«¿Habéis estado en la cárcel alguno de vosotros? Yo creo que sí. Pues yo también. Conozco los penales... de los dos mundos. Todo allí se encuentra, pues... más [que] penal, [es] una universidad del delito. Modificadla como queráis; haced todas las alteraciones y modificaciones; seguid todas las medidas que en los Estados Unidos se toman, en Italia, en cualquiera otra parte, [y] no encontraréis más que la competencia de uno con otro a decirse las hazañas antisociales que habían cometido durante el tiempo de libertad.»

Sr. Roca (Blas): «Cuando hacía [usted] la descripción del hogar donde el hombre no ha podido regenerarse, se le olvidó esto: que bajo el acicate de la miseria y del hambre no podía regenerarse. Para tener el cuadro completo de la madre, del hogar, del hijo, de todas esas cosas, debía haber agregado, además, la falta de pan y de leche para sus hijos, la falta de lo necesario para mantenerse él mismo.»

Sr. Ferrara (Orestes): «Estaba hablando de los factores morales, pero considero muy atinadas las observaciones del señor Blas Roca. Yo no considero que el hombre [sea] delincuente por naturaleza; considero que el hombre es delincuente por el ambiente. Es [por] nuestra sociedad mal organizada. Se produce la delincuencia no solamente por estar mal organizada en cuanto a la pitanza, [sino también] mal organizada en cuanto a las relaciones sociales, mal organizada por muchos motivos.»

«Pero no soy como Blas Roca; no soy creador de sociedades; no tengo la vanidad de decir que yo hago el mundo...; el mundo es un producto de factores históricos... Yo considero que la historia es la que nos trae la civilización, y no pienso como Garibaldi que la historia se puede modificar con un dictador más o menos fuerte, porque yo, sin duda, siempre he prestado todo mi amor y toda mi existencia a la causa de la libertad.»

«Pues bien, ¿qué puede hacerse en un penal? ... Si el proyecto [formulado en la enmienda fuese] algo eficaz, yo... propondría en esta asamblea aprobarlo nosotros mismos... Pero no tengo fe, ni tiene fe ningún técnico en esta materia, en que podamos evitar que los delincuentes se hagan más delincuentes. Se podrá evitar que un delincuente pasional se haga un delincuente de oficio; se podrán aplicar ciertos remedios; podrán hacerse ciertos actos de piedad; pero pensar y hablar de regeneración es algo [así] como una idea que pasó [por la] Cámara [de

Representantes] siendo yo presidente... de concederle dos mil pesos a un cierto ingeniero [por haber] encontrado el movimiento perpetuo.»

«...Está bien, hay que aliviar los dolores de los desheredados de la moral, pero por encima de ellos... hay que acordarse... de las víctimas de estos seres antisociales... Pensad que no todos los que están en las cárceles deben merecer tanto respeto como... la descuartizada y su familia, el viejo asesinado, los niños atropellados, toda esa gran masa..., numerosísima, que sufre las consecuencias de seres antisociales... No queremos tratar [a estos seres] como en otros tiempos, sino con toda piedad..., [pero] no podemos elevarles un altar dentro de nuestros corazones, ni hacer concebir a la sociedad esperanzas que no pueden realizarse...»

Sra. Hernández de la Barca (Alicia): «Esta tarde estoy doblemente obligada a la gentileza del señor Ferrara. Él ha dicho, y yo le doy las gracias por ello, que iba a hablar en contra de mi enmienda para que yo pudiese hacerlo a favor. Además, hemos tenido el gusto de oír las razones que el señor Ferrara ha expuesto aquí brillantemente en contra de lo que hemos propuesto algunos convencionales.»

«El otro motivo que me obliga a dar las gracias al doctor Ferrara es lo que él ha dicho respecto a mi bondad, por mi condición de mujer. Pero quiero aclararle al doctor Ferrara, de una manera terminante, que aunque me honro en representar aquí a la mujer cubana actual, no he venido a la Asamblea Constituyente como mujer, sino como individuo que forma parte de una colectividad y está interesado, como el que más, en que los hechos se desarrollen de una manera distinta.»

«Si la razón... o una de las razones... que opone [el señor Ferrara] a la enmienda presentada por mí esta tarde es que mi condición de mujer me hace ver las cosas distintas, quiero declarar que el talento del doctor Ferrara merece otro argumento...»

Sr. Ferrara (Orestes): «Pero estaba también [aludiendo al] señor delegado García Agüero.»

Sra. Hernández de la Barca (Alicia): «Pero eso se lo contestará él...»

«[El señor Ferrara decía] que no hay penalista que crea que la supresión de la pena de muerte es buena...»

Sr. Ferrara (Orestes): «Yo no he dicho nada de la pena de muerte, sino de la regeneración del penado. Soy contrario a la pena de muerte...»

Sra. Hernández de la Barca (Alicia): «Quiero decirle que... a diario se leen opiniones muy valiosas, muy acreditadas, contra la pena de muerte y... favorables a la regeneración del penado en las cárceles, no en las covachas inmundas que nos gastamos en América, sino en verdaderas prisiones, en centros de reeducación... Soy partidaria de la supresión de la pena de muerte, porque al estudiar [lo que han escrito] profesores... penalistas... hombres de ciencia... he llegado... al convencimiento de que [dicha] pena... no ha servido para ejemplarizar nada...»

«...Como profesora que ha practicado medidas correctivas con positivos resultados... [he llegado] a la conclusión de que... no hay hombres delincuentes, sino hombres en... estado patológico que delinquen por su condición de mal adaptados...; y pido, [por humanidad], que se medite sobre la pena de muerte, [que] no resuelve nada.»

«...Si queremos cambiar precisamente el estado de barbarie en que se encuentra nuestra sociedad..., [si queremos evitar]... que a un crimen... siga otro [crimen], [hay que] establecer regímenes penitenciarios muy distintos a los que tenemos... En cada cárcel [debe haber] un centro de educación, un centro dirigido por un pedagogo y por un médico que considere al hombre no como delincuente, sino como un enfermo, y que trate de reincorporarlo a la sociedad...»

Sr. García Agüero (Salvador): *[Interviene, primero, para contestar alusiones del doctor Ferrara, y después, para defender su enmienda, que es muy parecida a la de la doctora Hernández de la Barca].*

«El señor Ferrara [ha] hecho alusiones a mi persona, atribuyéndome la paternidad de una moción que realmente no me corresponde. Pero como hay enorme semejanza... entre dicha moción y la que este delegado [ha] presentado..., la alusión [resulta] pertinente.»

«...El doctor Ferrara trataba de atribuir el contenido esencial de esta moción, que le parece tan piadosa, a la bondad de [la] mujer... [representada por] la doctora Hernández. Sin embargo, es indudable que no es sólo la bondad de la mujer la que puede orientar o generar una enmienda de esta índole, si bien parece ser, según el criterio del señor Ferrara, que es necesario exhibir ferocidad de hombre para mantenerse en el puesto contrario...»

Sr. Ferrara (Orestes): «¿Para su S.S. no existe la idea de [la] justicia? ¿Por qué pone frente a la bondad, la ferocidad? ¿No está [el] camino de la justicia, que todavía es más luminoso?»

Sr. García Agüero (Salvador): «...Saliendo ya de este pequeño coloquio, yo quiero afirmar mi convicción de que la bondad y la justicia no son contradictorios...»

«...El doctor Ferrara se inquietaba por [el] cambio [propuesto] en la organización penal... para contribuir... a la transformación de aquellos individuos que..., por determinadas circunstancias, (en la mayoría de los casos independientes de su voluntad), van a caer dentro de las mallas del código penal. No nos parece nada alarmante para que se inquiete el señor Ferrara... Se nos antoja que el delincuente, en la mayor parte de los casos, lo es más por las realidades deformadoras de la sociedad pesando sobre él, que por una condición innata del individuo.»

Sr. Ferrara (Orestes): «Pues, hay que reformar la sociedad.»

Sr. García Agüero (Salvador): «Hay que reformar la sociedad... Pero las cárceles no están fuera de la sociedad, ni el individuo [que delinque] está aislado de la sociedad... después que cumpla su pena, sino que ha de volver a [ella], y no es posible que tratemos a este gran núcleo de hombres a quienes una sociedad deformada deforma a su vez, como si fuesen entes completamente desvinculados de nuestras vidas...»

«Por eso es que pretendemos, no que las cárceles sean punitivas solamente, sino que además sean reeducadoras; que sean un instrumento puesto en manos de la sociedad, no para fulminar al individuo que comete un delito... sino para hacer de ese recluso un individuo que reaccione ventajosamente, aleccionado por la sanción del delito cometido, y que además retorne a la vida social en mejores condiciones.»

«El señor Ferrara, en su discurso, hacía... desdichadas afirmaciones alrededor de Carl Marx, señalándolo irónicamente como un hombre que pretendió... transformar las bases de la sociedad, y a la vez declamaba sonoramente describiendo sus personales luchas en pro de la libertad... Nosotros, señor Ferrara, queremos ser como fue usted en esto de luchar por la libertad; pero no estrictamente por esa libertad más o menos circunstancial de un pueblo que se independiza, sino por una liberación total del hombre de las fuerzas opresoras o destructoras que una organización injusta de la sociedad ha echado sobre sus espaldas...»

«Nuestro concepto, pues, contenido en la enmienda en debate, subsiste a pesar del ataque sin solidez del doctor Ferrara. Por todo esto, nosotros sostenemos que es necesaria la aprobación de esta enmienda, con respecto a la organización del régimen penal. No insistimos en lo que atañe a la [supresión de] la pena de muerte, porque sobre este punto el doctor Ferrara parece sentirse un poco... –¿cómo diríamos...?»

Sr. Ferrara (Orestes): «¡Dígalo, dígalo!»

Sr. García Agüero (Salvador): «Quiero decir que el señor Ferrara, al admitir la supresión de la pena de muerte, parece sentirse un poco más cerca de lo que él llama 'piedad femenina', a la cual tan agriamente ataca en el aspecto de la reorganización penitenciaria.»

Sr. Ferrara (Orestes): «Porque no produce efecto; si lo produjera entonces sería favorable, pero no con cantos de sirena.»

Sr. García Agüero (Salvador): «Exactamente, el doctor Ferrara no quiere oír cantos de sirena; él prefiere hacer un solo... Pero de todas maneras, lo importante es lo siguiente: abolir la pena de muerte... [y hacer] que las cárceles no sean simplemente un elemento de función punitiva, sino que a la vez sean un elemento educacional... Es inaplazable acudir a la transformación, no sólo del delincuente, sino de esta sociedad, que, como dice el doctor Ferrara de la cárcel, es toda ella una monstruosa universidad del delito.»

[La enmienda de la doctora Hernández de la Barca fue rechazada porque, a juicio de la mayoría, establecía la abolición de la pena de muerte, sin excepciones, y porque la reorganización del sistema penitenciario que propugnaba no era función de la Constituyente, sino de la comisión especial que para ese fin había previsto el código de defensa social. Pulsado el sentir de los delegados, el convencional García Agüero retiró su enmienda por ser muy similar a la de la doctora Hernández de la Barca.]

[Se procedió entonces a discutir la enmienda del señor Aurelio Álvarez, que autorizaba la imposición de la pena de muerte a los culpables de traición o espionaje a favor del enemigo en caso de guerra, pero no incluía a los delitos de los militares consignados en el dictamen. El convencional José Manuel Cortina, al oponerse a dicha omisión, discutió a fondo

el problema de la pena de muerte desde el punto de vista jurídico y social.]

Sr. Cortina (José Manuel): «Es curioso que esta tarde tengamos que discutir si se mata o no se mata; es decir, si se prohibe o no la pena de muerte en un precepto constitucional, [debido a] ese afán imprudente que todos tenemos de traer a la Constitución problemas complicadísimos y de variada solución.»

«Antes de entrar a impugnar el precepto tal como lo ha propuesto el convencional señor Aurelio Álvarez, quiero referirme al problema de la pena de muerte desde el punto de vista jurídico y social.»

«Yo no tendría inconveniente en que en el código penal se ensayase la abolición de la pena de muerte, porque... podría restablecerse... si la sociedad lo impusiese, como ha ocurrido en muchos países. Si la pena de muerte fuera abolida en esa forma, acaso yo votaría [a favor] de la abolición sin reservas. Todo ensayo que se haga por mejorar el sistema de sanciones... puede ser útil, siempre que tengamos fácilmente a mano la legislación común para rectificar el error, si la innovación produjera una excesiva delincuencia.»

«Yo no soy de los que creen que la pena de muerte se aplica en nombre de la justicia absoluta, ni aun de la relativa. Pertenezco más bien, en el orden penal, a la escuela positiva... del eminente profesor Lanuza, que para desgracia de la sociedad cubana murió prematuramente.»

«Sin ser un positivista radical, creo en el principio de que la sociedad, al castigar, no pretende hacer justicia, sino defenderse de elementos morbosos que la destruyen. El derecho a [defender] la vida es superior a todo concepto metafísico; es un imperativo del instinto de conservación. Lo primero que hace todo organismo, antes de razonar, es defenderse...»

«La escuela correccionalista olvida que la defensa social es la base real del sistema penal, y solamente lo hace girar en derredor de la corrección del reo y de su mejoramiento. [No se da cuenta] que esto, a veces, es imposible, [y] que una piedad exagerada [estimula] la delincuencia [y] produce muchas más víctimas dentro de la sociedad [que] delincuentes [reformados].»

«Desde luego, todo sistema penal debe de tener una parte... correccionalista, pero no debe ser la única base del sistema penal. Acepto y apruebo que se reeduque a delincuentes y se les trate humanamente, pero no en perjuicio de la sociedad.»

«En relación con la abolición de la pena de muerte, insisto en que... no debiera tratarse en la Constitución, como no lo trata casi ningún otro país... Es una materia legislativa, que debe fluctuar en las leyes según los resultados... que se obtengan.»

«...Yo no niego que en la delincuencia de todo hombre influyan factores ajenos a su voluntad, tales como el medio moral o el medio económico, la educación, la herencia, las taras psicológicas o anatómicas. Yo no desconozco que la libertad moral, absoluta e incondicionada, no existe. Sin embargo, hay un hecho real..., y es que en las Constituciones de los pueblos más avanzados de la tierra no se establece la abolición de la pena de muerte, sino que se trata sólo en las leyes cuando se hace el ensayo [de suprimirla].»

«En Inglaterra rige y se practica la pena de muerte. En los Estados Unidos se mantiene la pena. En Francia no se ha abolido... En general, las naciones de más alta civilización en el mundo... mantienen en sus códigos el derecho a imponer la pena de muerte en determinadas circunstancias... Esa sanción, que es la que más impresión produce al hombre, [ejerce] una gran influencia preventiva, especialmente en los delincuentes potenciales y en los que... [derivan] de la impunidad... [el] estímulo para... la realización del delito.»

«No me preocupa tanto la influencia que ejerza la pena de muerte... sobre el delincuente... incorregible y de moral atrofiada, como sobre el delincuente pasional, susceptible de refrenarse y de prever... las consecuencias que pueden producirle sus actos. En un país de temperamento apasionado y no muy reflexivo, como el nuestro, la idea de que está abolida la pena de muerte puede ser un estimulante aterrador de la delincuencia.»

«En la comisión coordinadora, como ocurre con muchas disposiciones de carácter filantrópico..., predominó la idea de abolir la pena de muerte en la misma Constitución... Sin embargo..., logramos hacer triunfar dos excepciones: una para los delitos militares y otra para los de traición [o espionaje en tiempo de guerra].»

«No hay ningún país... que haya abolido la pena de muerte para los militares... Solamente por el rígido mecanismo de la disciplina, impuesta con duras sanciones, puede lanzarse a miles de hombres sobre un... volcán de metralla, en donde sus vidas han de extinguirse para mantener la vida de la patria que defienden. La maquinaria militar tiene que funcionar con sus atributos clásicos, que no han podido variar los hombres; tiene que sostenerse con una férrea disciplina, en que la represión inexorable se produzca siempre [que] se rompan sus reglas y se desobedezcan sus normas... De lo contrario, los hombres armados y adiestrados en el ejercicio de la fuerza... pueden desarticularse y anarquizarse... Un ejército sin disciplina es un cáncer fatal para la sociedad.»

«[Esto] no significa, señores, que todo delito militar haya de ser penado con la muerte. No, me refiero sólo a la posibilidad de que sean castigados con la muerte ciertos graves delitos militares [de violencia] que destruyan la disciplina. En tiempos de paz los delitos militares no se castigan casi nunca con la pena de muerte...»

«Nosotros realizaríamos un acto imprudente –aunque la intención sea generosa– eliminando la pena de muerte hasta en los delitos cometidos por militares dentro de sus obligaciones disciplinarias. Esto podría socavar la estabilidad de nuestro ejército y de nuestro sistema militar, y nos [llevaría a] hacer un experimento que ningún país bien organizado se ha atrevido a realizar. Por esta razón, y no por crueldad, es que yo me produzco en favor del mantenimiento de la pena de muerte entre las sanciones militares. Lo hago respondiendo a una serena responsabilidad de hombre de estado...»

Sr. Álvarez (Aurelio): «Retiro la enmienda.»

[Se sometió entonces a votación la enmienda del convencional Ferrara sintetizando los puntos esenciales del dictamen, y fue aprobada por mayoría de 12 votos. Algunos de los delegados, que votaron en contra, expusieron sus razones como sigue. Eusebio Mujal se opuso a la enmienda por considerar que cualquier gobierno, en tiempos de guerra, podría arbitrariamente excederse, aplicando la pena de muerte a los enemigos políticos que calificase de traidores. José Manuel Casanova se opuso porque, siendo partidario de la pena capital, estimó que el precepto restringía demasido su aplicación. Rafael Guas Inclán votó en contra por considerar que la pena de muerte no debía ser materia de un precepto constitucional difícil de modificarse con el tiempo. Y Santiago Rey votó en contra por ser partidario de la abolición de la pena de muerte, sin excepciones, convencido de su ineficacia como sanción inhibitoria y ejemplarizante.]

EL HÁBEAS CORPUS

Los convencionales de 1940, queriendo evitar desafueros gubernamentales o situaciones de fuerza que violaran las libertades individuales, dotaron a los ciudadanos de una amplia coraza de garantías jurídicas y procesales. Dolorosas experiencias sufridas en las etapas convulsas del proceso republicano determinaron, en gran medida, el casuismo precautorio de la Carta Magna. Temían los delegados que las derechos individuales naufragasen con los cambios de gobierno o las mudables contingencias legislativas; por eso le dieron rango constitucional a una serie de preceptos detallistas y a veces reglamentarios.

Así se explica, por ejemplo, la especificidad cautelar del artículo 26 de la Constitución, que llegó a estatuir que «el custodio que hiciere uso de las armas contra un detenido o preso que intentare fugarse será necesariamente inculpado o procesado, según las leyes, del delito que hubiere cometido.» Descendieron a estos pormenores los convencionales de 1940 porque quisieron corregir los abusos de la llamada «ley de fuga», que en las enconadas luchas revolucionarias invocaban los aprehensores o guardianes para disparar contra presos políticos so pretexto de que trataban de fugarse.

Fue el deseo de proteger la integridad física y la seguridad del detenido frente a las extralimitaciones de los gobernantes lo que movió a los convencionales a revestir el hábeas corpus de garantías explícitas y minuciosas, rara vez vistas en un texto constitucional. Rememoraron los delegados los orígenes de esa gran conquista del derecho, que tuvo como marco histórico la época oscura de los reyes absolutos en que se hacían desaparecer a los súbditos rebeldes o peligrosos sin someterlos a procedimiento judicial alguno, por medio de las llamadas «lettres de cachet», en el caso de Francia.

Frente a esos abusos del poder real, surgió el hábeas corpus en Inglaterra como garantía máxima de la libertad individual y de la vida misma. Tuvo un largo proceso de gestación y desarrollo, que va desde la Magna Carta en 1215 y el Acta de Hábeas Corpus de 1679 hasta la reciente legislación complementaria de 1960. Su objetivo era claro: evitar la detención arbitraria cuyo desenlace era a veces la muerte misteriosa. A ese efecto, se exigía, mediante un procedimiento sencillo y sumarísimo, la presentación física del detenido a fin de que se le pusiera en libertad o se le formulasen cargos con las debidas garantías procesales.

La Constitución cubana de 1901 consagró la esencia del hábeas corpus en su artículo 20, y legislaciones posteriores vertebraron sus postulados. Sin embargo, en la práctica se evadía o se hacía ineficaz el mandamiento de hábeas corpus por falta de dirección de letrado, o por defectos de forma, o por cuestiones de jurisdicción y competencia, o por la negativa de funcionarios confabulados y jueces tímidos a presentar de inmediato al detenido. Ante esta situación irregular, los convencionales de 1940, en su mayoría, decidieron incluir en la Constitución condiciones detalladas que fortalecieran al máximo el hábeas corpus y cerraran las brechas que daban pie para el incumplimiento.

El convencional Orestes Ferrara, entre otros, manifestó su inconformidad con este enfoque y se opuso al dictamen de la comisión coordinadora por considerarlo defectuoso y demasiado reglamentista. En su lugar, presentó una enmienda más concisa, que se ajustaba, según él, a los cánones constitucionales. Dicha enmienda fue impugnada y rechazada porque calificaba el hábeas corpus de recurso y no de procedimiento, porque sólo podía ventilarse ante el juez jurisdiccional (permitiendo la denegación por cuestiones de competencia), y porque planteaba un plazo de tres días para sustanciarlo sin exigir, como condición ineludible, la presentación física del detenido.

Concluido el debate, en el que participaron principalmente los convencionales Orestes Ferrara, Emilio Núñez Portuondo, Ramón Zaydín, Joaquín Martínez Sáenz y José Manuel Cortina, se aprobó el dictamen, con ligeras modificaciones, que corresponde al siguiente artículo 29 de la Constitución:

> «Todo el que se encuentre detenido o preso fuera de los casos o sin las formalidades y garantías que prevean la Constitución y las leyes, será puesto en libertad, a petición suya o de cualquiera otra persona, sin necesidad de poder ni de dirección letrada, mediante un sumarísimo procedimiento de hábeas corpus ante los tribunales ordinarios de justicia.»
>
> «El Tribunal no podrá declinar su jurisdicción, ni admitir cuestiones de competencia en ningún caso ni por motivo alguno, ni aplazar su resolución que será preferente a cualquier otro asunto.»
>
> «Es absolutamente obligatoria la presentación ante el Tribunal que haya expedido el hábeas corpus de toda persona detenida o presa, cualquiera que sea la autoridad o funcionario, persona o entidad que la retenga, sin que pueda alegarse obediencia debida.»
>
> «Serán nulas, y así lo declarará de oficio la autoridad judicial, cuantas disposiciones impidan o retarden la presentación de la persona privada de libertad, así como las que produzcan cualquier dilación en el procedimiento de hábeas corpus.»
>
> «Cuando el detenido o preso no fuere presentado ante el Tribunal que conozca del hábeas corpus, éste decre-

tará la detención del infractor, el que será juzgado de acuerdo con lo que disponga la ley.»

«Los jueces o magistrados que se negaren a admitir la solicitud de mandamiento de hábeas corpus, o no cumpliesen las demás disposiciones de este artículo, serán separados de sus respectivos cargos por la Sala de Gobierno del Tribunal Supremo.»

Al comienzo del debate, se discutió la siguiente enmienda sustitutiva presentada por el doctor Orestes Ferrara:

«El hábeas corpus será aplicable a todo aquel que esté privado de libertad. Se considera este recurso como un examen global del derecho del acusado a gozar de libertad, de acuerdo con la ley, y deberá ser resuelto dentro del tercer día de su presentación. El juez jurisdiccional deberá sustanciarlo, en todo caso, bajo pena de prevaricación y decretar la libertad aun en el caso que no le haya sido presentado el detenido dentro de los tres días indicados, si estima prima facie que tiene derecho a ella.»

Sr. Núñez Portuondo (Emilio): «Yo estoy conforme con la intención [de] la enmienda del doctor Ferrara, en el sentido de reducir a unas cuantas líneas el precepto; pero quiero señalar... dos aspectos... de la enmienda... con los que no estoy de acuerdo...»

«Yo entiendo que no se puede decir estrictamente, dentro del derecho procesal –y así también lo mantienen la mayoría de los tratadistas– que el hábeas corpus es un recurso..., porque no tiende en todos los casos a variar una resolución judicial de un tribunal inferior. Por lo tanto, decir en el precepto constitucional que se considera este recurso como un examen global del derecho del acusado a gozar de libertad me parece que constituye una inexactitud dentro de una buena técnica procesal, y que podría... [redactarse] mejor diciendo que en lugar de un recurso es un procedimiento.»

«Tampoco estoy de acuerdo, dentro del campo del derecho procesal, al hablar del juez jurisdiccional... Yo creo que lo que se quiere decir con esto es el juez competente. Jurisdicción es, precisamente, la facultad de administrar justicia, [por lo que], si es un juez, implícitamente tiene jurisdicción...»

«Por lo tanto, me atrevería a indicarle al señor Ferrara la conveniencia de que se hablara del procedimiento de hábeas corpus y del juez competente, para entonces poder votar el precepto, que en lo demás me parece perfectamente aceptable dentro de los principios del derecho que todos debemos tratar de mantener en esta Convención Constituyente.»

Sr. Ferrara (Orestes): «Si la asamblea estuviera de acuerdo con las manifestaciones que acaba de hacer mi distinguido amigo y compañero, el señor Núñez Portuondo, ... aceptaría, aunque no de acuerdo con él, las dos breves enmiendas que él ha hecho al artículo sobre hábeas corpus que he presentado. Pero yo no sé si la asamblea está de acuerdo. Como hay tantas otras enmiendas, podría suceder que no lo estuviera y, por lo tanto, no debo acceder tan rápidamente...»

«En cuanto a las observaciones... que ha hecho el señor Núñez Portuondo, debo contestar lo siguiente. Primero: En nuestro procedimiento hemos dicho siempre –y yo he tenido una larga práctica en la materia en mi juventud– recurso de hábeas corpus, porque recurso no es [necesariamente] de apelación; es un medio especial por virtud del cual se acude a un juez para obtener una declaración de derecho. Por lo tanto, creo que bien se puede afirmar que el hábeas corpus es un recurso...»

«...El hábeas corpus es mucho más que un procedimiento; el hábeas corpus es un arma política, no un arma procesal... Yo uso la palabra recurso porque me parece la más apropiada... El hábeas corpus es un recurso total a favor de la libertad del individuo; es mucho más amplio que una cuestión procesal... Se presenta cuando yo acudo al juez y le digo: este señor, [que] está privado de libertad, la merece... a título de hombre... no a título de tal o cual condición técnica de la ley...»

Sr. Núñez Portuondo (Emilio): «Por eso no es un recurso.»

Sr. Ferrara (Orestes): «Recurso es, en cuanto a que se actúa ante un funcionario del poder judicial. ... Yo preguntaría al señor Núñez Portuondo, si no lo desea llamar recurso –y me importan poco las palabras– ¿como lo llamaría?»

Sr. Núñez Portuondo (Emilio): «Procedimiento, como dicen los técnicos.»

Sr. Ferrara (Orestes): «...Procedimiento es la manera en virtud de la cual se acude a un tribunal. Pero procedimiento de qué: de un recurso, de un sumario,... de un juicio...; el procedimiento de algo, porque el procedimiento no es más que el movimiento que se le da a una determinada acción judicial. Pero yo estoy de acuerdo... con todos los términos que se quieran, si es que se puede obtener de esta asamblea la declaración formal... de que el hábeas corpus es el derecho que todo ciudadano tiene a la libertad, en cualquier condición en que se encuentre...»

«El hábeas corpus fue la consecuencia de una gran lucha política. Surgió [en Inglaterra] con la Carta Magna y aún antes. Tuvo su afirmación más precisa y exacta cuando se dictó el Bill de Hábeas Corpus en 1679... Nosotros lo recibimos a través del ejercicio de este derecho... en los Estados Unidos. Vino aquí y, en los primeros tiempos, la mayoría de los magistrados desconocía por completo las razones fundamentales, las razones políticas del hábeas corpus, y lo creyeron –como parece creer el señor Núñez Portuondo– como parte de un procedimiento, como una mera fórmula.

Sr. Núñez Portuondo (Emilio): «Como lo creen todos los tratadistas de derecho procesal, no como lo cree el señor Núñez Portuondo.»

Sr. Ferrara (Orestes): «...Los tratadistas de derecho procesal que no conocen la materia... En fin, me permito decir que el hábeas corpus es un derecho político y no procesal; que tiene como fundamento... el derecho a la libertad del ciudadano, no una cuestión del detenido que, durante el proceso, va a discutir con los magistrados tiquis miquis judiciales.»

«...Otra observación que me hacía muy bondadosamente el señor Núñez Portuondo... Él decía, se trata de competencia, y yo digo, se trata de jurisdicción, porque es muy difícil en casos de hábeas corpus acudir al juez competente... No se sabe muchas veces donde está el detenido... No importa saber o decidir [la competencia] del juez..., [sino] los grados de jurisdicción: el juzgado, las audiencias, o el tribunal supremo...»

«Cualquier juez será competente, si el detenido no ha sido juzgado por un juez de igual grado que aquél a quien se va a pedir el mandamiento, porque [en ese caso] hay que ir a la jurisdicción superior. Si se encuentra a la disposición de una audiencia, se debe ir al tribunal supremo.»

«...Desearía que, [de] una vez y para siempre, aprobando mi enmienda, se diera al recurso de hábeas corpus aquella autoridad, no solamente de orden procesal, sino político, [para reclamar] el derecho a la libertad en todos los casos, menos en aquellos en que..., por actos antisociales, [haya que segregar al delincuente] de la comunidad dentro de la cual vivimos.»

[Sometida a votación la enmienda del doctor Ferrara, fue rechazada por mayoría de votos. También lo fue la enmienda presentada por los delegados comunistas, quienes trataron de conciliar el dictamen y la propuesta de Ferrara. El debate intenso sobre el texto detallado del dictamen comenzó con la

siguiente pregunta que, a manera de reto, espetó el convencional Ferrara.]

Sr. Ferrara (Orestes): «Deseo saber, [de acuerdo con el dictamen], si un [ciudadano] detenido ilegalmente en Pinar del Río, teniendo un amigo en Santiago de Cuba que presentase ante el juez o la audiencia de aquella provincia un recurso de hábeas corpus... ¿puede negarse [a sustanciarlo] la audiencia o el juez? Y si se negase, ¿puede [ser] destituido por... la sala de gobierno del tribunal supremo?»

Sr. Zaydín (Ramón): «Para contestar al señor Ferrara afirmativamente, es decir, de acuerdo con el párrafo segundo de este artículo... el tribunal no podrá declinar su jurisdicción...»

Sr. Ferrara (Orestes): «¿Y S.S. está de acuerdo?

Sr. Zaydín (Ramón): «[Sí], de acuerdo, señor Ferrara... La comisión coordinadora, recogiendo... el dictamen de la sección correspondiente, había tenido como... propósito muy firme el que se pudiese solicitar un mandamiento de hábeas corpus de cualquier tribunal ordinario de la República sin que pudiesen plantearse cuestiones ni de jurisdicción ni de competencia... [Así] fue que nosotros redactamos el precepto en esta forma, orillando todos esos matices jurídicos...»

Sr. Ferrara (Orestes): «Solamente deseo hacer constar que, con plena conciencia, esta asamblea va a votar un precepto obligatorio para todos los ciudadanos y también para el legislador, por virtud del cual puede ser llamado cualquier juez de la República a resolver una detención en cualquier punto extremo... en que se encuentre el detenido. Me parece, señores, que si lo hacemos con plena conciencia, podemos hacerlo todo...»

Sr. Álvarez (Aurelio): «Dentro de un procedimiento que se ha querido hacer excepcional...»

Sr. Ferrara (Orestes): «Que no lo hemos querido nosotros, que lo es desde siglos y siglos; pero [que] debe ser normal.

Imagínese usted cómo dentro de tres días se puede llevar el detenido..."»

Sr. Zaydín (Ramón): «Perdone el señor Ferrara, no señalamos término perentorio de tres días. Por eso no votamos la enmienda del señor Marinello del Partido Unión Revolucionaria [Comunista].»

Sr. Ferrara (Orestes): «No sabía que la comisión [coordinadora] era tan reaccionaria.»

Sr. Zaydín (Ramón): «No, la comisión en este precepto es más progresista que S.S.»

Sr. Cortina (José Manuel): «Reservamos el liberalismo a S.S.»

Sr. Ferrara (Orestes): «Le quitan al hábeas corpus la única razón de ser... Yo me pongo de rodillas y acepto todo; pero lo que deseo es que conste, para que el legislador lo sepa, que él debe permitir que un detenido en Pinar del Río sea objeto de examen [por] un juez que se encuentra en Santiago de Cuba.»

Sr. Zaydín (Ramón): «Pido la palabra para contestar al señor Ferrara. Al señor Ferrara le gusta mucho calificar los trabajos de los demás... lo hace siempre.»

Sr. Ferrara (Orestes): «Le quiero dar toda explicación a S.S. No me va a recitar un sermón cuando le voy a pedir todas las excusas.»

Sr. Zaydín (Ramón): «No es tal sermón, pero ¡[cómo] llamar reaccionaria a la comisión coordinadora que ha querido ser más progresista que el señor Ferrara! Precisamente, la orden de hábeas corpus que existe en nuestra República resuelve ese recurso dentro de veinticuatro horas, porque dispone que inmediatamente que se presente la solicitud del mandamiento de hábeas corpus deberá ser admitido y expedido por el tribunal... Esto [es], el detenido dentro de las veinticuatro horas debe ser presentado por la autoridad o funcionario que lo retenga... para celebrar la vista y resolver... la situación del inculpado.»

«Véase cómo la orden de hábeas corpus actual puede resolver la cuestión en menos de cuarenta y ocho horas y véase cómo cuando el señor Ferrara propone setenta y dos [está], sin embargo, [prolongando] el tiempo que la ley actual concede.»

Sr. Ferrara (Orestes): «...Deseo hacer una declaración ante esta asamblea, con toda... sinceridad. Tengo la seguridad más absoluta, porque conozco mi manera de ser, que no faltaré el respeto en lo más mínimo en ninguna ocasión, ni aun en estado de locura, a ninguno de mis compañeros... Pero me quiero reservar el derecho de todas las calificaciones en cuanto a la objetividad de las cosas... Cuando he dicho que la comisión [coordinadora] es reaccionaria, no quiero ofender a los comisionados...

Sr. Cortina (José Manuel): «Esos no son argumentos.»

Sr. Ferrara (Orestes): «Muy bien, yo acepto... Yo no he dicho que son reaccionarios todos los miembros de la comisión, y no lo diré nunca. Pero sí, dentro del parlamentarismo más puro, quiero tener derecho a calificar los actos de los que están aquí en relación con la labor que se desenvuelve en este ambiente.»

Sr. Prío Socarrás (Carlos): «Cualquiera se lo discute... [Habría] que ponerle una mordaza.»

Sr. Martínez Sáenz (Joaquín): «Creo que el derecho que tiene el doctor Ferrara de calificar la obra de los demás es muy legítimo, y lo respetamos; pero reclamamos el mismo derecho de calificar la obra del doctor Ferrara. Y como él nos ha calificado a nosotros de reaccionarios porque no pusimos ese plazo de setenta y dos horas [consignado] en su enmienda, que ha sido rechazada, nosotros tenemos el mismo derecho de hacerlo. En realidad, ambas [propuestas] son liberales; no hay ninguna reaccionaria.»

Sr. Ferrara (Orestes): «Siento mucho que el señor Martínez Sáenz no haya leído mi pobre prosa en que he basado mi enmienda. Yo digo que a los tres días de presentado o no el que ha sido privado de libertad, se le pondrá en libertad... De manera que en esta ocasión no soy reaccionario.»

Sr. Martínez Sáenz (Joaquín): «Le voy a decir al doctor Ferrara que esa parte de su precepto precisamente hace ineficaz el mandamiento de hábeas corpus... Desaparecido un hombre de la circulación ilegalmente..., lo que se quiere con el mandamiento... es encontrar el cuerpo de ese individuo, vivo o muerto... [Según] la fórmula del doctor Ferrara, si a los tres días no ha aparecido ese individuo, se da orden de libertad, lo que representa que no se tenga garantía de ninguna clase.»

«...Yo he tenido esa experiencia, señores. En una época muy dolorosa para Cuba desapareció el sargento Miguel Hernández... Lo llevaron primero preso a Isla de Pinos y luego a Atarés, pero no pude encontrar su cuerpo hasta que cayó Machado y lo hallamos en los fosos del Castillo de Atarés. Por eso queremos que..., cuando se hallan terminado las diligencias necesarias, se presente el cuerpo vivo o muerto del detenido. Por eso es que no es tan liberal, a nuestro juicio, la moción del señor Ferrara, y ésta es la razón por la cual yo no he votado a favor de ella...»

Sr. Ferrara (Orestes): «Solamente para disculparme de que... el período que yo ponía de tres días, en lugar de ser en beneficio del detenido, sea en contra de él. No había pensado en esta realidad. No había pensado que algo que beneficie al detenido pudiera hacerle daño... Si [el detenido] ha desaparecido, no lo llevarán ante el juez ni con una ni con otra orden, pero me parece más perentorio, más efectivo..., el precepto mío [de ponerlo en libertad], que el otro..., que mantiene en suspenso el juez. Porque si... no sabe dónde se encuentra [detenido], no será expedido el mandamiento de hábeas corpus.»

Sr. Martínez Sáenz (Joaquín): «Pido un turno a favor del dictamen, porque el doctor Ferrara lo ha consumido en contra... Yo quiero precisar la razón específica de un precepto tan extenso y tan pormenorizado en la Constitución de 1940... Soy partidario de la sobriedad y del carácter genérico de los preceptos constitucionales... [siempre que] lleven aparejados la efectividad de las garantías que el pueblo debe obtener de la Constitución que nos pide.»

«Cada país tiene que ajustarse en materia constitucional a [sus] características... Si un país tiene una deformación histórica que se tiene que corregir por vía constitucional, no... queda más remedio, en ese aspecto, que llegar hasta detalles extraordinarios...»

«La Constitución de 1901... puso en las manos del... detenido o perseguido ilegítimamente el recurso de hábeas corpus... Sin embargo..., los preceptos declarativos de [dicha] Constitución [fueron] ineficaces, y fueron ineficaces también los preceptos del recurso de hábeas corpus. ¿Por qué? Porque nuestros tribunales, que tenían una tradición [jurídico-política] que venía de Francia y de Roma, y no de Inglaterra y los Estados Unidos, ignoraban la efectividad del recurso de hábeas corpus, en virtud del cual debe presentarse el cuerpo del detenido, y [rehuían] la emisión del mandamiento...»

«[Veamos las razones que aducían.] Primero, porque no se presentaba por el interesado o sus familiares. Segundo, porque se decía que se ignoraba si estaba preso. Tercero, porque si estaba preso..., decía el juez que no era competente. Cuarto, porque decía que no tenía jurisdicción. Quinto, porque... el funcionario o empleado que [retenía] al preso... desobedecía el mandato o la orden judicial de presentarlo... Y finalmente, porque los jueces y los magistrados, cohibidos en un estado de coacción pública, se negaban a emitir la orden... [Por consiguiente], el dictamen nuestro ha tenido que ajustarse a la historia dolorosa de Cuba.»

Sr. Marinello (Juan): «Yo he dicho anteriormente que estoy totalmente de acuerdo con el señor Martínez Sáenz en que en esta materia la Constitución debe ser amplia y preceptiva, quizás hasta reglamentaria. Y quiero ahora preguntarle: ¿si estima que deben consignarse tantos detalles, no le parece que es uno de los más importantes el que precise el término en que el hábeas corpus debe tramitarse?»

Sr. Martínez Sáenz (Joaquín): «...La razón por la cual yo creo que no es prudente fijar el término en el precepto constitucional es ésta: habiendo concedido la competencia universal a todos los jueces de Cuba para conocer de esta situación, podrían rehuir su deber por la imposibilidad material de atender el recurso dentro de las 72 horas. Y entonces, por un exceso de garantías, haríamos ineficaz el precepto... La finalidad que persigue el señor Marinello se obtiene con el precepto... del dictamen que dice: Estos asuntos serán preferentes a cualesquiera otros...

La materia [del hábeas corpus] es tan importante que quiero fijar de un modo preciso la situación de la comisión coordinadora y de la sección de derechos individuales... Señalé cómo había sido ineficaz el mandamiento de hábeas corpus por varias razones. La primera, porque requería un interés en el recurrente: el dictamen dice que lo podrá presentar cualquier persona. En segundo lugar, porque requería un letrado director: el dictamen dice que no es necesario. En tercer lugar, porque el tribunal... carecía de jurisdicción: [el dictamen] declara que los tribunales no podrán negar su jurisdicción. Después venía la negativa a presentar el detenido...»

Sr. Don (Arturo): «Eso ha ocurrido muchas veces en Cuba.»

Sr. Martínez Sáenz (Joaquín): «Lo afirma el señor Don con su interrupción. Consiguientemente, la comisión coordinadora dijo: tú, jefe del penal..., o presentas al detenido... o estás detenido tú a la vez para ser juzgado por el delito que hubieres cometido.»

«Pero finalmente nos encontramos con una judicatura temerosa, con una judicatura que tiembla ante una situación de fuerza, con una judicatura tímida que no se atreve a admitir el recurso de hábeas corpus. ¡Ah!, entonces se le impone a esta judicatura una responsabilidad. La Sala de Gobierno del Tribunal Supremo exigirá [que] ese funcionario tímido que no ha sabido llenar plenamente su misión de garantía para la sociedad..., [sea] separado de la carrera judicial. [Así], se ha corrido la gama completa para hacer efectiva esta garantía, para que sea cierto que nadie puede ser detenido ni procesado sino por un juez competente en virtud de ley anterior al acto cometido. Si nosotros no ponemos todos estos detalles, estamos ignorando la realidad cubana.»

Sr. Cortina (José Manuel): [en defensa del dictamen]. «Es conveniente fijar un punto, un punto nada más, en relación con el problema... de que sea resuelto un hábeas corpus sin [exigir] la presentación de la persona. No voy a analizar ningún otro aspecto jurídico... porque ya se ha hecho aquí.»

«El origen del hábeas corpus fue esencialmente traer al reo, cualquiera que fuera su estado, ante los tribunales. En la época oscura de los reyes absolutos, era frecuente que a un hombre, por medio de las llamadas *lettres de cachet*, se le hiciera desaparecer sin ningún procedimiento judicial. Sucedía que entonces... o se le sometía a tormento o se le asesinaba, sin que quedara ante los jueces ninguna huella de esta acción.»

«Entonces los ingleses, en primer término, al imponer garantías de carácter personal, establecieron el... recurso de hábeas corpus, que tiene como base, antes que hacer ningún juicio ni discutir la culpabilidad del acusado, el que se presente al [detenido] en persona, es decir, el cuerpo, ya sea vivo, muerto, atormentado o destrozado.»

«El recurso va encaminado principalmente a defender la integridad física y la vida del acusado..., y a la vez se [da] después oportunidad a los tribunales para traerlo a juicio regular…, sustrayéndolo de la orden tiránica que lo [ha] aprisionado.»

«Este es el origen del hábeas corpus. No es el objeto… estudiar solamente si el individuo estuvo bien preso o detenido…, ni tampoco si la pena que se [le] ha impuesto es justa o es injusta… Lo que se pretende es que, culpable o no, [sea presentado] ante los tribunales, en cuerpo… El recurso es un atributo político-jurídico de la libertad individual y del derecho de todo ciudadano a defenderse dentro de las normas legales.

«…Por este recurso se le da a los jueces un poder más grande que el que tengan los reyes, los presidentes y gobernantes. Se les da el derecho a pedir imperativamente que, sin demora, se traiga a su vista al hombre misteriosamente aprisionado. De esta suerte, se impide… que sus aprehensores lo maten o lo hagan desaparecer…, sin que se sepa dónde… se encuentra.»

«El hábeas corpus no [es] solamente un amparo jurídico, sino una amenaza contra los que violan gravemente la libertad individual. Si aquí se lleva el hábeas corpus a considerarlo como un recurso más o menos judicial para devolverle la libertad al preso o [para] rectificar algún error en el procedimiento seguido, se convertirá en un papeleo muy interesante, pero no tendrá importancia. Un hábeas corpus resuelto sin traer al hombre físicamente ante el juez, no es un hábeas corpus en lo esencial.»

«…A ese efecto, estoy conforme con todas las medidas encaminadas a perseguir y castigar a los que, frente a un mandamiento de hábeas corpus, no presenten ante los jueces al hombre, vivo o muerto. Esto es lo esencial del hábeas corpus; todo lo demás es decorativo. En esto coincido en parte con las palabras de mi distinguido amigo el señor Martínez Sáenz.»

«Un hábeas corpus discutido y fallado sin la presentación física, ante el juez, del hombre acusado sería un hábeas corpus vacío y desposeído de la fuerza y de la esencia histórica de esa institución.»

[Sometido el dictamen a votación, fue aprobado en los términos consignados en el artículo 29 de la Constitución.]

LIBRE EMISIÓN DEL PENSAMIENTO

La libre emisión del pensamiento, sin ningún tipo de censura previa o de represión arbitraria por motivos políticos o ideológicos, es un derecho fundamental del ciudadano, condición indispensable de la democracia y garantía suprema de la libertad.

No hay despotismo, por atrincherado que se halle, que pueda resistir el debate irrestricto. Para los regímenes que se asientan en la mentira y el terror, autoridad discutida es autoridad perdida. Por eso los tiranos le temen tanto a la pluralidad de opiniones. Por eso prohíben y eliminan el libre juego de las ideas. Por eso persiguen y castigan a los que no se someten a la enfadosa uniformidad del coro oficial, y se atreven a ejercitar el derecho a disentir.

Los gobiernos de fuerza, tanto los castrenses como los demagógicos-populistas, suelen crear, para sostenerse, un clima intimidatorio que inhibe o paraliza a los que se oponen al mandamás, aupado por las armas o ungido por las masas. El terror difuso trae consigo la censura abierta o solapada para evitar que se deslice, alevosa y subversiva, toda nota discordante. El ciclo represivo culmina, bajo cualquier pretexto de orden público o seguridad nacional, en el cierre, parcial o total, transitorio o permanente, de los medios independientes de información.

Los regímenes totalitarios, que llevan el autoritarismo a todos los ámbitos de la vida humana, no se conforman con el bloqueo de escritos, noticias y opiniones que consideran perniciosos (tarea hoy asaz difícil en un mundo entrelazado por arterias electrónicas). Su objetivo no es solamente eliminar la oposición, sino implantar el vasallaje. Su propósito no es únicamente silenciar la discrepancia, sino imponer la unisonancia, martillando la verdad oficial en el subconsciente de la población hasta lograr la más degradante y monótona robotización.

Mas no sólo pecan los gobernantes que cercenan o coartan la libertad de expresión, sino también los gobernados que abusan de ella. El ejercicio de la libertad sin freno ni responsabilidad corroe la médula de la propia libertad y acaba por destruirla. Quienes se valen de los medios de comunicación para segregar venenos y azuzar pasiones, socavando la paz de la sociedad, el prestigio de las instituciones, la moralidad de las costumbres y la honra de las personas, son casi tan liberticidas como los asaltantes del poder y los violadores de la democracia.

Fueron estos peligros los que los convencionales de 1940 trataron de prevenir o conjurar. A ese efecto, le otorgaron amplia protección constitucional al derecho de toda persona a emitir libremente su pensamiento, sin sujeción a censura previa. Pero para evitar que al socaire de ese derecho se cometieran hechos delictuosos, autorizaron la recogida o secuestro de publicaciones, discos o películas que atentaren contra el orden social o la reputación de las personas. Y a fin de evitar arbitrariedades por parte de los funcionarios gubernamentales, establecieron que dicha recogida sólo podrá efectuarse previa resolución fundada de autoridad judicial, y no podrá dar lugar a la suspensión o clausura del órgano de publicidad de que se trate, salvo por responsabilidad civil.

En defensa de los puntos esenciales de este precepto, que se basó en el dictamen de la comisión coordinadora, se manifestaron los convencionales José Manuel Cortina y Joaquín Martínez Sáenz, entre otros. Objetó fuertemente el doctor Ramón Zaydín por estar en desacuerdo con el texto original del dictamen que, a juicio suyo, podía dar pie a desafueros que lesionasen los derechos de los periódicos de oposición. Tras la intervención del convencional Francisco Ichaso, quien propició un intercambio conciliatorio, las partes en discordia llegaron a un acuerdo transaccional que mereció el apoyo mayoritario de los delegados.

Al final del debate, el convencional Eduardo Chibás, quien había formulado una enmienda adicional que autorizaba, previa resolución judicial, la interrupción de transmisiones radiales cuando atentasen contra la paz pública o el honor de las personas, cambió de parecer y presentó otra enmienda que prohibía en todos los casos dicha interrupción. Se opuso el delegado Francisco Ichaso a esta categórica prohibición que le daba un fuero especial a la radio, y presentó la enmienda original del señor Chibás. Ambas fueron rechazadas, quedando el texto final del artículo 33 de la Constitución como sigue:

> «Toda persona podrá, sin sujeción a censura previa, emitir libremente su pensamiento de palabra, por escrito o por cualquier otro medio gráfico u oral de expresión, utilizando para ello cualesquiera o todos los procedimientos de difusión disponibles.»
> «Sólo podrá ser recogida la edición de libros, folletos, discos, películas, periódicos o publicaciones de cualquier índole cuando atente contra la honra de las personas, el orden social o la paz pública, previa resolución fundada de autoridad judicial competente y sin perjuicio de las responsabilidades que se deduzcan del hecho delictuoso cometido.»
> «En los casos a que se refiere este artículo no se podrá ocupar ni impedir el uso y disfrute de los locales, equipos o instrumentos que utilice el órgano de publicidad de que se trate, salvo por responsabilidad civil.»

Tras aprobarse dos enmiendas de estilo presentadas por el convencional Jorge Mañach que mejoraron la redacción del dictamen, el doctor José Manuel Cortina pidió la palabra para defender sus puntos esenciales.

Sr. Cortina (José Manuel): «En esta Constitución se garantizan los derechos individuales como en ninguna otra Constitución del mundo. [Entre ellos], el derecho a la emisión libre del pensamiento, con la responsabilidad natural, está perfectamente garantizado: 'Toda persona podrá, sin sujeción a censura previa, emitir libremente su pensamiento de palabra, por escrito o por cualquier otro medio gráfico u oral de expresión'.»

«Después viene una limitación a ese derecho: lo que atente contra la honra de las personas, el orden social o la paz pública. No hay otra forma de delito en el precepto que las enumeradas en este artículo. Esto es lo único que puede considerar el juez, porque la Constitución señala ya los tipos de delito que pueden cometerse por una publicación...»

«Dice el precepto [que] en ningún caso se recogerá la edición de un libro..., [sino por mandamiento de juez competente]... No se puede recoger más que una edición, [la utilizada para cometer el delito]..., no las ediciones que vengan después, limitándose en este sentido las facultades que tienen hoy los tribunales.»

«No se puede pretender que, queriendo dar libertades..., se publiquen trabajos para producir la destrucción de la República, o para disolver la nación, o para enfangar las honras, y que esto se haga impunemente. ¡Es demasiada pasión la que ponemos para defender un principio –[la libertad de expresión]– que nadie ataca! Exageramos por medio de hipótesis las posibilidades para señalar en ellas aspectos malos.»

«El juez competente, previa la denuncia del fiscal, [es quien ordena] recoger la edición del periódico. Es decir, que se establece un sistema por el cual... [se] solicita del juez que paralice la producción del delito que se realiza a través de la publicación. Y esto se hace recogiendo el instrumento que sirve para la acción delictuosa y para su difusión. Si un juez no es garantía para los periódicos, no debe serlo tampoco para la libertad ni para el derecho de propiedad de los ciudadanos...»

Sr. Capablanca (Ramiro): «Para recordarle al señor Cortina que precisamente [se consignó] que no se puede recoger la edición sino por mandato del juez competente... para impedir los abusos que [las autoridades gubernativas] han venido cometiendo...»

Sr. Cortina (José Manuel): «De acuerdo completamente con lo expuesto por el señor Capablanca. Este derecho garantiza, en lugar de restringir, el derecho de la prensa. Si no se consigna expresamente la manera cómo ha de actuarse, los periódicos caerían dentro de la legislación común y de las reglas que se siguen en lo criminal para la investigación y represión de todos los demás delitos... Estamos de acuerdo con que se dén garantías, pero garantías para el ejercicio del derecho, no para el ejercicio del delito...»

«¿Podemos nosotros desconocer que la elevada función de la prensa también puede ser usada para disolver el orden social y llevar el deshonor a todas partes? Todos conocemos el poder enorme de sugestión colectiva que tiene un periódico. Ese poder es uno de los más extensos que existen hoy en la civilización. Por medio de la prensa y de su poder de repetición y difusión, millones de hombres repiten sin meditar el mismo concepto que han leído. ¡El análisis y la crítica no es lo frecuente en la mente humana!»

«La prensa produce una sugestión permanente, por la superstición de la palabra impresa, en el pensamiento colectivo. Nosotros rendimos un homenaje a esa fuerza, en lo que ella tiene de enorme potencia psicológica para el bien, pero no podemos menos que regular sus derechos [a fin de que] mentes perturbadas no la usen en forma... funesta, [impidiendo] que... cumpla la noble y cabal misión de iluminar a la sociedad y llevar la opinión pública por senderos de progreso y justicia. Debemos [contraponer] a... ese poder los castigos y sanciones necesarios para aquel que falte a las leyes de supervivencia de la sociedad.»

«Cuando el propio tribunal supremo está sometido a responsabilidades y... sanciones, me parece, señores, que también debe [estarlo] la prensa cuando cometa un delito.»

Sr. Zaydín (Ramón): «Permitid que un periodista que ha librado recias campañas por la libertad, por la defensa de los intereses populares, tome turno en este debate en contra de este precepto del dictamen... por estimar que va en contra del sistema democrático...»

«Es un paso de retroceso que da la Constitución de 1940, que ha querido ser de avance y progreso. La Constitución de 1901 precisamente conquistó en todos los pueblos democráticos y liberales la más... sólida admiración por la forma precisa con que garantizó la libre emisión del pensamiento. En esta Constitución se decía... en su artículo 25: Toda persona libremente... [lee], es decir, que ella, al garantizar la libre emisión del pensamiento, al mismo tiempo garantiza a la sociedad contra todos aquellos delitos que por medio de la prensa y de otros procedimientos... se pudieran cometer contra el orden social, contra las personas o contra la moral o la tranquilidad pública.»

«Hemos vivido durante años en crisis sociales y políticas, que se han manifestado unas veces insurreccionalmente y otras revolucionariamente... Y durante estos procesos, nosotros hemos observado cómo los periódicos... que defienden la libertad y la justicia social, [y que] no están sometidos a intereses de empresas o... de gobierno, son los que han sufrido... suspensiones y clausuras...»

«Yo esperaba, como periodista que ha sufrido esta tragedia..., que la Constitución hubiese [garantizado que los periódicos] no [podrían] ser nunca ni suspendidos ni clausurados... Los gobiernos... dictatoriales, los que... usurpan la libertad..., son los que [le] tienen miedo a la prensa libre; [mientras] que los gobiernos que se asientan en la opinión pública, que satisfacen los intereses populares..., esos jamás [tienen por qué] temblar ante la prensa libre...»

Sr. Cortina (José Manuel): «En cuanto a todas sus palabras sobre la libertad de la prensa, la Convención está de acuerdo; pero le pregunto: cuándo un periódico comete un delito contra el honor de las personas, contra el orden social, ¿qué se hace?»

Sr. Zaydín (Ramón): «Ya fue previsor el artículo 25 de la Constitución [de 1901]. No se castiga al periódico, sino al periodista. Se castiga al que utiliza el medio...»

Sr. Prío Socarrás (Carlos): «Naturalmente que se concibe que si alguien está disparando con un revólver, lo menos que se puede hacer es quitarle el revólver de la mano...»

Sr. Cortina (José Manuel): «Mucho más si es un libro...»

Sr. Prío Socarrás (Carlos): «O un dibujo pornográfico...»

Sr. Zaydín (Ramón): «El señor Prío Socarrás se refiere a los libros u hojas pornográficas que se... difunden en nuestro país, pese al celo de las autoridades públicas, pero mi preocupación va dirigida a tratar el problema actual [de la libertad de la prensa] en todos sus aspectos...»

«En nuestro país, ¿se ha clausurado algún periódico gubernamental, aun cuando haya... difamado a la oposición? ¡Nunca! En cambio... [cuando] un periódico ha levantado su protesta viril, su voz autorizada, en época de sometimiento colectivo, ha sido suspendido, ha sido clausurado.»

«Yo he vivido la tragedia del periodismo en mis años mozos. Yo he visto llegar airada a la policía a la redacción del periódico. He visto con dolor del alma a los jueces sometidos, dictando autos de mandamiento, y a los fiscales movilizándose para impedir que el periódico pudiera salir a la calle. ¿Y era porque ese periódico atentaba a la moral pública, al orden social, a la tranquilidad del ciudadano? ¡No! Era pura y exclusivamente porque el periódico era la expresión sincera y diáfana de los ideales y anhelos de la patria..., expresión gallarda... del pensamiento contra las conculcaciones de las libertades públicas...»

«Por eso es que siento dolor, siento tristeza de venir a la Constituyente y ver que se consagra como un derecho lo que hasta ahora combatimos como una arbitrariedad...»

Sr. Prío Socarrás (Carlos): «¿Dónde está ese ataque?»

Sr. Cortina (José Manuel): «Aquí no se ha atacado a nadie. ¿A qué tanto reclamar...?»

Sr. Zaydín (Ramón): «Se suspendió un periódico por defender los ideales que nosotros sustentábamos, y ahora queremos ponerlo en manos del gobierno...»

Sr. Prío Socarrás (Carlos): «¿De qué gobierno? Eso que aquí [en el precepto] se dice es una garantía absoluta para la libertad del pensamiento.»

Sr. Zaydín (Ramón): «Eso es fácil decirlo; yo lo estoy demostrando.»

Sr. Prío Socarrás (Carlos): «Usted está pronunciando un discurso político; usted no está demostrando nada.»

Sr. Zaydín (Ramón): «Político, sí, pero ¿es que es una ofensa pronunciar discursos políticos aquí? ¿Es que la Constituyente no está integrada por representantes de los partidos políticos? ¿Es que nosotros no estamos haciendo la carta política de la nación?»

«...[Hablo] con un sentido político-social... [para] descubrir las llagas, para que esas llagas sean curadas en lo posible en la Constitución... [y no] continúen lacerando el cuerpo social de Cuba.»

«Existe en el dictamen esa penalidad para los periódicos, que pueden ser suspendidos... Un periódico de hoy no es aquella hoja suelta de hace cuarenta años... El periódico hoy es toda una organización acabada, y una suspensión sería lo suficiente para que el periódico sufriera un grave quebranto. Y si esa suspensión se prolonga de tres a seis meses, puede considerarse definitiva... Es por esto que esta sanción al periódico..., a la radio..., a los elementos que se utilicen para exteriorizar el pensamiento, viene a suprimir... precisamente lo que se quiere garantizar: la [libre] emisión del pensamiento.»

«Yo recuerdo una frase de Jefferson que decía que si lo pusieran [ante] el dilema de un gobierno sin prensa libre o una prensa libre sin gobierno, él escogería [la] prensa libre sin gobierno. [Según él], la prensa libre sin gobierno [denota] un estado de democracia y de convivencia social que ha llegado al grado superlativo de la civilización, mientras que un gobierno sin prensa libre significa despotismo, es decir, la estrangulación de todos los derechos y las libertades...»

«Yo recuerdo también la jurisprudencia del Tribunal Supremo de los Estados Unidos con motivo del caso en que una autoridad suspendió un periódico por varios días. En esa jurisprudencia... se dice... que suspender la publicación de un periódico u ocupar la imprenta en que se edita... equivale a suprimir la libertad del pensamiento...»

«...Que se castigue al que calumnie o injurie..., al que atente contra la moral..., al que perturbe el orden social..., pero que se castigue conforme a la ley, por medio de los tribunales competentes, y no se quiera castigar suprimiendo el instrumento que sirve para expresar las ideas..., porque lo que se [estaría] suprimiendo [sería] la libertad del pensamiento.»

Sr. Cortina (José Manuel): «Yo he estado oyendo al convencional doctor Zaydín y me he preguntado con asombro: ¿qué habrá pasado aquí?»

«Si alguien hubiera atacado a la libertad de la prensa, si en algún precepto del dictamen se hubiera establecido la previa censura o prohibido la publicación de periódicos políticos o algo análogo, se comprenderían estas argumentaciones... [Pero] yo no he encontrado nada que justifique las preocupaciones expresadas aquí. Yo no dudo que, por una exaltación imaginativa, el convencional doctor Zaydín haya tenido en estos momentos una pesadilla, con la visión pavorosa de ataques sangrientos a la prensa, de policías que destrozan las maquinarias de los periódicos..., de publicaciones a las que no se deja circular, de censura coactiva e inquisitorial sobre el pensamiento de las oposiciones. En fin, es posible que todas esas graves hipótesis hayan pasado por la mente del doctor Zaydín y le hayan [llevado a pronunciar] las apasionadas palabras que... todos hemos oído sorprendidos, pero satisfechos, porque en nada contradicen lo que nosotros pensamos sobre la libertad de la prensa...»

«Creo que el método dialéctico de crear un enemigo monstruoso..., para luego defender a la supuesta víctima, es dialéctica sofística que no contribuye... a esclarecer problemas jurídicos de tanta importancia.»

«Aquí nadie ha atacado ninguna libertad, ni la Constitución quiere suprimir la prensa... Sin embargo, nuestro distinguido compañero pronuncia aquí un discurso que el que lo lea dentro de cincuenta años pensará que aquí un grupo de convencionales implacables... pretendieron suprimir la libertad de la prensa, eliminando todas las garantías que precisamente estamos otorgando.»

«Voy a leer el precepto... y vamos a ver qué es lo que no se hará. Se refiere el precepto a que no se podrá recoger la edición de un libro, folleto, disco, periódico o publicación, de cualquier índole, cuando atente contra la honra de las personas, el orden social o la paz pública, sino es por medio de resolución fundada de la autoridad judicial competente y sin perjuicio de las responsabilidades que se deduzcan del hecho delictuoso.»

«Es decir, que el precepto... hace intervenir a la autoridad judicial en la resolución encaminada a recoger el cuerpo del delito de publicidad. Lo que no puede consignarse es que, en vez de una resolución judicial, sea la sentencia de un juez la que determine esto, porque entonces lo que ocurriría es que, al producirse esta sentencia dos o tres meses después de cometido el delito, no habrá ya ni periódico, ni libro, ni nada que recoger...»

«No es lógico poner demasiadas restricciones a esta medida preventiva de defensa, porque, en definitiva, los poderes públicos, cuando están bajo la presión de graves circunstancias..., el instinto de conservación les hace [saltarlas] y entonces se produce la violación de la ley, que es aún más grave que no poner ningún precepto, porque introduce en la marcha del estado el desprecio de las leyes y la dislocación de la disciplina cívica.»

Sr. Suárez Fernández (Miguel): «Estoy conforme con el criterio del doctor Cortina, pero afirmo que el precepto es omiso..., porque no consigna las causales por las cuales se puede dictar el mandamiento judicial... [para recoger libros, folletos, periódicos, películas, etc.].»

Sr. Cortina (José Manuel): «Por haberse cometido delito.»

Sr. Suárez Fernández (Miguel): «...Estoy conteste con el criterio del doctor Cortina siempre y cuando se adicione al precepto causales que... sirvan... de fundamento al juez competente para dictar la resolución que permita... recoger un periódico.»

«Quisiera llegar más lejos: creo que es necesaria la previa sentencia judicial... La distinción fundamental entre el auto de un juez competente y la sentencia estriba en que aquél se dicta por simples indicios, conforme a nuestras leyes de procedimiento, sin formal audiencia de la parte interesada... En cambio, la sentencia condenatoria necesariamente llevará laudo de un tribunal colegiado que admite la defensa y discusión del caso a la faz pública.»

Sr. Cortina (José Manuel): «He tenido el gusto de oír la interrupción de mi distinguido compañero. No me importaría que el precepto se aclarara diciendo [que] esta resolución será necesariamente por haberse cometido delito contra la honra de las personas, el orden social o la paz pública... [Pero] posiblemente no voy a estar de acuerdo con [la enmienda del doctor Suárez Fernández], porque... acabará por anular todo lo que dice el precepto... En definitiva, con ese criterio no se podrá jamás recoger un periódico en oportunidad adecuada, dado que tendría que ser mediante una sentencia firme, a los tres meses. Y si ésta la conoce el Tribunal Supremo por vía de casación, a los cinco meses.»

«Esto sería en la práctica imposible de cumplir, porque frente a un delito cometido en un libro [o periódico] que está hiriendo la conciencia humana en sus sentimientos fundamentales, o que está enfangando el honor de las personas o de la patria, o que está publicando traidoramente un secreto de estado, no es posible que la ley [impida]..., por medios rápidos, recoger el instrumento del delito y detener su acción destructora. No es posible aceptar el criterio de que ese delito pasee tranquilo por dentro de la sociedad, haciendo el daño como algo garantizado, intocable e inviolable. Ese morboso derecho, en definitiva, no sería respetado. Debemos hacer leyes para que se cumplan.»

«En fin, en esto nos ocurre lo de siempre. Somos un pueblo inteligente y dotado de gran capacidad imaginativa; pero no sabemos nunca quedarnos en el término medio y proporcional. No conocemos la sensación del límite. Tratamos de garantizar la libertad de la prensa y queremos pasar al otro extremo, dejando a la sociedad completamente indefensa.»

«A este respecto, recuerdo un estudio hecho por el escritor y gran ajedrecista Andrés Clemente Vázquez, en que se estudia el carácter de los cubanos de una manera magistral... [Allí] hay una maravillosa descripción de sus peculiaridades, que tuve oportunidad de analizar en la conferencia que pronuncié hace algún tiempo [titulada] *Biología Social Cubana*. Entre las [peculiaridades] más destacadas de nuestro temperamento está la que he indicado anteriormente: que no tenemos sensación del límite porque nos apasionamos, abandonando la necesaria ponderación. Estamos siempre en los extremos. En lo político caemos en la sumisión o en la rebeldía, pero pocas veces en la resistencia ordenada, tenaz y constructiva.»

«En este caso, todos estamos de acuerdo en precisar disposiciones que garanticen a la prensa la mayor libertad posible, pero no podemos caer en el extremo contrario, que es despojar al ciudadano... [de] toda garantía frente a los desafueros de la prensa... Considero, por tanto, que el artículo que estamos discutiendo cubre todos los aspectos de una debida y razonable garantía a la libertad del pensamiento y debe ser aprobado.»

Sr. Martínez Sáenz (Joaquín): «Yo he pedido la palabra para defender el dictamen, porque creo que... no agrede, sino [que] protege a la prensa. Yo sé la historia de torturas, de peligros, de sufrimientos que alegaba el doctor Zaydín... Sé que es una página gloriosa de su vida de político cubano, pero no es el único que tiene esa gloria. El partido que represento ha luchado siempre contra la censura de la prensa, y ha luchado en todos los modos posibles, incluso estableciendo periódicos clandestinos... El que habla ha sido presidente de la empresa editora del periódico *Acción*, que fue destruido por la fuerza pública... Nosotros hubiéramos querido tener en la Constitución de 1901 un precepto que nos [amparase] debidamente, porque si los gobiernos que decretaron la disolución material de los periódicos... hubieran tenido... un vehículo legal, [acaso] no hubieran destruido nuestro periódico, sino que hubieran recurrido ante los tribunales...»

«Nosotros estamos garantizando [la estabilidad de la] República básicamente con el poder judicial. Lo hemos hecho independiente, lo hemos hecho respetado: ...garantía y fundamento de todos los derechos que se conceden a la nación... Garantía por igual de los derechos del periódico y del periodista y de los derechos de los ciudadanos... No podemos crear una [prensa] que se escape a los poderes del estado. El poder ejecutivo no puede intervenir [en ella], porque nosotros le quitamos la facultad... ¿Y ahora queremos que el poder judicial tampoco intervenga?...»

«...Si el poder judicial... [no puede] garantizar, contra el abuso de la prensa, los intereses morales de la nación, los intereses individuales, los intereses económicos del país, habremos creado un estado de irresponsabilidad... Yo como presidente de la empresa editora de un periódico de oposición..., un periódico que ha sufrido... las persecuciones más violentas de la República, quiero tener la garantía que tienen los demás ciudadanos: la garantía de los tribunales de justicia...»

Sr. Ichaso (Francisco): «Después de las palabras del doctor Martínez Sáenz, huelgan casi las mías. Nadie mejor que yo, periodista profesional, y nada más que periodista, desea que se establezca en la Constitución de 1940 toda clase de garantías para la prensa, para la radio, para la libertad del pensamiento en general. Pienso, sin embargo, que el concepto de libertad está estrictamente unido al concepto de responsabilidad... De la misma manera que estimo que se debe dar garantía a la prensa libre..., debe darse también facultad a los tribunales de justicia para que puedan perseguir y reprimir todos los abusos, todos los delitos que se cometan por los medios de difusión existentes...»

«El señor Zaydín hizo hace breves momentos un bello alarde de sus facultades parlamentarias. Fue un empeño arduo el suyo y por ello lo felicito, puesto que se ha tratado nada menos que de un simulacro de defensa contra un ataque inexistente, como esos que verifican por ahí los ejércitos de potencias extranjeras ante enemigos hipotéticos, por vía de maniobra.»

«Yo no creo que los autores del dictamen hayan querido en ningún momento desconocer la libertad del pensamiento... Y conste que el que habla es un periodista... que ha sufrido persecuciones... y ha sentido en sus vísceras la grasa gorda con que en un tiempo el gobierno que todavía pervive en Cuba condenaba a los que expresaban libremente su pensamiento. De manera que tengo tanto derecho como el que más para abogar por un artículo garantizador del pensamiento, pero estimo que el del dictamen es más que suficiente.»

«Ahora bien, creo que dicho artículo adolece de reiteración, de confusión, e inclusive de contradicción, porque se habla, por ejemplo, de que no podrá suspenderse la publicación de ningún periódico u otro medio de difusión, y luego se añade que esta suspensión sólo alcanzará por cada vez a un número, sesión o transmisión radiofónica. Y yo digo: ¿Cómo puede aplicarse esta sanción, cómo va a suspenderse la edición de un periódico que ha salido ya a la calle y por medio de la cual se ha cometido la transmisión punible...? Para cumplir esto sería preciso establecer la censura previa, a la cual todos somos opuestos.»

«Yo creo que el artículo debe ser modificado, y me parece aconsejable que se conceda un breve receso... para que se redacte un nuevo artículo por una comisión en que quisiera estuvieran incluidos el señor Zaydín..., el señor Cortina y algunos otros convencionales, de modo que se recoja... el pensamiento de la mayoría de la asamblea.»

[Aprobada la propuesta del señor Ichaso, la comisión ad hoc, integrada por los convencionales Miguel Suárez Fernández, Ramón Zaydín, José Manuel Cortina, Francisco Ichaso, Carlos Prío Socarrás y Alberto Boada, llegó a un acuerdo transaccional en estos términos: se ratificó el principio del dictamen autorizando la recogida, previa resolución fundada de autoridad judicial competente, de la edición de libros, discos, películas, periódicos

o publicaciones que atenten contra la honra de las personas, el orden social o la paz pública. Pero se prohibió en esos casos la suspensión o clausura del órgano de publicidad, salvo por responsabilidad civil. Estos puntos fueron aprobados por la mayoría de los delegados e insertados en el texto final del artículo 33.]

[Antes de que concluyera el debate sobre la libre emisión del pensamiento, el convencional Eduardo Chibás propuso enmendar el artículo a fin de estipular que las transmisiones radiales sólo podrán suspenderse, previa resolución fundada del juez competente, cuando atenten contra el honor de las personas o la paz pública. De esta forma quiso equiparar la suspensión de la radio a la recogida de la prensa.]

Sr. Chibás (Eduardo): «...Yo quiero que se incluya esa garantía y que solamente se pueda suspender una transmisión de radio, no por capricho de un secretario de gobernación, sino por la autoridad competente, con un mandato judicial, como ocurre con la [recogida de] la prensa, el libro y el folleto. Quiero equiparar las transmisiones de radio a la prensa en cuanto a esa garantía de [la] libertad de pensamiento...»

Sr. Suárez Fernández (Miguel): «El caso es completamente distinto. Estamos analizando el acto de recoger folletos, libro, etc., que son tangibles, que pueden tomarse. La palabra, [en cambio], podrá supenderse, pero no recogerse... La enmienda que se ha presentado es de aquellas que incluye el Quijote entre las pragmáticas de imposible cumplimiento y que recomienda [que] no deben promulgarse. No es viable la enmienda porque mientras [que] se presente el escrito, el juez dicte la resolución y se llegue a la estación de radio, ya la transmisión habrá terminado...

Sr. Zaydín (Ramón): «...Cuando la enmienda del señor Chibás dice que no se podrán interrumpir las transmisiones de radio, a no ser previa resolución judicial, se está imponiendo una sanción posterior al delito que se haya podido cometer por radio... [Esto contradice lo preceptuado sobre la prensa], que impide que con posterioridad a la resolución judicial se pueda clausurar un periódico. Es decir, nosotros garantizamos la vida del periódico; lo que hacemos es que aquellos ejemplares del periódico en que se comete una infracción constitucional sean recogidos, [previa] resolución judicial.»

Sr. Chibás (Eduardo): «Como el señor Zaydín hace algunos reparos a la forma en que está redactada la enmienda, yo me permitiría brevemente preguntarle al señor Zaydín si estaría de acuerdo entonces con la siguiente redacción: No podrá interrumpirse bajo ningún concepto ninguna transmisión de radio. El derecho que garantiza este artículo no exime de la responsabilidad en que incurren los que, al ejercitarlo, atenten contra la honra de las personas, contra el orden social o contra la paz pública.»

Sr. Ichaso (Francisco): [para defender la enmienda inicial presentada por el señor Chibás y oponerme a esta última]: «No podemos dar al radio un tratamiento distinto al de la prensa. Si establecemos en la Constitución que en ningún caso podrá interrumpirse una transmisión de radio, le estaremos concediendo al radio un fuero especial que no debe tener. Creo que el radio, como la prensa y los demás medios de difusión, todos respetables y útiles, deben estar bajo la jurisdicción única e igual de los tribunales de justicia.»

«Me parece posible la aplicación de este artículo, a pesar de las razones aducidas por el distinguido convencional señor Suárez Fernández. Por lo general, los delitos contra la honra de las personas, la paz pública, el orden social, etc., suelen cometerse a través de la radio de un modo sistemático, y puede darse el caso de que una hora del radio cotidianamente esté incurriendo en ese delito... No veo, [pues], razón alguna para que, previa la denuncia, no pueda disponerse la interrupción temporal de esa transmisión.

Sr. Suárez Fernández (Miguel): «El delito no se consuma hasta que no llegue a tercera persona la transmisión...»

Sr. Ichaso (Francisco): «Es de suponerse que al transmitirse las cuartillas injuriosas las ha oído un cierto número de personas.»

«Cuando en Cuba se interrumpa una transmisión por radio por una causa justa, tengo la seguridad de que el radio se depurará y será un instrumento de publicidad más responsable de lo que es hoy...»

«...Interrumpir una transmisión de radio delictuosa no es suspender ni clausurar las funciones de la estación radiofónica de que se trate. Lo que propongo es que, así como puede recogerse la edición de un periódico, se pueda interrumpir una transmisión de radio cuando ella resulte atentatoria a la honra de las personas o a la paz pública.»

«Es preciso proteger la libertad del pensamiento, pero también es preciso proteger a la sociedad contra los delitos que puedan cometerse por medio de la prensa o del radio.»

[Ambas enmiendas, la inicial de Chibás que Ichaso hizo suya, y la posterior de Chibás, fueron rechazadas.]

DELEGADOS A LA CONVENCIÓN CONSTITUYENTE DE 1940

GENERAL MARIO G. MENOCAL DEOP
Delegado a la Constituyente de 1940.
(Renunció)

SR. DR. ORESTES FERRARA Y MARINO
Delegado P. L. Santa Clara.

SR. DR. RAMON GRAU SAN MARTIN
Delegado a la Constituyente de 1940
y primer Presidente de la misma.

SR. DR. MIGUEL MARIANO
GOMEZ ARIAS
Delegado a la Constituyente de 1940
(Renunció).

SR. DR. RAFAEL GUAS INCLAN
Delegado P. L. La Habana..

SR. DR. JOSE MANUEL CORTINA GARCIA
Delegado P. L. La Habana..

SR. MIGUEL COYULA YAGUNO
Delegado P. D. R. La Habana.

SR. DR. PELAYO CUERVO NAVARRO
Delegado P. D. R. La Habana.

SR. JOSE MANUEL CASANOVA
Delegado P. L. Pinar del Río.

SR. MIGUEL CALVO TARAFA
Delegado P. L. Matanzas.

CORONEL MANUEL BENITEZ GONZALEZ
Delegado P. L. Pinar del Rio.

SR. DR. MANUEL DORTA DUQUE
Delegado A. R. Habana, en sustitución del
Dr. Ramón Zaydín.

SR. DR. RAMON ZAYDIN M. STERLING
Delegado A. R. La Habana.

SR. DR. CARLOS MARQUEZ STERLING
Delegado A. R. La Habana y segundo Presidente
de la Convención Constituyente de 1940.

SR. DR. EMILIO NUÑEZ PORTUONDO
Delegado P. L. Santa Clara.

SR. DR. DELIO NUÑEZ MESA
Delegado P. L. Oriente.

SR. DR. QUINTIN GEORGE VERNOT
Delegado P. L. Oriente.

SR. ALFREDO HORNEDO SUAREZ
Delegado P. L. La Habana.

SR. DR. ANTONIO BRAVO ACOSTA
Delegado P. D. R. Oriente.

SR. DR. FRANCISCO DELLUNDE
MUSTELIER
Delegado P D R. Oriente.

SR. DR. RAMON CORONA GARCIA
Delegado P D R. Oriente.

SR. DR. ANTONIO MARTINEZ FRAGA
Delegado C. N. D. Santa Clara.

SR. DR. JOAQUIN MARTINEZ SAENZ
Delegado A B C. La Habana.

SR. DR. JORGE MAÑACH ROBATO
Delegado A B C. Santa Clara.

SR. DR. MIGUEL A. SUAREZ FERNANDEZ
Delegado P. R. C. (A.) Santa Clara.

SR. DR. FELIPE CORREOSO del RISCO
Delegado P. L. Camagüey, en sustitución del
Sr. José I. Valero Hernández (fallecido).

† SR. JOSE I. VALERO HERNANDEZ
Delegado P. L. Camagüey. (Fallecido después
de haber tomado posesión del cargo.)

SR. SIMEON FERRO MARTINEZ
Delegado P. U. N. Pinar del Río.

SR. RAMON GRANDA FERNANDEZ
Delegado P. U. N. Pinar del Río.

SR. ING. JOSE A. MENDIGUTIA SILVERA
Delegado P. L. Santa Clara.

SR. DR. ARTURO DON RODRIGUEZ
Delegado P. L. Camagüey.

SR. FRANCISCO ALOMA ALVAREZ
DE LA CAMPA
Delegado P. U. N. Santa Clara.

SR. DR. FRANCISCO ICHASO Y MACIAS
Delegado A B C. La Habana.

SR. AURELIO ALVAREZ DE LA VEGA
Delegado P. R. C. (Auténtico) Camagüey.

SR. DR. RAMIRO CAPABLANCA
GRAUPERA
Delegado P. R. C. (Auténtico) La Habana.

SR. DR. FERNANDO DEL BUSTO
MARTINEZ
Delegado P. U. N. La Habana.

SR. NICOLAS DUARTE CAJIDES
Delegado P. U. N. La Habana, en sustitución
del Sr. F. I. Rivero.

SR. MANUEL FUEYO SUAREZ
Delegado P. D. R. Pinar del Río,
en sustitución del Dr. Cuervo Rubio.

SR. DR. FRANCISCO J. PRIETO LLERA
Delegado P. U. N. La Habana.

SR. DR. ALBERTO BOADA MIQUEL
Delegado P. D. R. La Habana.

SR. C. EUGENIO RODRIGUEZ CARTAS
Delegado C. N. D. La Habana.

SR. DR. GUSTAVO MORENO LASTRES
Delegado P. E. C. (A.) Matanzas.

SR. DR. MARIO E. DIHIGO LLANOS
Delegado P. R. C. (A.) Matanzas.

SR. CESAR M. CASAS
Delegado P. L. Matanzas.

SR. DR. CARLOS PRIO SOCARRAS
Delegado P. R. C. (A.) La Habana.

SR. DR. EDUARDO CHIBAS RIVAS
Delegado P. R. C. (A.) La Habana.

SR. DR. FERNANDO DEL VILLAR
Y DE LOS RIOS
Delegado P. L. Matanzas.

SR, AMARANTO LOPEZ Y NEGRON
Delegado P. U. N. Santa Clara.

SR. JUAN CABRERA Y HERNANDEZ
Delegado P. D. B. Camagüey.

SR. MANUEL MESA MEDINA
Delegado P. R. C. (A.) Matanzas.

SR. DR. ANGEL FERNANDEZ DE CASTRO
Delegado P. R. C. (A.) Oriente.

SR. ALBERTO SILVA QUIÑONES
Delegado C. N. D. Oriente.

SR. DR. FELIX GARCIA Y RODRIGUEZ
Delegado A. R. Santa Clara, en sustitución
del Dr. Miguel Mariano Gómez.

SR. DR. MARIO ROBAU CARTAYA
Delegado P. D. .R. Santa Clara, en sustitución
del General Mario G. Menocal.

SR. DR. SANTIAGO REY Y PERNA
Delegado P. D. R. Santa Clara.

SR. DR. ADRIANO A. GALANO SANCHEZ
Delegado A. R. Oriente.

SR. DR. RAMON CORONA Y GARCIA
Delegado P. D. R. Oriente.

SR. DR. JUAN B. PONS JANE
Delegado P. U. N. Oriente.

SR. DR. MANUEL A. ORIZONDO
CARABALLE
Delegado P. D. R. Santa Clara.

SR. DR. JOAQUIN MESO QUESADA
Delegado P. D. R. Camagüey.

SR. DR. MARIANO ESTEVA LORA
Delegado A B C. Oriente.

SR. DR. JUAN ANTONIO VINENT
GRIÑAN
Delegado P. L. Oriente.

SR. PRIMITIVO RODRIGUEZ RODRIGUEZ
Delegado P. R. C. (A.) La Habana.

SR. EUSEBIO MUJAL BARNIOL
Delegado P. R. C. (A.) Oriente.

SR. FELIPE JAY RAOULX
Delegado P. U. N. Oriente.

DRA. MARIA ESTHER VILLOCH LEYVA
Delegada P. R. C. (A.) Oriente.

DRA. ALICIA HERNANDEZ
DE LA BARCA
Delegada P. R. C. (A.) Santa Clara.

SR. DR. RAFAEL ALVAREZ GONZALEZ
Delegado P. D. R. Camagüey.

SR. DR. JOSE R. ANDREU MARTINEZ
Delegado P. D. R. Santa Clara.

SR. DR. EMILIO OCHOA OCHOA
Delegado P. R. C. (A.) Oriente.

SR. SALVADOR ACOSTA CASARES
Delegado P. R. C. (A.) Camagüey.

SR. MANUEL PARRADO RODES
Delegado P. R. C. (A.) Camagüey.

SR. EMILIO A. LAURENT DUBET
Delegado P. R. C. (A.) Oriente.

SR. DR. JUAN MARINELLO
VIDAURRETA
Delegado U. R. C. Santa Clara.

SR. CESAR VILAR AGUILAR
Delegado U. R. C. Oriente.

SR. SALVADOR GARCIA AGÜERO
Delegado U. R. C. La Habana.

SR. ROMARICO CORDERO CARCES
Delegado U. R. C. Oriente.

DRA. ESPERANZA SANCHEZ MASTRAPA
Delegada U. R. C. Oriente.

SR. BLAS ROCA CALDERIO
Delegado U. R. C. La Habana.

SR. DR. JOSE MACEO Y GONZALEZ
Delegado a la Convención Constituyente por el Partido Nacional Revolucionario Realista, hijo es el Dr. Maceo del Mayor General de nuestra Guerra de Independencia, José Maceo y Grajales, hermano éste del Lugarteniente Antonio Maceo y Grajales. El Dr. Maceo es el único candidato electo en la República por el Partido Nacional Revolucionario (Realista).

LA LIBERTAD DE CULTOS
Y LA MORAL CRISTIANA

Los convencionales de 1940, siguiendo las corrientes democráticas modernas, consignaron que la Iglesia deberá estar separada del estado. El laicismo implícito en este principio proclama y defiende la independencia de la sociedad y el estado de toda injerencia eclesiástica (al César lo que es del César, y a Dios lo que es de Dios).

Mas república laica no quiere decir república atea. Por eso los convencionales invocaron el favor de Dios en el preámbulo de la Constitución. Por eso consagraron el derecho a profesar todas las religiones y cultos, sin otra limitación que el respeto a la moral cristiana y al orden público.

Se opusieron enérgicamente a toda referencia a la moral cristiana los delegados del Partido Comunista. Liderados por Blas Roca, Salvador García Agüero y Juan Marinello, presentaron una enmienda sustitutiva que reconocía la libertad de cultos, pero sin caracterizar la moral, y oficializaba el anticlericalismo al establecer que «ningún funcionario público ni sus representantes podrán como tales participar oficialmente en ceremonias religiosas.»

Casi todos los demás convencionales, incluyendo agnósticos y cristianos no practicantes, rechazaron la enmienda del Partido Comunista y defendieron el dictamen. En sus alegatos aclararon que se hacía referencia a la moral cristiana, libre de enfoques dogmáticos y de ataduras clericales, porque era la base filosófica de nuestra civilización y la fuente espiritual de las más puras tradiciones cubanas.

En el debate contra el triunvirato comunista sobresalieron, entre otros, los convencionales Emilio Nuñez Portuondo, Jorge Mañach, Eduardo Chibás, Ramón Zaydín y José Manuel Cortina. Ellos llevaron el peso de la defensa del precepto (artículo 35), que es copia casi literal del artículo 26 de la Constitución de 1901.

> (Artículo 35). Es libre la profesión de todas las religiones, así como el ejercicio de todos los cultos, sin otra limitación que el respeto a la moral cristiana y al orden público.
> La Iglesia estará separada del Estado, el cual no podrá subvencionar ningún culto.

El debate comienza con la intervención del convencional Emilio Núñez Portuondo, oponiéndose vigorosamente a la enmienda sustitutiva presentada por los delegados del Partido Comunista.

Sr. Núñez Portuondo (Emilio): «En una reunión de la comisión coordinadora tuve el honor de consumir un extenso turno para oponerme a la enmienda que en aquella oportunidad presentó el Partido… Comunista y que ahora reproduce, sosteniendo yo el criterio amplio y liberal de la Constitución de 1901 en materia de libertad religiosa.»

«Pretendo ahora reproducir brevemente ante la Convención los argumentos que expuse en la comisión coordinadora en contra de este precepto que, en definitiva, tiende a producir en Cuba una guerra religiosa…»

«La Constitución de 1901 ha funcionado en este aspecto perfectamente. Todos los cubanos han podido profesar sus creencias religiosas y han merecido el más absoluto respeto. Puedo afirmar que no ha existido nunca un problema religioso en

Cuba... Ese precepto de la Constitución de 1901... era el producto de la experiencia producida por siglos de luchas religiosas en distintas naciones del orbe... Como resultado lógico, se disponía en ese artículo como única limitación a la libertad religiosa la de que fuera compatible con la moral cristiana, porque nosotros, como pueblo de civilización occidental, debemos mantenernos de acuerdo con las normas de esa... moral que durante veinte siglos ha dado gloria a la humanidad...»

Sr. Roca (Blas): «Ha dado tantos días de gloria la moral cristiana como otras morales, y también tantos días de tristeza. Por ejemplo, la moral cristiana estableció la inquisición, que trajo grandes desgracias para la humanidad.»

Sr. Nuñez Portuondo (Emilio): «El señor Blas Roca produce una argumentación efectista para los que no conocen la historia de la humanidad ni los problemas religiosos. La inquisición es un hecho que hay que analizarlo de acuerdo con los principios de la filosofía de la historia.»

Sr. Mujal (Eusebio): «...¿Va el compañero a defender a la inquisición?»

Sr. Nuñez Portuondo (Emilio): «No es el caso que estamos discutiendo; pero yo le podría decir al señor Mujal que es elemental que los hechos históricos no se pueden apreciar, cuando ocurren en el siglo XV o en el XVI, con el criterio del siglo XX... Hay que analizarlos de acuerdo con el criterio imperante en la época en que acaecieron...»

«Con esta enmienda [defendida por el señor Blas Roca], lo que se trata es de provocar en Cuba un nuevo problema, uno más que tendremos que agregar a los numerosos que hay que resolver. Se trata de dividir a la sociedad cubana, de crear problemas religiosos que nunca han existido... Esta enmienda.., por su origen, por los antecedentes que concurren en ella, por lo que significa...»

Sr. Roca (Blas): «¿Por su origen? ¿Quiere decir que porque es hecha por nosotros?»

Sr. Nuñez Portuondo (Emilio): «Efectivamente.»

Sr. Roca (Blas): «En este caso, ¿nosotros somos delegados de segunda categoría?»

Sr. Nuñez Portuondo (Emilio): «No, señor Roca, en absoluto. Ustedes no son delegados de segunda categoría en el orden legal; son delegados iguales a los demás aunque puedan suponer que son mejores... Al hablar del origen de la enmienda, lo he hecho porque para nadie es un secreto que los señores que pertenecen al Partido Comunista no profesan ideas religiosas... [Al] estado ateo corresponde la suprema autoridad, [según] los Partidos Comunistas de América, Europa y del resto del mundo. Por eso decía que por su origen, por los antecedentes que concurren en [la enmienda], yo lo considero sumamente peligrosa para la estabilidad nacional.»

«Si la analizamos párrafo por párrafo, nos encontramos... que se dispone... que 'ningún funcionario público ni sus representantes podrán como tales participar oficialmente en ceremonias religiosas'... Me parece tan absurda esta disposición, tan contraria a la lógica, que opino que de aplicarse nos colocaría en una situación... desairada como pueblo civilizado.»

«Nosotros en la comisión coordinadora redactamos un precepto que... constituye la solución de todos estos problemas: libertad absoluta para profesar cualquier religión de acuerdo con los principios de la moral cristiana; la Iglesia separada del estado. Debo agregarle a los señores delegados que fue el inolvidable autor de mis días el que en la Constitución de 1901 redactó y defendió ese precepto. Lo hacía, precisamente, porque no era católico militante, porque no era religioso practicante. Era un hombre absolutamente liberal que había dedicado más de veinte años de su vida a luchar con las armas en la mano por la independencia de la patria. Ese principio lo aprobaron todos los demás convencionales –católicos unos, protestantes otros, muchos librepensadores, porque todos se sentían absolutamente garantizados dentro de ese precepto...»

[La excepción parece ser] ...«ese caso que pudiéramos calificar de hipotético, sin comprobación..., que nos relata el señor Blas Roca, acaecido en una región ignorada de [la provincia de] Oriente, [en que se disolvió] una reunión espiritista que se efectuaba para entenderse con los muertos... Lo cierto es que, hasta este momento, no ha existido en Cuba un solo problema serio con motivo de la aplicación del artículo... que garantiza la libertad [de cultos].»

«...Creo que estamos creando un nuevo problema en Cuba, planteado habilidosamente por los firmantes de la enmienda: el problema religioso... Frente a ese intención, se ha levantado un núcleo importantísimo de la población cubana pidiendo a la Convención Constituyente que se le respete el legítimo derecho que tiene de profesar la religión que estime conveniente...»

Sr. Roca (Blas): «¿Quién niega ese derecho?»

Sr. Nuñez Portuondo (Emilio): «No se niega expresamente en la forma en que está redactada la enmienda, pero se deja la oportunidad para negarlo más adelante. Este es el inicio de una lucha religiosa en Cuba y lo sabe perfectamente el señor Blas Roca y los señores delegados comunistas, porque si no, no la hubieran presentado.»

Sr. Roca (Blas): «¿Quiere decir que yo estoy proponiendo en esa enmienda el inicio de una guerra religiosa en Cuba?»

Sr. Nuñez Portuondo (Emilio): «Así lo afirmo. Sé que ese artículo va encaminado a provocar una guerra religiosa en Cuba.»

Sr. Roca (Blas): «Pues yo debo decirle que está profunda y completamente equivocado.»

Sr. Nuñez Portuondo (Emilio): «Esa es mi apreciación y la ratifico en todas sus partes... Voy a continuar mi argumentación. Entiendo... que en este caso todas las garantías para la libre profesión de las religiones están contenidas en el artículo tal como está redactado en el proyecto del dictamen, que es el mismo de la Constitución de 1901... Repito, durante cuarenta años ha funcionado sin un solo problema de orden religioso en Cuba, donde los espiritistas han podido perfectamente tener sus creencias, reunirse, realizar públicamente actos de propaganda, [y] donde los masones han podido constituir logias en gran número a la luz pública...»

Sr. Roca (Blas): «...[Si] nosotros ponemos una limitación de orden religioso –porque la cristiandad es una religión, como hay otras en el mundo– estamos impidiendo a los adeptos de otras religiones a profesar su culto, aun cuando la profesión de esas religiones se haga de acuerdo con la Constitución y las leyes de la República. No estamos trayendo un problema, sino tratando de evitar que se reproduzca aquí [un] problema religioso porque el estado cubano se adscriba a determinada religión. Yo soy de Oriente y puedo poner por ejemplo el caso de la persecución grandísima... a los espiritistas..., interrumpiéndoles sus sesiones, impidiéndoles que puedan manifestarse públicamente...»

Sr. Mañach (Jorge): «...Me refería a las palabras pronunciadas por el señor Blas Roca. Yo creo que él estaba dando a la frase... moral cristiana un contenido religioso, un sentido confesional y dogmático, y yo me he levantado, con ánimo de despejar el debate, para hacer observar que la frase, a mi juicio, no tiene necesariamente ese contenido.»

«Lo que estamos tratando de establecer en la Constitución es la necesidad de que los cultos religiosos que en el país haya sean normados por un sentido moral. Pero la palabra moral es muy vaga, tiene un sentido muy lato. Hay muchas morales. Tenemos que elegir alguna, y la moral que elegimos es la moral tradicional cubana, la que informa nuestras costumbres.»

«Ahora bien, esa moral está representada por la figura de Jesucristo. Y hasta aquellos autores que, como Renán, Strauss o

Papini, han escrito los libros más negativos acerca de Cristo, como divinidad, no han podido menos que ponderar y situar en su lugar histórico la significación moral, la alta ejemplaridad moral de Cristo. Ahí están los preceptos cristianos: 'Amáos los unos a los otros'; 'No hagas a otro lo que no quieras que te hagan a tí.' Son normas de convivencia social que en todas partes pueden ser aceptadas. De manera que no hay que darle a la frase un sentido polémico, sino un sentido histórico...»

Sr. Marinello (Juan): «...Decía el doctor Mañach [que] la moral cristiana no es [un] concepto religioso; es más bien una tradición de orden social... Pero no en todos los aspectos. La moral cristiana es una respetable postura espiritual. Cristo es, desde luego, una figura altísima que merece la mejor reverencia. Todo eso es cierto, señor Mañach, pero si Cristo no fuera, además, la figura capital de una Iglesia que, como organización política, no significa solamente en la historia ese concepto moral, sino otras cosas, nosotros no nos opondríamos al dictamen.»

«El doctor Mañach, muy dado a la lectura de Martí, recordará aquella frase suya: 'el catolicismo ha matado al cristianismo.' Claro, no es lo mismo la moral cristiana que el catolicismo..., pero hay una relación tan estrecha entre el catolicismo y el cristianismo, que nuestras autoridades con demasiada frecuencia le dan cabida, no al cristianismo, sino al catolicismo...»

«Cuando nosotros suprimimos las palabras moral cristiana... estamos advirtiendo lo... peligroso que es consignar en un texto constitucional, que debe ser de estricto cumplimiento jurídico, una expresión que puede [que] no [diga] nada y, en algunos casos, [que diga] demasiado... [Al consignar] en nuestra Constitución... que el matrimonio se debe realizar singularmente, es decir, que no aceptamos la bigamia sino la monogamia, se está reconociendo... un criterio moral innegablemente cristiano, pero ya tiene una concreción jurídica. Ahí hay moral cristiana, pero convertida... en precepto de exigible cumplimiento.»

«En una palabra, la moral –viejísima verdad– informa, determina, produce el derecho. El derecho es lo que nosotros debemos consignar en la Constitución. No estamos contra ninguna moral. No estamos contra ninguna religión, pero estimamos que el acervo moral de la humanidad, que viene del cristianismo y de otros movimientos más, se ha ido recogiendo en textos legales, y esos textos legales... exigibles deben ser los únicos que debemos consignar en el cuerpo de nuestra Constitución.»

«Yo quería de esta manera, demasiado extensa sin duda, aclarar un criterio equivocado, a mi modo de ver, del señor Mañach...»

Sr. Mañach (Jorge): «Dos palabras solamente para contestar al señor Marinello. Si hubo error de mi parte, indudablemente dimanaba de otro error del señor Roca. El señor Roca fue quien asoció la moral cristiana a un concepto religioso. Por eso he hecho esta aclaración. Por lo demás, habría mucho que decir sobre lo expuesto por el señor Marinello.»

Sr. Roca (Blas): «...Lo que queremos evitar definitivamente en nuestro país [con nuestra enmienda] es que en algún momento el estado se pueda poner a perseguir a los ciudadanos por motivo de sus creencias religiosas. Todos los ciudadanos deben tener el pleno derecho de profesar cualquier religión... que no esté reñida con nuestra Constitución y demás leyes. Que el [que] quiera, [que] practique el espiritismo, científico o extendido al modo simple en que la gente que no supo alcanzar mayor cultura lo entiende. El espiritismo que cree que el ramo de albahaca o algo por el estilo puede curar al paralítico, o [que] cree que por medio de exorcismos se puede curar a una persona...»

«Que se respete absolutamente todas las creencias. Que el gobierno nunca se ponga al lado de la masonería contra el catolicismo...»

Sr. Bravo Acosta (Antonio): «Ya que se habla de la masonería..., es conveniente que se sepa que toma esa parte de la moral cristiana que... [significa] bondad. La masonería, sin ser religión, también sigue las virtudes de [los] grandes apóstoles y de Cristo.»

Sr. Nuñez Portuondo (Emilio): «El señor Bravo Acosta está explicando cuestiones elementales que todos conocemos perfectamente... Mantengo firmemente el criterio que debe seguir la Convención de que se rechace totalmente la enmienda presentada por el señor Roca y [se apruebe] el dictamen tal y como está redactado. Haciéndolo le rendimos un homenaje a los constituyentes de 1901 y ratificamos un criterio de absoluta tolerancia, de completa libertad, para que todos los que vivan en esta tierra puedan profesar sus creencias religiosas... [Así] evitamos para el porvenir días de tristeza, de dolor, por la posible división de la familia cubana que debe vivir en paz –único medio de lograr el estado de civilización a que tenemos derecho.»

Sr. García Agüero (Salvador): «He pedido este turno para defender la enmienda, aparentemente tan peligrosa que acaba de combatir con lujo de argumentos el doctor Núñez Portuondo.»

Decía él... al final de su argumentación, que rechazando esta enmienda y aprobando el dictamen se rendía un homenaje a los constituyentes de 1901... Yo quiero declarar que no orienta nuestro propósito el [homenajearlos]... con la aprobación de una enmienda o de un artículo, ni el afrentarlos con la rectificación de algún criterio que pudo ser equivocado... O tal vez no equivocado, sino correspondiente a las necesidades de la época...»

«Afirmaba [el señor Núñez Portuondo] que se pretende introducir con esta enmienda una guerra de religiones en Cuba...»

Sr. Nuñez Portuondo (Emilio): «Se ha hecho una exposición que firman más de cincuenta mil cubanos manteniendo ese mismo criterio...»

Sr. García Agüero (Salvador): «No me asombra mucho la información de que haya cincuenta mil firmas respaldándolo... Lo que yo he tenido en cuenta, sustancialmente, es el criterio de nuestro compañero y amigo, el doctor Núñez Portuondo, precisamente porque... lo conozco y estimo, en lo que vale, su capacidad y crédito...»

«Decía yo que no alcanzaba a comprender por qué entiende el señor Núñez Portuondo que esta enmienda intenta producir una guerra religiosa cuando, precisamente... [lo que hace es] garantizar a cada ciudadano la absoluta libertad e independencia de criterio filosófico o religioso...»

«Tiene la enmienda hasta una adición que amplía y garantiza a un núcleo no mencionado en la Constitución de 1901 la absoluta libertad religiosa. Dice la enmienda [que] se reconoce el derecho de profesar o no cualquier religión. Y ese simple profesar o no está garantizando ya de un modo explícito el criterio libre, legítimo y respetable de quienes no tengan ningún credo religioso...»

«Afirmaba el señor Núñez Portuondo que era imprescindible que se dejase en el precepto [la referencia a la] moral cristiana, porque los pueblos han de tener alguna moral... Y el doctor Núñez Portuondo entiende [que es] indispensable para conservar las leyes y los vínculos humanos dentro de esta colectividad nacional que la moral cristiana... sea impuesta como norma preponderante a nuestra nación.»

«...¿Con qué autoridad podemos impedir que un ciudadano realice un acto que no contraviene la ley, que no contradice el código, que no viola la Constitución, que está, por lo tanto, dentro de su derecho reconocido, [pero que], sin embargo, no concuerda con el criterio filosófico, dogmático, del que cultiva el cristianismo?... Lo que hay que garantizar no es que no se salga del credo cristiano... la conducta de los individuos de esta sociedad. Lo que hay que garantizar... es que no se salga de lo que preceptúan las leyes...»

«...Mientras no se atente contra la propiedad del semejante regulada por los códigos, mientras no se atente contra la integridad personal del resto de los ciudadanos, mientras no se atente contra las prácticas del derecho establecido..., el ciudadano puede tener todos los criterios, no importa si contradicen, inclusive, el credo dogmático del que sustenta la religión cristiana. Esa especificación de moral cristiana [en el dictamen] es una limitación dogmática y religiosa contradictoria a la libre emisión del pensamiento...»

Sr. Chibás (Eduardo): «El señor García Agüero insiste en darle un carácter dogmático y sectario a la expresión moral cristiana... Si ésta implicara una limitación religiosa, yo sería el primero en manifestarme en contra de ella, pero no ha sido ese el criterio mantenido por los distintos delegados que se han expresado en ese sentido.»

«Es más, desde otro punto de vista, si yo le preguntara al señor García Agüero la fecha de hoy, seguramente que me contestaría que estábamos a tres de mayo de mil novecientos cuarenta, y se estaría refiriendo a la era cristiana..., sin que esto implicara un prejuicio religioso...»

«Yo acepto la moral cristiana en el sentido de moral pública, de moral habitual entre nosotros, sin darle de ninguna manera un carácter religioso. El precepto, tal como está tomado de la Constitución de 1901, yo creo que garantiza ampliamente la libertad religiosa en Cuba. Con este precepto en vigor nunca se ha confrontado en este país lucha religiosa de ninguna clase... Por eso yo estoy de acuerdo [con su texto]..., después de oír a los distintos delegados expresarse en el sentido de que el término moral cristiana no puede referirse a un dogma, a una secta, a una religión determinada, sino es un simple sinónimo de moral pública.»

Sr. García Agüero (Salvador): «Yo soy quien debe agradecer al doctor Chibás la sugerencia que me facilita su intervención... Si moral cristiana en este caso significa moral pública y señalar moral cristiana puede tener una dubitativa interpretación religiosa que alguien puede trastocar..., ¿por qué no se deciden el doctor Chibás y los demás convencionales que comparten ese criterio a poner moral pública, que no crea problemas...? ¿Por qué el empeño terquísimo en meter las palabras moral cristiana...?»

«La moral cristiana... favorece la existencia de clases privilegiadas y clases menesterosas, y hace que la caridad —pongamos por caso—, sea una virtud admirable y piadosa, grata a los ojos de la divinidad. 'Cristiano' embuste que la realidad desmiente, por cuanto la caridad es, de modo más o menos evasivo, la excusa de... los núcleos que viven privilegiadamente... al margen y a expensas de la miseria de los otros núcleos a quienes 'cristianamente' despojan.»

Sr. Mañach (Jorge): «¿No cree el convencional García Agüero que estamos insistiendo en el mismo equívoco a que yo me refería anteriormente? En cuanto a que el cristianismo sancione la división entre los opulentos y los menesterosos, se olvida, por ejemplo, que es precisamente en la fuente de la moral cristiana donde encontramos aquello de que antes pasará un camello por el ojo de una aguja que un rico por el reino de los cielos.»

Sr. García Agüero (Salvador): «¡Me parece admirable!... Créame el doctor Mañach que iba directamente hacia ese precepto —que ya parece como olvidado— de la vieja moral cristiana... [Quienes hoy] cultivan, mantienen y propugnan la moral cristiana no cumplen ni remotamente el viejo precepto... Sancionando la propiedad privada y defendiéndola furiosamente... [para conservar] de este modo [la] división feroz entre los pocos que lo poseen todo y los muchos que de todo carecen, no hay en el fondo de todo el ordenamiento moral de este tipo de sociedad 'cristiana' nada de aquellas justicias fundamentales..., luminosas, que parecían presidir los inicios de esta doctrina.»

Sr. Zaydín (Ramón): «Un escritor que no puede ser tachado de parcial, don Miguel de Unamuno, consignaba... [que] la universalidad cristiana [convocó] a todos los pueblos, sin distinción de razas, formando la primera internacional de proletarios, de esclavos (que tales eran los primitivos cristianos de las catacumbas de Roma), y legando al mundo la moral cristiana.»

«Vea el señor García Agüero cómo esa moral cristiana a que se refiere el precepto no es la moral de los explotadores..., sino aquella moral que lleva fe y esperanza y alivio espiritual a los hombres que eran precisamente los explotados...»

Sr. García Agüero (Salvador): «El señor Zaydín señaló cómo en sus comienzos la doctrina cristiana fue aquella... que llevara consuelo precisamente a los... esclavos, a los desheredados de la tierra... Admirable. Pero eso fue la moral y la doctrina cristianas en el inicio de su evolución... Han pasado veinte siglos... afirmándose que los infelices, los menesterosos, tendrán consolación infinita más allá de la vida terrena... Se pretende [así] garantizar la sumisión del humilde [con] resignación cristiana..., [y perpetuar] las prebendas de quienes... predican [esa] doctrina... [para mantener] una ventaja inhumana y vituperable.»

«...La otra afirmación de que [nuestra enmienda] es peligrosa por su origen y [porque]... pretende desatar una guerra religiosa, parece no tener otro interés que el señalar al comunismo... como una peligrosísima tendencia política dentro del estado... El Partido Comunista no se detendrá jamás... en perseguir religiones de ninguna especie, porque sabe demasiado bien de dónde proceden las religiones, qué razones les han dado vigencia..., y en qué momento de la evolución económico-política del mundo desaparecerán de una vez. Lo saben muy bien los hombres de este partido. También saben del mismo modo que perseguir una religión, hostilizarla, es la mejor manera de crearle adeptos y fanáticos...»

«...No es persiguiendo como se resuelve el problema, sino transformando las bases... de la sociedad..., con equidad efectiva en la distribución de la riqueza y de los bienes. Entonces no tendrá el hombre... necesidad de remitir a potencias ultra terrenas y vidas posteriores las bienandanzas que aquí habrá conquistado por la equiparación verdadera de una sociedad justa...»

«Por estas razones pedimos a los convencionales que aprueben la enmienda, que no pretende otra cosa que garantizar el ejercicio y profesión de todas las religiones y cultos, y además mantener de un modo más preciso y eficaz la separación absoluta entre la Iglesia y el estado.»

[Habiendo concluido el debate sobre la enmienda presentada por el Partido Comunista, se sometió a votación y fue rechazada. Se procedió entonces a debatir el dictamen.]

Sr. Roca (Blas): «Voy a consumir un turno en contra brevemente, porque veo la impaciencia de los señores delegados por marcharse. Todos han recogido sus papeles, arreglado sus carteras y tienen el sombrero sobre la mesa...»

«Cumplo solamente con el deber de tomar la palabra en contra de este precepto por los motivos en que hemos fundamentado la presentación de la enmienda, y rogarle a la Asamblea Constituyente que no le imparta su aprobación a este precepto.»

Sr. Cortina (José Manuel): «Debe aprobarse el dictamen que consagra, [como límite] a las prácticas de las religiones, el principio de que han de ajustarse a la moral cristiana.»

«No creo que pueda encontrarse dentro de la civilización moderna ninguna expresión más liberal, más constructiva y más amplia. No hay ningún motivo para que suprimamos, como norma de nuestra moral social, esa fuerza espiritual que se sintetiza en el concepto de moral cristiana.»

«...La moral de Cristo, separada de todo fanatismo religioso, coincidió con la más alta filosofía de los griegos, resplandeció en los diálogos de Sócrates, en las ideas de Platon y en la férrea disciplina de los estoicos. Fue una ola de espiritualismo trascendente que impulsó toda la civilización europea, de la cual somos, los americanos, una representación.»

«Es la moral cristiana un principio que levanta el espíritu humano sobre la bestia, refrena los apetitos inferiores, impulsa la fraternidad, la piedad y el perdón, y constituye una defensa permanente contra los venenos que segrega el egoísmo humano constantemente.»

«Por eso, al mantenerla nosotros en la Constitución como norma de las religiones que puedan vivir entre nosotros, ponemos un guardián de suprema aristocracia espiritual para que cuide las evoluciones de la conciencia moral cubana a través de los siglos.»

«Yo creo que en el concepto de moral cristiana está expresado todo lo que pueda recomendarse para mantener un alto nivel espiritual en nuestra sociedad. Cualquier otra definición que quisiera hacerse de la moral reguladora de la vida social y religiosa de los cubanos sería inferior a ese concepto sutil y delicado que implica la frase moral cristiana.»

«La moral cristiana, en lo que tiene de fundamental para ennoblecer la conducta de los hombres, es inexpugnable a toda crítica. La civilización contemporánea, que tiene aún tanta oscuridad, abismos y retrocesos, quedará herida de muerte el día [en] que esos principios espirituales sean abandonados para siempre y caigamos en un materialismo infecundo, que hace de la vida una tragedia de apetitos rudamente materiales extinguidos en la tumba.»

«Por estas razones, debe aprobarse por la asamblea el precepto propuesto por la comisión coordinadora.»

[Sometido el dictamen a votación, fue aprobado en los términos que aparecen consignados en el artículo 35.]

PROHIBICIÓN DE ORGANIZACIONES POLÍTICAS CONTRARIAS A LA DEMOCRACIA O QUE ATENTEN CONTRA LA SOBERANÍA

Las democracias, para que existan y perduren, han de consagrar y respetar el derecho de los ciudadanos a asociarse libremente para todos los fines lícitos. Este derecho incluye la formación de organizaciones o partidos políticos que representen las distintas ideologías, tendencias o corrientes de opinión en el país y participen, sin interferencia ni coacción, en todas las fases de la vida pública.

Eliminar o restringir arbitrariamente este derecho a asociarse mediante la imposición de un partido único o de cualquier otro artificio conduce indefectiblemente a la dictadura o al régimen totalitario. Ni aun con pluralidad de votos ni con apoyo mayoritario están facultados los gobernantes en una democracia para conculcar el derecho de las minorías a organizarse políticamente, a esgrimir sus ideas y a participar en las justas electorales. El sistema democrático se nutre del debate abierto a las opiniones diversas y se vigoriza con la competencia y alternancia en el poder de partidos fuertes. Languidece y muere cuando se troca la dinámica vivificante del pluripartidismo por la postración degradante del autoritarismo.

Claro que el pluripartidismo no funciona debidamente cuando el entorno es corrupto y cuando proliferan partidos o coaliciones endebles que desestabilizan la nación. Mas no confundamos las instituciones vitales de la democracia con los efectos nocivos de su degeneración. Una cosa es un precepto, y otra, su transgresión. En todo caso, es preferible los mares agitados de la libertad a las aguas quietas del despotismo.

Ahora bien, reconociendo el derecho de los ciudadanos a asociarse políticamente, cabe preguntar si el ejercicio de ese derecho debe ser irrestricto. ¿Es deseable y justo que las democracias amparen a todos los partidos o grupos, incluyendo aquellos de corte totalitario que conspiren para su aniquilación? En el introito a su segunda catilinaria, Cicerón aseveró lo siguiente: «...¡Pero yo os digo que la libertad no significa la libertad para aprovecharse de las leyes con intención de destruirla! No es libertad la que permite que el Caballo de Troya sea metido dentro de nuestros muros y que los que vienen dentro sean oídos, con el pretexto de la tolerancia hacia los puntos de vista de los demás...»

Si legítima es la autodefensa de la democracia, ¿cómo se evita la arbitrariedad? ¿Qué es lo que distingue y separa a la oposición permisible de la subversión ilegal? ¿Cuándo es que la afiliación a un movimiento político internacional entraña confabulación para destruir o mermar la independencia nacional? ¿Quién fija las reglas del juego, y cuáles son los procedimientos y recursos para impedir que los gobiernos se extralimiten en la aparente defensa de las instituciones democráticas o de la soberanía nacional con la intención aviesa de liquidar la oposición?

Los convencionales de 1940 lidiaron con estas cuestiones espinosas y acordaron primeramente, en lo que llegó a ser el artículo 37 de la Constitución, que «los habitantes de la República tienen el derecho de reunirse pacíficamente y sin armas y el de desfilar y asociarse para todos los fines lícitos de la vida, conforme a las normas legales correspondientes, sin más limitación que la indispensable para asegurar el orden público.»

Tras establecer este derecho y aplazar la discusión sobre la sindicalización de obreros y profesionales para otra oportunidad, los convencionales procedieron a debatir una enmienda que prohibía las asociaciones políticas supeditadas a organizaciones extranjeras o que fuesen contrarias al sistema democrático de gobierno. Esta enmienda, presentada como artículo adicional por el delegado José Manuel Casanova, suscitó un debate extensísimo y enconado, que vino a polarizar la asamblea durante tres sesiones consecutivas. La defensa apasionada recayó en el ponente Casanova, y la impugnación virulenta en el convencional Blas Roca. Éste último, apoyado por sus camaradas de partido, alegó que el propósito oculto de la propuesta de Casanova era ilegalizar el Partido Comunista y disolver la Confederación de Trabajadores de Cuba. Casanovó replicó aclarando que su iniciativa únicamente tropezaría con el Partido Comunista si éste violase las prácticas democráticas y pretendiese convertir a Cuba en una filial de la Unión Soviética.

El duelo verbal entre Casanova y Blas Roca tocó un punto neurálgico que dividió a la asamblea en tres grandes bloques. De un lado figuraban los que, como Casanova, sostenían que la República no podía quedar indefensa frente a los quintacolumnistas totalitarios (comunistas y fascistas) que, en estrecha alianza, estaban invadiendo a Europa e infiltrándose en otras partes del mundo. Del otro lado convergían no sólo los líderes del Partido Comunista de Cuba, sino también aquellos convencionales que temían que el gobierno, so pretexto de defender la democracia, fuese a coartar el derecho a disentir. Y en el medio se hallaban aquellos delegados que veían la necesidad de prevenir todo intento totalitario, pero que querían un precepto con fundamentos más claros y límites más precisos que los que contemplaba la ponencia de Casanova.

A fin de calmar los ánimos y de encontrar una fórmula transaccional que mereciese amplio respaldo mayoritario, el convencional Aurelio Álvarez logró que se acordase un receso, y presentó una enmienda que vino a sustituir la de Casanova y a sobreponerse a otra que trató de introducir el delegado Eduardo Chibás. A pesar de ser más diáfana y equilibrada que las alternativas, la enmienda de Álvarez no llegó a serenar totalmente las pasiones ni a obtener el sólido consenso ansiado. No obstante, fue aprobada con ligeras modificaciones por mayoría de un voto: 26 delegados a favor y 25 en contra. Su texto figura en el segundo párrafo del artículo 37 como sigue:

«Es ilícita la formación y existencia de organizaciones políticas contrarias al régimen de gobierno representativo democrático de la República, o que atenten contra la plenitud de la soberanía nacional.»

A continuación, recogemos extractos sobresalientes de los debates que suscitaron las enmiendas de los delegados Casanova y Álvarez –debates en los que alternaron la pasión y la lucidez, el histrionismo y la elocuencia, la diatriba y la elevación patriótica.

La enmienda que como artículo adicional presentó el convencional Casanova lee así: «Se prohiben y declaran ilícitas las asociaciones, sindicatos o cualesquiera otras organizaciones de orden político o social, que impongan a sus miembros obediencia a autoridades u organismos distintos a los de la República, así como los conectados con organizaciones políticas o sociales extranjeras, o de carácter internacional o contrarias al sistema democrático de gobierno.»

Sr. Roca (Blas): «He pedido la palabra en contra de este artículo adicional que propone el señor Casanova… Aquí se ha presentado una moción en la cual el verdadero sentido, el verdadero fin perseguido, va envuelto y oculto detrás de ciertas palabras para no decir exactamente lo que se pretende. Siguiendo mi costumbre de siempre en estos debates, voy a decir, antes que nada, lo que pretende la moción presentada.»

«La moción presentada, como decía hoy certeramente el editorialista del Diario de la Marina, es una moción dirigida a formar un cuerpo legal mediante el cual pueda ilegalizarse, en determinado momento, al Partido Comunista o cualquier otro partido de raíz popular que levante aquí la bandera de las reivindicaciones populares.»

«Este es el fin fundamental de la enmienda... El Partido Comunista de Cuba no depende de ninguna organización social o política extranjera... No está comprendido en eso exactamente; pero la enmienda, tal como se presenta, está [dirigida]... a permitir cualquier interpretación que, ahora o en el futuro, quiera darle el legislador o el gobernante a este precepto constitucional...»

«En la Constitución de 1901 no había este precepto y..., sin embargo, durante mucho tiempo, durante trece años exactamente, en Cuba ha estado ilegal y perseguido el Partido Comunista por las autoridades nacionales...»

«Se quiere ilegalizar al Partido Comunista con la enmienda que se acaba de presentar porque así será más fácil que cada obrero que reclame aumento en el salario, que cada uno que proteste contra una injusticia, que cada uno que se rebele contra un gobierno tiránico o pida un poco de libertad, se le acuse simplemente de comunista y, por ese solo hecho, sea sometido a todas las torturas, a todas las persecuciones, a todo lo que hemos vivido, a todo lo que hemos pasado.»

«...Hay gentes que se molestan extraordinariamente porque en la Asamblea Constituyente de 1940 se estén planteando los problemas candentes del pueblo cubano. Hay gentes que están profundamente incómodas porque se hable en el proyecto de Constitución de la semana de 44 horas, del pago de salario los días festivos, del reconocimiento universal del derecho de [sindicación]...»

Sr. Casanova (José Manuel): «Cuando S.S. habla de gentes, ya sabemos que se referirá a S.S., porque los señores delegados aquí todos somos personas.»

Sr. Roca (Blas): «Somos personas y creo que gentes también. En algunos textos he leído 'el derecho de gentes' y no el derecho de personas solamente.»

«Yo no sé si eso es jurídico o si está bien empleado el término 'gentes'. Pero si se presta a confusiones diré... que hay algunos señores... con el criterio antiguo de la palabra señor que significa amo feudal..., que están profundamente incómodos de que estas cuestiones se estén planteando en el seno de la Asamblea Constituyente: jornada de ocho horas; seguro social para los desocupados; pago de los días festivos; reconocimiento perentorio del sindicato y obligatoriedad de tratar con él...»

Sr. Casanova (José Manuel): «...Cuando S.S. irrumpió en la política cubana, todas esas leyes se habían votado... y estaban en vigor. De manera que por lo menos tenemos que reconocer que a estos señores, y a esta burguesía, y a estos partidos que se sientan en toda esta parte del hemiciclo, se deben... todas esas ventajas que obtuvo el proletariado.»

Sr. Roca (Blas): «...Si estas leyes están efectivamente [en vigor], yo no comprendo por qué en el seno de la sección de trabajo y régimen de la propiedad las discusiones fueron tan ardientes... Es claro que esto ha de molestar extraordinariamente a estos señores que se expresan por... [conducto del delegado que ha] firmado esta enmienda... [Ella] no es nueva... El Diario de la Marina...»

Sr. Ferrara (Orestes): «Órgano comunista...», *[dicho esto en tono jocoso].*

Sr. Roca (Blas): «Exactamente... El mejor órgano del comunismo, porque el ataque nos viene del Diario de la

Marina... Por venir del órgano principal de persecución contra los mambises... contra toda la libertad, contra todo lo humano, y contra todo lo digno, no puede hacer más que levantarnos en el concepto popular, servirnos de propaganda.»

Sr. Ichaso (Francisco): «¿Sabe el señor Blas Roca que en el Diario de la Marina, periódico de ideas conservadoras que no las oculta, sino las manifiesta de modo paladino, hay numerosos trabajadores cubanos que están cobrando jornales... [en] condiciones de trabajo mejores que en cualquier otro periódico de Cuba?»

Sr. Roca (Blas): «Yo voy a admitir, inmediatamente, y sin ninguna reserva, que el periódico que paga mejores jornales en Cuba es el Diario de la Marina...; y puedo afirmarle que quizás haya algún miembro de nuestro partido trabajando en el Diario de la Marina mediante el cual sabemos algunas interioridades que quizás no saben otros que trabajan allí.»

Sr. Ferrara (Orestes): «Buena iglesia esa del Partido Comunista.»

Sr. Ichaso (Francisco): «Lo que quiero decir [es] que allí no se le pregunta a nadie cuáles son sus ideas para respetarlo en su trabajo.»

Sr. Roca (Blas): «Debo decirle que esto no contradice que sea el defensor de todas las causas innobles, injustas y antiliberales.»

Sr. Ichaso (Francisco): «Le rogaría al señor Blas Roca que usase calificativos más precisos, porque no todas las causas que no agradan al Partido Comunista son necesariamente innobles...»

«...Trabajo como obrero en el Diario de la Marina, quiero hacerlo constar así, obrero intelectual como el señor Marinello, ni más mi menos.»

Sr. Marinello (Juan): «Con la única diferencia que yo no he trabajado ni trabajaré nunca en un periódico de orientación definitivamente reaccionaria y anti-cubana como ese, en que se complace el señor Ichaso en trabajar. Hay diferencia entre trabajadores...»

Sr. Ichaso (Francisco): «Debo decir, sin embargo, que he tenido el gusto de saludar a menudo al señor Marinello en los salones del Diario de la Marina, donde tenía grandes amistades entre los mismos dirigentes del periódico, cuando el señor Marinello era un hombre que no disimulaba tanto como ahora su condición [de] burgués.»

Sr. Marinello (Juan): «Quiero decir al señor Ichaso que es absolutamente cierto que eso ocurría hace mucho tiempo..., cuando yo no era comunista... [Sin embargo], hay hombres que antes y después, probablemente siempre, estarán del lado de la injusticia, estarán junto al Diario de la Marina. Es ese, sin duda alguna, el caso del señor Ichaso.»

Sr. Casanova (José Manuel): «Y [mío] también.»

Sr. Cortina (José Manuel): «Para una proposición incidental... Estimo, señores, que en una Convención Constituyente puede tratarse todo, pero... metódicamente y con la debida prudencia e información para que la Constitución responda a un criterio reflexivo y perfectamente responsable. Por esa razón, deseo que lo propuesto aquí se discuta más adelante en mejores condiciones.»

«A ese efecto, propongo que pase a la comisión coordinadora todo lo que hay sobre la mesa respecto del particular para que ella, en breve plazo, revisando y estudiando el problema planteado lo traiga con un dictamen que permita a esta asamblea, con la serenidad necesaria y libertad plena, oír los distintos criterios y después adoptar una resolución.»

[Esta proposición fue rechazada y se acordó continuar el debate.]

Sr. Roca (Blas): «...Se puede argüir... que esa enmienda [del señor Casanova] no persigue más que el fin cubanísimo de evitar interferencias extranjeras en la política nacional. Ese es el argumento, la defensa de la bandera...»

«Se dirá que si nosotros no dependemos de ninguna organización política extranjera, podemos aceptar esta enmienda... Nosotros pudiéramos aceptar íntegramente esta enmienda tal como está redactada, incluso ampliándola un poco más para que nadie pueda jurar aquí fidelidad al Papa, el representante de Dios en la tierra y a la vez dirigente del estado Vaticano...»

«La enmienda no nos cae a nosotros si se interpreta rectamente, pero nosotros sabemos adónde conducen todas estas interpretaciones... Nosotros sabemos que toda esta legislación se interpreta en determinado momento como conviene al criterio del gobernante para aplicarla contra su enemigo, para aplicarla contra el que le hace sombra, para aplicarla continuamente en contra de los trabajadores.»

«En Perú hay un artículo de ley por el estilo, no contra los comunistas, que sólo eran doscientos quince miembros cuando se aprobó la legislación..., sino contra el Partido Aprista que estaba haciendo oposición al dictador Benavides. Se pasó una legislación proscribiendo las organizaciones internacionales. Se disolvió el Aprismo nacido en el Perú, y este partido no pudo presentar sus candidatos en las elecciones...»

«Nosotros tenemos funcionando en Cuba la Confederación de Trabajadores de Cuba..., afiliada... a la Confederación Sindical de Latinoamérica, que tiene como presidente a Vicente Lombardo Toledano [y como] sede al vecino país de México. El precepto [propuesto] no prohibe tal organización..., pero cuando tengamos una reacción en Cuba, serán prohibidos los sindicatos, serán barridos por este solo hecho, sin ninguna posibilidad de reclamación, ateniéndose a lo dispuesto en la Constitución.»

«...Todos los explotadores, por su parte, hacen muestra de la más grande solidaridad. Nosotros tenemos una serie de organizaciones patronales... que expresan su solidaridad con otros países y con otros pueblos, mejor dicho, con los explotadores de otros países y de otros pueblos... Se quiere prohibir la solidaridad entre los trabajadores, mientras se mantiene y se considera lícita la solidaridad entre los explotadores... ¡Libertad, sí, mucha libertad! pero... para los explotadores. Todo lo que se deprime, todo lo que se restringe, es para los explotados...»

Sr. Casanova (José Manuel): «...En cuanto al tópico manido de los explotadores y demás calificativos que el señor Roca dedica a las clases propietarias, no es nada nuevo, es lo mismo de siempre. Es el argumento utilizado ya, desde hace muchos años, por los agitadores del mundo, por todos los que desean levantar el nuevo paraíso sobre las ruinas de la vigente civilización...»

Sr. Roca (Blas): «Me parece, señor Casanova, que S.S. ha dicho la más grande verdad..., pero debo decir que aquí nadie ha dicho nada nuevo desde que comenzamos las labores de la Asamblea Constituyente... Usted mismo cree que la enmienda que ha presentado es nueva, y lo cierto es que Machado la presentó antes que S.S. y usted no hace más que repetir como un fonógrafo lo que hizo Machado...»

Sr. Ferrara (Orestes): «Lo que ha dicho Machado y ha hecho Lenín.»

Sr. Roca (Blas): «Exactamente... Machado habló contra el comunismo; Lenín construyó el comunismo...»

Sr. Ferrara (Orestes): «En cuanto a los métodos, aquí hubo desgracias y ahí también; aquí hubo purgas, y ahí muchas más.»

Sr. Roca (Blas): «La única diferencia es que los que sufrían todos esos atropellos y persecuciones y latrocinios eran los trabajadores...»

Sr. Ferrara (Orestes): «Y ahí son los otros, pero hombres son unos... y otros...»

Sr. Roca (Blas): «...Usted sabe que no hay conquistas en la humanidad que no hayan seguido este cauce doloroso... [para] afirmar la libertad...»

Sr. Casanova (José Manuel): «¿Y cree S.S. que hay libertad en Rusia y duda de que exista aquí la libertad? ¿Cree S.S., por ventura, que podría manifestarse en el parlamento de Rusia con la libertad con que se produce aquí...?

Sr. Ferrara (Orestes): «¡[Sí] podría decirlo el señor Roca..., [pero] una sola vez...!»

Sr. Roca (Blas): «...No era mi interés traer a discusión esta tarde aquí el problema de Rusia; sin embargo, puesto que usted directamente me pregunta, y yo he estado allí dos veces, puede decirle que sí, que yo podría decir todas estas cosas que estoy diciendo y muchas más que a usted ni siquiera se le ocurren...»

Sr. Núñez Portuondo (Emilio): «¡Pero en español, no en ruso!»

Sr. Roca (Blas): «Exactamente, en español, pero traducido al ruso... Nosotros consagramos la libertad de prensa en la Constitución, pero, en los hechos ¿qué sucede?... El director del periódico publica allí lo que le mandan a publicar los que le pagan... En la Unión Soviética se declara la libertad de prensa, pero inmediatamente se establece que el sindicato popular y el trabajador tienen la imprenta a su entera disposición. Lo mismo que el radio y todas las demás manifestaciones de la publicidad.»

«...Ahora vamos a cerrar... esta intervención nuestra... La moción [del delegado Casanova], sin expresar rectamente su sentido, va dirigida a disolver la Confederación de Trabajadores de Cuba y los sindicatos a ella adheridos por el hecho de expresarse, en las necesarias relaciones, [en] solidaridad con otros trabajadores del continente y del mundo.»

«Yo creo, además, que esto puede envolver un peligro en el futuro... Con este precepto se puede perseguir al Club Rotario, o el gobierno puede aplicarlo como medio de perseguir a [otras] organizaciones y a nuestro partido...»

«El señor Núñez Portuondo, que hace un momento me interrumpió, estuvo en el Congreso de las Democracias de Montevideo representando al Partido Liberal..., y quedó allí constituido un comité para defender tales o más cuales principios políticos. El Partido Liberal no está sometido a esta organización de tipo internacional..., pero esto pudiera ser interpretado de otra manera el día en que hubiera un gobernante con ganas de perseguir al Partido Liberal...»

«Con respecto al carácter... de nuestro Partido [Comunista]..., [está] sometido a las leyes de la República, enteramente de acuerdo con lo preceptuado en el código electoral..., [dentro del] marco de lo que hasta hoy ha sido costumbre pública en nuestro país... Nuestro partido proclama... la defensa de los intereses inmediatos de los obreros y de los campesinos, de los negros y de las mujeres, de los empleados y de los profesionales, de todos los explotados, de todos los perseguidos... Nuestro partido aspira al socialismo, a una sociedad... donde no haya un solo desocupado, un solo campesino sin tierra, un solo obrero sin trabajo.

Sr. Casanova (José Manuel): «No voy... a rebatir uno a uno los argumentos ni los razonamientos del señor Roca, los cuales acaso responden solamente a su técnica y no a sus convicciones... Dejemos, pues, toda esa palabrería ofuscada y todo ese efectismo enfermizo a un lado, y permítaseme que aclare esta sola cosa. Mi iniciativa no va contra ningún partido político en particular, sino contra todos los partidos que en un momento dado de la historia de Cuba se levanten como una amenaza para la soberanía y la integridad de nuestro territorio.»

«...Todos conocemos..., por ser muy reciente, el caso de Noruega, el triste destino de Noruega. En Noruega... se constituyó un Partido Nazi, [que] se infiltró en el ejército y llegó a conseguir adeptos entre los altos funcionarios... de todas las magistraturas. Teniendo sus mejores amigos en el ejército y la marina de guerra, la actuación de los soldados de Hitler fue sumamente fácil. Cuando los transportes alemanes, y los soldados alemanes, y la escuadra alemana [llegaron] en son de conquista a las costas de Noruega, no encontraron opositores sino aliados... La conquista de Noruega fue el corolario de esta función traidora y desleal de la 'quinta columna' alemana en tierras de Noruega.»

«...Pero ahora me pregunto: ¿por qué se alarma el Partido Comunista de Cuba si es cierto lo que acaba de expresar el señor Roca de que... es un partido eminentemente cubano, que mantiene como principio la República democrática que ya hemos consagrado...? Si es respetuoso de las leyes y lo que anhela es el mejoramiento de las clases trabajadoras, a las cuales no regateamos ningún derecho, ¿de qué se alarma el Partido Comunista de Cuba?...

«Lo que sucede es... que se pretende dejar abierta la puerta para todas las acometidas. Disconforme el Partido Comunista con el régimen político que actualmente rige en la República, aspira —ya lo ha dicho el señor Roca— a cambiarlo radicalmente. Su actitud contemporánea es solamente de adaptación. Sus finalidades van mucho más lejos. Mi iniciativa no tropezará con el Partido Comunista mientras se desenvuelva dentro de las prácticas republicanas y democráticas, y tropezará, esto es claro, tan pronto como pretenda convertir a Cuba en una filial de las Repúblicas Soviéticas de Rusia...»

Sr. Álvarez (Aurelio): «Pido la palabra para una cuestión previa. Para rogar a la asamblea que, dada la importancia extraordinaria que en el orden político tiene la enmienda que se discute, permita a la representación de los Partidos ABC, Acción Republicana y Revolucionario Cubano que se reúnan para cambiar ideas sobre la forma en que deba conducirse en el debate y en la votación.»

Sr. Coyula (Miguel): «...Soy de los que creen conveniente que se garanticen por todos los medios las instituciones republicanas en nuestro país. Pero soy también decidido partidario de la libertad de pensamiento en Cuba. Y si es juicioso atender lo uno, es también previsor no desatender lo otro. Por tales circunstancias, me atrevería a rogar a mi distinguido compañero señor Álvarez que presentara su proposición en el sentido de un receso... no sólo para que los partidos que él ha mencionado puedan reunir sus elementos y discurrir con calma, sino para que podamos buscar la fórmula que más beneficie a nuestro país.»

Sr. Mañach (Jorge): «Para apoyar muy brevemente la moción del señor Álvarez, y añadir a los brillantes conceptos emitidos por el señor Coyula algunos por mi cuenta.»

«...La enmienda [del delegado Casanova] aspira a establecer la imposibilidad de que un organismo político en Cuba trate de encarar los problemas cubanos... siguiendo pautas u orientaciones trazadas por autoridades extranjeras, ajenas a nuestra realidad, a nuestra historia y a nuestro pueblo. Esto es sumamente reprobable, y yo declaro aquí, en nombre de mi partido, que si se trata de llevar a la Constitución de la República un precepto que exclusiva y rigurosamente trate de impedir que la vida política de Cuba esté mediatizada por una autoridad extranjera, ese precepto tiene mi más vehemente adhesión y la de mi partido.»

«¡Ah!, señores convencionales, pero si al amparo de una preocupación semejante... lo que se trata es de introducir... un precepto que... sirva para darle un golpe por debajo de la faja a cualquier partido político en Cuba, yo, que no soy sospechoso de ninguna actitud de excesiva benevolencia hacia el Partido Comunista de Cuba, pero del cual... quiero ser en todo momento un enemigo leal, con la visera levantada, yo sería el primero, digo, en oponerme a que se accediera a poner desde ahora en

manos de un gobernante inescrupuloso del futuro la facultad...
de atacar, destruir, disolver un partido que represente una zona...
de la opinión política de Cuba...»

[La asamblea acordó un receso, lo que le permitió al convencional Álvarez presentar al día siguiente una enmienda que vino a sustituir la del delegado Casanova. En sus considerandos, el señor Álvarez precisó que las corrientes político-económico-sociales que agitaban a la humanidad habían pasado de la discusión doctrinaria a la acción directa para imponer sus tendencias; que estados totalitarios se habían valido de una previa labor de penetración aparentemente pacífica para destruir después las libertades; que frente a ese peligro naciones liberales habían adoptado drásticas medidas contra la «Quinta Columna"; y que en Cuba había organizaciones y personas que desarrollaban, con notoria impunidad, actividades contrarias a la soberanía y al régimen democrático-representativo.

Apoyado en dichos considerandos, el convencional Álvarez propuso la siguiente enmienda: «Se prohíbe la organización y existencia de organizaciones políticas o de cualquier otra índole, contrarias al régimen de gobierno representativo democrático de la República, o que atenten en cualquier forma contra la plenitud de la soberanía nacional.» En el curso del debate, el delegado Álvarez limitó la prohibición a organizaciones políticas, eliminando la frase «o de cualquier otra índole.»

El convencional Eduardo Chibás, por su parte, propuso la siguiente enmienda que no fue debatida por haberse aprobado la del delegado Álvarez: «La República, velando por las libertades del pueblo y la plena independencia de Cuba, prohíbe la organización y existencia de agrupaciones políticas de tendencias totalitarias o de cualquier otra índole, que, dependientes de un estado extranjero, atenten contra la soberanía nacional, utilizando las garantías democráticas establecidas por esta Constitución contra el propio régimen democrático representativo que la misma garantiza.»]

Sr. Casanova (José Manuel): «...Manos amigas han puesto en las mías los estatutos del Partido Comunista de Cuba. Y cuando los he estudiado... se ha arraigado más firmemente en mi criterio las razones que me llevaron a presentar mi enmienda. Porque es lo cierto... que de la simple lectura de esos estatutos se contemplan graves y amenazadores peligros para el futuro de Cuba. El Partido Comunista de Cuba... no es un partido como los demás... Su adhesión a la Tercera Internacional..., su sometimiento a las determinaciones que se produzcan en el extranjero, su vinculación a regímenes extraños, sus métodos de actuación y sus ramificaciones..., le dan al Partido Comunista una proyección, un sentido y una orientación que nada tienen que ver con [las]... que siguen los otros partidos existentes en nuestra nación.»

«...Desde hoy en adelante, con estos estatutos, considero al Partido Comunista de Cuba como a la 'Quinta Columna'... De todos modos, voy a retirar mi enmienda para dar paso a la del señor Aurelio Álvarez, que como todas las cosas que él realiza..., está inspirada en el mejor deseo de servir a Cuba...»

Sr. Mujal (Eusebio): «...Oímos los argumentos que el señor Casanova exponía para retirar su enmienda y aceptar la del señor Álvarez, y oímos la lectura de artículos de los estatutos del Partido Unión Revolucionaria Comunista de Cuba. Todo el mundo sabe... que el Partido Comunista de Cuba tiene relaciones con sus partidos hermanos del resto del mundo, y que en la Tercera Internacional... [se establece] esa dirección. Pero, ¿es que no puede ser [eso] perfectamente eliminado de los estatutos del Partido Unión Revolucionaria Comunista, si es que los señores de dicho partido están deseosos de gozar de la legalidad en Cuba..., de aprobarse el precepto que defiende el señor

Casanova o el del señor Álvarez? Con borrar esos artículos de los estatutos estarían totalmente conformes con la futura ley...»

Sr. Casanova (José Manuel): «...Para hacerle una pregunta [al señor Mujal]. ¿Cree que el Partido Comunista de Cuba no es un partido de principios..., que se amolda a las circunstancias, que quita de su programa una cosa y pone otra; es decir, que está haciendo un camuflaje y engañando al pueblo de Cuba? Yo tengo un poco más de respeto para el Partido Unión Revolucionaria Comunista de Cuba.»

Sr. Mujal (Eusebio): «...Contestando esa pregunta, le podría decir al señor Casanova..., como conocedor [que soy] de las distintas tácticas que se emplean para hacer las cosas, que lo [no] convencional, en determinada política, es perfectamente admisible... No tendría nada... de particular que tal cosa se planteara de la misma manera que, por ejemplo, en una asamblea del Partido Liberal el señor Gustavo Gutiérrez planteó que el partido debía tener un programa más progresista, parecido al de la Segunda Internacional [más conocida con el nombre de la Internacional Socialista]... A nadie por eso se le ocurrió pensar que esas palabras del señor Gutiérrez querían decir que el Partido Liberal iba a ser una filial de la Segunda Internacional...»

Sr. Roca (Blas): «Le agradecería al señor Mujal que me concediese una interrupción... Yo quería terciar un poco en la pregunta que había hecho el señor Casanova y que el compañero señor Mujal estaba contestando tan acertadamente... Tengo absoluto derecho de llamar compañero al señor Mujal..., [no así] al «Señor» [Casanova], como él pedía que le llamáramos..., a pesar de que transitoriamente nos encontramos militando en las mismas filas de la Coalición Socialista Democrática.»

Sr. Casanova (José Manuel): «Aunque no sea parlamentario, señor Presidente, quiero manifestar que reclamo el honor de ser el mayor adversario del Partido Comunista de Cuba. Lo reclamo como un honor.»

Sr. Roca (Blas): «¡Qué le voy hacer!»

Sr. Mujal (Eusebio): «Voy a continuar en el uso de la palabra... No es con preceptos constitucionales como pueden evitarse los problemas creados por los regímenes totalitarios [de Europa]... Jamás los liberales podrán redactar un precepto tan general que no vaya en contra de la propia libertad y de la democracia y del principio revolucionario que defienden...»

«Hemos visto los esfuerzos de muchos convencionales [por aplazar]... esta discusión para poder con tiempo hacer un artículo que no se creyera que fuera un ataque contra nadie..., sino [que] simplemente [impidiera que] la «Quinta Columna» de cualquier régimen totalitario [se estableciera] en el país... [Pero] esto no es posible por la vía constitucional.»

«...No tengo, [pues], más remedio que pedir que se rechace la enmienda del señor Álvarez [para que] no se quite la libertad a organizaciones que existen en este país... No vamos a preocuparnos tanto por las cosas de Europa, que... hace tiempo que se ven venir. Si hace falta un sentido de justicia y de protección nacional para hacer los cosas en un momento determinado, se harán, pero no hoy, en un precepto constitucional. No se puede admitir nada que pueda dar lugar a que el poder ejecutivo, cualquiera que fuere, interprete las cosas como le parezca...»

«No es así como se acaba con la «Quinta Columna". Es organizando la militancia ciudadana..., dándole participación a los jóvenes, a las mujeres, a los obreros, a todos, en una organización efectiva del estado, manteniendo el régimen liberal y democrático presente. Es así como se sirve a esa democracia, y no con estos preceptos constitucionales que son contrarevolucionarios...»

Sr. Álvarez (Aurelio): «...Contestando alusiones del convencional señor Mujal, diré que esta enmienda no [se] traduce [en] un ataque contra los comunistas. Ella no [entraña] un precepto punitivo, sino en todo caso, y de ser aprobada, constará en la Constitución como precepto de carácter preventivo. No he querido atacar, concluyendo, ni a los comunistas auténticos, ni a los auténticos comunistas.»

Sr. Suárez Fernández (Miguel): «La enmienda propende... a buscar la forma y manera de que toda la... actuación ciudadana... tenga como base... la conservación del sistema democrático-republicano. Si esta enmienda no llegara a estar contenida dentro del texto constitucional, seguramente se crearían organizaciones políticas que... podrían realizar una labor de penetración dentro del pueblo cubano con una idea netamente totalitaria.»

«...No basta [para que se aplique la enmienda] que se pronuncien discursos, que se escriban artículos tratando de conducir al pueblo cubano a un sistema distinto. Es necesario que se acuda a la fuerza física, que se atente contra la soberanía nacional o contra el régimen democrático. El caso ha sido resuelto en una serie interminable de sentencias de todos los Tribunales Supremos de Cuba y de España... Ayer... el señor Aurelio Álvarez [recordaba] una famosa sentencia en la cual se declaró que la palabra expresada por medio del libro, del folleto, del periódico, tratando de que el régimen fuera sustituido por otro, no implica un atentado... a la soberanía nacional, ni menos aun un delito de traición, de incitación a la rebelión o a la sedición...»

Sr. Chibás (Eduardo) [Interrumpiendo]: «Lo que deja la enmienda en el aire es quién es el encargado de interpretar... cuándo una organización... un partido político de Cuba ha infringido esa plenitud de la soberanía nacional [a] que... la enmienda se refiere...»

Sr. Suárez Fernández (Miguel): «...Si hablamos de democracia en los altos tonos en que aquí se hace y no tenemos fe en la justicia cubana, ni en los tribunales, es inútil todo cuanto se declame, porque el fundamento de las instituciones democráticas descansa en la recta aplicación del principio de justicia... La interpretación de este precepto, señor Chibás, no la podrá dar nadie más que el Tribunal Supremo de Justicia cuando... se dicten medidas legislativas... que [sean] impugnadas por vía de inconstitucionalidad...»

«No es, señores, ... contra el Partido Unión Revolucionaria Comunista contra quien va dirigida la enmienda; [ésta] va enfilada contra todo partido que por medios violentos, por medios físicos, atenten contra el sistema democrático representativo en nuestra nación...»

«...El Partido Comunista cuando presentó... su reglamento al gobierno provincial y después más tarde... su programa, no propugnó... el establecimiento del régimen soviético. El Partido Comunista, [según su programa]..., propende a la organización de una república democrática... Mientras [dicha] institución se conserve dentro de esos cauces y dentro de esos moldes, no será posible una legislación, al amparo de esta enmienda, borrando del registro al Partido Comunista...»

Sr. Rey (Santiago): «...Si a eso se limita la finalidad que persigue la enmienda..., realmente, más que un precepto expreso en la Constitución, merecía la pena que fuera modificado el artículo 122, estableciendo una limitación a los partidos políticos a los efectos de que no pudieran establecer en sus programas nada que propugnara modificaciones radicales al régimen existente en la República.»

Sr. Suárez Fernández (Miguel): «...Es materialmente imposible consagrar este precepto solamente dentro de la organización de los partidos políticos porque, desgraciadamente, en Cuba los partidos... no tienen siempre su iniciación como colectividades políticas. El... señor Rey antes de pertenecer al Partido Demócrata Republicano perteneció a una asociación... de la cual se generó ese propio partido, y así casi todos los grupos que están representados en esta asamblea...»

«...Yo termino haciendo constar... que el pensamiento que me anima a defender esta enmienda... no es más que el criterio acendrado y firme... de que es necesario preservar la democracia cubana..., [sobre todo] en estos instantes de conflagración... europea, cuyos límites nadie puede predecir y cuyo desenvolvimiento nadie puede señalar...»

«Si vemos la invasión constante de pequeñas naciones..., si en Europa la forma totalitaria de gobierno está en aumento, es necesario que una Constituyente que se encuentra reunida teniendo a la vista esos hechos tangibles... trace normas directrices que propendan a una profilaxis, a medidas de preservación contra esos intentos...»

[Tras otras intervenciones, la enmienda fue aprobada por mayoría de un voto –26 que «sí» contra 25 que «no». A continuación se incluyen fragmentos relevantes de algunas de las explicaciones de los votos emitidos.]

Sr. Álvarez González (Rafael): «...He votado que 'sí'... porque considero la hora en extremo grave para no estar ojo avizor contra todo lo que... pueda entrañar en la posteridad un peligro para esta patria nuestra... Sigo creyendo que el Partido Unión Revolucionaria Comunista responderá siempre al imperativo categórico de Moscú, por encima de la... alta conveniencia moral de nuestras organizaciones y de nuestra República...»

Sr. Andreu (José R.): «He votado a favor de la enmienda del señor Álvarez porque una idea similar se encuentra mantenida en el programa del Partido Demócrata Republicano...»

«...En las palabras de los opositores de esta enmienda, he oído que [ésta] pudiera ser utilizada por gobernantes tiranos... para destruir a determinadas organizaciones políticas. [Pero] yo pienso que si tal desgracia ocurriera, no podría impedirse por la exclusión... de la enmienda del señor Álvarez, porque las tiranías... pasan por encima de la ley para imponerse con la violencia de sus determinaciones.»

«Pero a la vez pensamos... en la existencia de un gobierno democrático, respetuoso y vigilante de la ley..., que no tuviera en la Constitución un precepto como éste para... defender la soberanía del país y conservar... el tesoro espiritual de las instituciones democráticas de nuestra patria... Por esta razón hemos votado a favor de la enmienda.»

Sr. Cortina (José Manuel): «He votado que 'sí', porque después de estudiar la enmienda del convencional señor Aurelio Álvarez no he encontrado en ella nada que atente [contra] el ejercicio de las actividades cívicas de ningún partido cubano.»

«Eliminado algunos conceptos de las anteriores enmiendas para evitar dudas... que tuvieran algún carácter político circunstancial, y situado el precepto preventivo en el campo de proteger la democracia representativa y la soberanía nacional, yo no comprendo que pueda haber un cubano que no esté conforme con el precepto... Es difícil decir que no a una proposición que tiende a proteger únicamente esos extremos.»

Sr. Ferrara (Orestes) [interrumpiendo]: «Entonces permita a otros que piensen de otra manera.»

Sr. Cortina (José Manuel): «S.S. ha podido votar libremente..., y yo también. Queda cada cual con su opinión.»

Sr. Ferrara (Orestes): «Pero S.S. dijo que no comprendía que [pudiera] haber un cubano que piense distinto, y yo voy más lejos, pues respeto todas las opiniones, desde el ultramontano hasta el anarquista.»

Sr. Cortina (José Manuel): «No comprendo la relación que tiene la interrupción de S.S. con lo que acabo de decir... Aquí estamos discutiendo ahora un precepto tendiente a proteger nuestras libertades, y no veo cómo en nombre de la libertad se pueda pensar o decir que la libertad no se... defienda a sí misma.»

«Yo tengo especial cuidado en mis calificaciones, y esto me permite exigir que los demás tengan idéntica escrupulosidad para juzgar mis palabras y respetar las intenciones rectas y patrióticas con que las produzco. Aquí debemos pensar que no hay más que ciudadanos bien inspirados, y en la discusión de los conceptos se deben eliminar agudezas y alusiones personales intempestivas a fin de que esta asamblea conserve el decoro... que debe tener siempre.»

«En este sentido vuelvo a ratificar que no votaría nada que impidiera el desarrollo o predicación de una idea política, siempre que ésta no envuelva la destrucción de mi país, de sus libertades o de su soberanía.»

«...Hay... sistemas políticos que... se apoderan violentamente de las potencias del estado... Entonces, bajo el pretexto de que el grupo usurpador es el depositario de una verdad política y social, imponen a la fuerza a todo el pueblo idéntico criterio y castigan tiránicamente al que no piense así. Esos sistemas podrán existir de hecho..., pero ninguna Constitución liberal los consagra ni los puede aceptar ni respetar...»

«Por esa razón, cualquier partido que intente cambiar el sistema social, político y económico del país tiene que realizarlo... por medio de los órganos democráticos del gobierno; tiene la obligación de ir... a la consulta de la conciencia de los cubanos para ver si por medio de la votación de la mayoría obtiene poderes suficientes para gobernar. Si pretende ascender al poder por otro procedimiento, ese partido [será] ilegal...»

«Como se ve, esto... no cierra el progreso político de Cuba en ninguna forma. Se abren horizontes a las ideas más radicales, pero el modo de implantarlas tiene que ser el método democrático, que implica, no sólo la consulta de la opinión publica para obtener el poder, sino, además, la obligación de garantizar desde el poder el derecho del pueblo a cambiar libremente el gobierno si después no lo considera útil o conveniente a su bienestar y a su libertad.»

«...La soberanía nacional es uno de los puntos que tuve presente al votar... Ningún país en el mundo debe tener más especial cuidado que [el nuestro] en el problema de la soberanía como dogma intransigente... Nuestro país, durante muchos años, no pudo convertirse en nación libre mientras todos los países de América lo eran. Muchos estadistas consideraban que estábamos irremisiblemente condenados a no tener nunca soberanía nacional en razón a distintos factores sociales, económicos y geográficos. El esfuerzo heroico y tenaz de los patriotas cubanos determinó que [se] vencieran obstáculos casi insuperables y... produjo la... independencia de la República de Cuba.»

«Nuestro país es una especie de Gibraltar situado en el Mediterráneo americano. Y mientras a los otros pueblos de América fue posible y en ocasiones, fácil libertarse, a nosotros, por la ambición de otro [país] y la terquedad de la nación descubridora, se nos dificultó enormemente la independencia...»

«Si nuestro país está situado en una posición tan difícil ¿qué menos puede hacer una Constitución cubana que repetir cien veces el concepto de la soberanía nacional y rodearla de férrea defensa, no solamente contra el extranjero, sino contra nuestras pasiones o la degeneración de nuestra política? Debe ser la soberanía nacional como ciertas fórmulas del catecismo en las religiones, que se repiten siempre, se mantienen siempre y se veneran siempre...»

«Piensen los hombres reflexivos y previsores interesados en nuestro país, y verán que lo que yo digo tiene importancia vital. En Cuba podrán desenvolverse todas las ideas políticas siempre que no atenten [contra] la soberanía nacional ni pretendan por medio de la violencia imponerle a los cubanos un sistema político de gobierno tiránico que cierre al pueblo el ejercicio permanente de su imperio por medios democráticos. Por esas razones he votado 'sí' [a la enmienda].»

Sr. Chibás (Eduardo): «...Yo defiendo los principios fundamentales de la democracia... y [sólo] quiero que [se imponga] cortapisa política... a las agrupaciones totalitarias que dependan de estados extranjeros... Sin esa limitación, yo creo que esta enmienda puede hacerse extensiva por su amplitud a otros partidos..., simplemente de acuerdo con la conveniencia de un gobernante cualquiera... Por eso..., fiel... a mis convicciones de siempre, he votado [que 'no'].»

Sr. Guas Inclán (Rafael): «...He votado que 'no', porque este problema afecta la esencia de mi doctrina y de mi pensamiento liberal. Lo que caracteriza al Partido Liberal y lo distingue del régimen totalitario... es que nosotros profesamos un credo y una doctrina que [admiten] la discrepancia más radical con cada uno de los principios cardinales de nuestro partido. No ya el Partido Unión Revolucionaria Comunista, el Partido Monárquico Absoluto y aun el Partido Anexionista, si pretendieran organizarse en Cuba, tendrían mi aceptación de liberal cuando no fuera más que para combatirlos en la tribuna, en la acción del político y en la acción del ciudadano... No es el procedimiento detener los partidos en su desarrollo... mediante el úkase legislativo que los prohiba.»

«...El comunismo..., si se le proscribe, vivirá en la sombra, y entonces será peligroso, porque tendrá la ira del agravio, del odio y del resentimiento. Si le damos la libertad de tribuna..., entonces [será] un partido como otro cualquiera, con un volumen electoral, susceptible de los altibajos y de las veleidades de las luchas políticas...»

Sr. Ichaso (Francisco): «...Se ha hablado de libertad, y hemos escuchado hermosas oraciones, magníficos himnos a la libertad. Pero yo les digo a ustedes que la libertad no se defiende con himnos ni con oraciones..., [sino] con hechos, dándole instrumentos... para que se proteja contra sus enemigos encubiertos, que son los peores... Fingiendo ser más liberales que nadie, lo que hacen es apuñalear la libertad por la espalda...»

«Por otra parte, es también propósito de esta enmienda defender la integridad nacional en un momento en que se hace particularmente necesaria y urgente su defensa. Días llegarán –y más pronto de lo que algunos suponen– en que será preciso tomar medidas enérgicas contra la 'quinta columna'. Entonces la Convención Constituyente será elogiada por su previsión, puesto que advirtió a tiempo el peligro y puso en manos del estado el instrumento legal necesario para resguardarse contra él.»

«...Ante lo uno y lo otro, no cabe sino votar afirmativamente un artículo que se limita a conservarnos dos valores inapreciables que no queremos perder, ni siquiera arriesgar: el régimen democrático y la soberanía nacional.»

Sr. Martínez Sáenz (Joaquín): «He votado que 'sí'... [porque] el precepto que propone el señor Aurelio Álvarez no ataca ni persigue a nadie; defiende a Cuba, defiende la soberanía nacional... y, como tal, no puede verse como un arma de agresión, sino como un arma de defensa...»

Sr. Ferrara (Orestes): «En el fondo, estamos de acuerdo. La cuestión es de método. Es entre el método [inquisitorial] de Torquemada, que impone su voluntad, y el método de libre examen, que permite a todos poder expresarse, y de la discusión hace surgir la libertad.»

Sr. Martínez Sáenz (Joaquín): «Agradezco la interrupción del señor Ferrara... Aquellos [de nosotros] que [sí] hemos pasado por los tiempos de Torquemada en Cuba..., luchamos suficientemente para que... no pueda resurgir en nuestro pueblo... [Pero] si resucitase..., y el [señor Ferrara] se decidiese a combatirlo, en esta ocasión, encontraría a su lado, en defensa de la libertad, a todos los hombres de estos bancos.»

«Lo que defendemos es la soberanía de Cuba, y no... ninguna otra cosa. Los argumentos en contra son efectistas, pero sin eficacia... Se concede la libertad de organización de los partidos políticos, y a esa libertad se le pone un límite, un freno, una cortapisa... ¿Es este un régimen de Torquemada? No, señor Ferrara..., porque el partido que se vea agredido por una disposición gubernativa o legislativa que no se base en un ataque a los principios establecidos en la enmienda Álvarez –la soberanía nacional y la forma democrática de gobierno– tiene todas las garantías..., recurriendo a los tribunales para ampararse...»

«...Así como en la Constitución se dice que el derecho de cada uno está limitado por el derecho de los demás, el derecho de los partidos políticos está limitado por un derecho más grande... [y] más sagrado: el derecho del pueblo de Cuba de vivir libre e independientemente en el concierto de las naciones.»

« Y no se diga que esto es literario. Están desapareciendo del cuadro de las naciones libres una serie de pequeños pueblos. Estamos viendo que las democracias que no se armaron... contra agresiones que nacían de su propio seno están hoy afrontando un peligro manifiesto, que ha provocado una grave crisis del sistema. Si queremos libertad, tenemos que defenderla, como en los tiempos heroicos en que el señor Ferrara supo defenderla, no con el libre examen, sino con la intransigencia del filo de su machete...»

Sr. Ochoa (Emilio): «Me he manifestado en contra de la enmienda... por considerarla prohibitiva de las libres manifestaciones de la voluntad popular... Siendo indiscutible que el cubano estuvo y estará siempre animado del necesario y suficiente fervor patriótico para mantener a su patria en estado de plena y honrosa soberanía, creo improcedente que en la Constitución se le ordenen rutas al patriotismo..., al tiempo que se le disminuya su capacidad para autogobernarse a su entera libertad...»

Sr. Rey (Santiago): «He votado que 'no' porque siente mi espíritu las mismas dudas e idénticas vacilaciones que las expuestas aquí en forma brillante esta tarde por algunos distinguidos compañeros...»

«Creo que todos... los convencionales de 1940, cualquiera que sea la forma en que se hayan producido en esta votación, alientan los mismos sentimientos, sostienen iguales principios, mantienen con el mismo decoro... los principios democráticos de nuestro país. Lo que estimamos los... que hemos votado en contra de esa enmienda es que se corre el riesgo, por la forma en que viene redactada, de colocar en las manos de las gobernantes armas que pueden ser en determinado momento peligrosas para la democracia y para la República.»

«...Un partido que entorpeciera los planes del gobernante poco escrupuloso estaría corriendo el peligro inminente... [de ser proscrito] por medio de medidas legales creadas de acuerdo con este precepto constitucional.»

«...Al propósito que informa la enmienda del señor Álvarez... no me hubiera opuesto, si se hubiera llevado al artículo 122 del proyecto de Constitución..., poniendo una limitación... para que no puedan organizarse en Cuba partidos con programas que atenten a la forma existente de gobierno... Es la... redacción, es la manera en que aparece el precepto, lo que a nuestro juicio constituye un peligro para el porvenir.»

Sr. Roca (Blas): «...Esta moción podríamos haberla votado enteramente..., si [se hubiese presentado] en otra oportunidad, y no como sustitutiva de algo que nosotros estábamos considerando que se dirigía a perseguir a determinadas organizaciones populares...»

«...Nosotros creemos que somos los más celosos defensores del régimen representativo y democrático... Pero a poco que nosotros escarbemos en la vida pública cubana, encontramos que no hay tal representación ni tal democratismo en nuestro régimen... Hay partidos políticos [y] asambleas que por veinticinco mil... o treinta mil pesos nominan para senador en el número uno o en el número dos, y ya desde ese momento, por medio del dinero, sin la voluntad de la asamblea [y] el partido, sin la voluntad de ningún ciudadano emitiendo su voto, tenemos [de hecho] un senador. Eso no es democracia ni representa absolutamente nada en este sistema...»

«El régimen soviético es el régimen democrático constituido precisamente por Soviets, es decir por... comités elegidos desde la fábrica... Es tan democrático que... mientras más pobre se es, más [se] puede ir hacia arriba en los escalones de este tipo de gobierno... Es tan democrático este régimen que en el Teatro de la Ópera de Moscú no entran los grandes señores industriales, no entran los grandes propietarios de tierra y los dueños de fábricas...»

Sr. Ferrara (Orestes): «¿Cómo quiere S.S. que entren..., si los han matado a todos? ¿Quiere S.S. que asistan los muertos?»

Sr. Roca (Blas): «...Nosotros somos los defensores más ardientes de la democracia..., que no sólo mira a las libertades públicas, sino... a las libertades económicas... [para] que no haya explotadores ni explotados, oprimidos ni opresores.»

«...En el aspecto de la soberanía nacional, también somos consecuentes defensores... [Pero] la soberanía nacional no es sólo el himno y la bandera, ni la denominación geográfica de Cuba. La soberanía... es el dominio de la tierra cubana, es el dominio de las empresas que operan en nuestro país, es el dominio de todo lo que constituye la riqueza nacional...»

«...Por esto..., nosotros podríamos haber votado [a favor] de la enmienda, pero puesta a discusión en [este] momento..., y visto el peligro real de quién o quiénes van a interpretar esos preceptos en el futuro lejano... no [hemos querido] dejar portillos ni puertas por donde se escape la libertad pública. [Consecuentemente], hemos votado que 'no' a esta enmienda...»

Sr. Zaydín (Ramón): «Hemos votado que 'sí' a la enmienda... porque ella conviene con una base de nuestro programa sometido a la consideración del pueblo cubano en las elecciones para delegados a la Convención Constituyente...»

«Parecería extraño que... un precepto constitucional que va a garantizar el respeto al régimen democrático y representativo de gobierno [y a] la soberanía nacional necesitase de una explicación. Bastaría para ello recordar la convocatoria hecha por la ley del congreso para la reunión de esta Asamblea Constituyente, que precisamente fijó, como una norma invariable, que no se podía variar la forma de un gobierno representativo y democrático. Y más tarde, cuando esta Asamblea [aprobó] la modificación del artículo 115..., estableció allí su respeto al régimen democrático representativo de gobierno.»

«...Si esto es así..., aquellas organizaciones políticas que tendiesen en algún modo a amenazar el régimen democrático representativo..., serían las que se colocasen por sí mismas fuera de la Constitución, y... serían... ilegales e ilícitas..., ipso facto, sin necesidad de una ley...»

«...Decía además que no comprendía cómo se podía encontrar que era antidemocrático y antiliberal un precepto por el cual se prohiben las organizaciones políticas que atenten a la soberanía nacional... Grave mal fue para Cuba la Enmienda Platt, porque creó en los cubanos el complejo de inferioridad de [pensar] que en el extranjero habrían de resolverles todos sus problemas y no [de] resolverlos por sí mismos... Y yo pregunto si a nombre de la libre emisión del pensamiento podrían tolerarse en Cuba campañas contra la... ¿soberanía de la República?»

Sr. Ferrara (Orestes): «Si lo permitió España, ¿por qué no lo vamos a permitir nosotros...?»

Sr. Zaydín (Ramón): «España, permítame el señor Ferrara, no permitió la campaña. Dio una famosa sentencia el Tribunal Supremo de España, pero... no rigió nunca.»

Sr. Ferrara (Orestes): «Eso era la ley, era la justicia.»

Sr. Zaydín (Ramón): «...No rigió nunca, señor Ferrara... Está llena de ejemplos la historia. La Cabaña, las prisiones militares, las cárceles de Cuba... estuvieron llenas de periodistas. [Y] muchos de ellos pagaron con su vida..., [o tuvieron] que exiliarse, por mantener sus ideas separatistas.»

Sr. Ferrara (Orestes): «...Yo quiero que todo cubano piense como le da su real gana.»

Sr. Zaydín (Ramón): «¿Así que la propaganda criminal la tolera el señor Ferrara? ¿La propaganda pornográfica?»

Sr. Ferrara (Orestes): «No.»

Sr. Zaydín (Ramón): «¡Ah! ¿No?... Eso no porque va contra el individuo; pero cuando va contra la República, contra la nación, ¿sí? ¿Es que olvida el señor Ferrara que en la propia Constitución de 1901, [en su] artículo 25, [se limitaba] la libre emisión del pensamiento cuando [eran] actos contra la soberanía..., la seguridad del estado y... el orden social...?

Sr. Ferrara (Orestes): «Es distinto cuando se pasa a los hechos.»

Sr. Zaydín (Ramón): «¿Y la organización política cuya finalidad es la destrucción de Cuba..., la vamos a autorizar a nombre de la libertad?... Amplio, admirable, maravilloso concepto de la libertad, que repudia... la propia conciencia de la República de Cuba.

Sr. Ferrara (Orestes): «En política no hay más que dos tendencias: hacia la libertad o hacia la tiranía... No hay términos medios.»

Sr. Zaydín (Ramón): «Pero si estamos jugando con las palabras, estamos jugando con los conceptos... El señor Ferrara, que es un hábil parlamentario, sabe perfectamente que la libertad... está regulada en todos los códigos y las Constituciones.»

Sr. Ferrara (Orestes): «Regulada... Cuando la libertad está regulada no es libertad ya.»

Sr. Zaydín (Ramón): «Pero, entonces, ¿usted quiere volver al estado de naturaleza?... No vamos a vivir como Robinson Crusoe en su isla. Donde quiera que nazca una agrupación de hombres y haya una sociedad civil..., es necesario garantizar las relaciones entre esos hombres para que unos no puedan abusar de los otros a nombre de la libertad.»

«¡Ah! No podemos ir a la exageración... Tenemos que normalizar la libertad dentro de su concepto puro. Por eso es que nosotros, los delegados de Acción Republicana..., que hemos demostrado en todos los momentos de nuestra vida pública nuestro amor a la libertad, nuestro amor a las leyes, [y] que nos hemos opuesto a todos los atentados en contra... de la democracia representativa [y de] la soberanía nacional, nos hemos pronunciado a favor de este precepto...»

MATRIMONIO POR EQUIPARACIÓN

La protección a la familia comenzó a figurar en las Constituciones, como derecho social con rango constitucional, después de la primera guerra mundial. Hasta entonces, el régimen familiar sólo era tratado en los códigos civiles y en las legislaciones ordinarias.

Diversos factores propulsaron esta nueva corriente constitucionalista. Entre ellos figuran: una mayor sensibilidad social, agudizada por los conflictos económicos de la posguerra y la erosión de la moralidad; la baja alarmante de la natalidad, sobre todo en Europa, y la lucha vindicadora de la mujer en pos de su plena igualdad de derechos y oportunidades.

Bajo el influjo de esos factores, numerosos países adoptaron medidas constitucionales para proteger el matrimonio, tanto en su aspecto biológico como institucional, amparando la maternidad pobre y desvalida y dotándola de asistencia social. Asimismo, recibió salvaguarda y tutela la familia, por ser ella la célula matriz de la sociedad donde se forman los elementos integrantes de la unidad nacional.

Como decían los romanos, la familia es el seminario de la República, porque en su seno nacen y se desarrollan los sentimientos de solidaridad, el sentido de la responsabilidad y el deber, las tendencias altruistas y patrióticas; en fin, las virtudes y los hábitos ciudadanos necesarios para consolidar la nación y mantenerla próspera.

Queriendo conferirle a la familia primacía social y máxima protección constitucional, los convencionales del 40 aprobaron, con criterio abarcador y exceso reglamentista, el siguiente artículo 43:

«La familia, la maternidad y el matrimonio tienen la protección de estado.

Sólo es válido el matrimonio autorizado por funcionarios con capacidad legal para realizarlo. El matrimonio judicial es gratuito y será mantenido por la Ley.

El matrimonio es el fundamento legal de la familia y descansa en la igualdad absoluta de derechos para ambos cónyuges; de acuerdo con este principio se organizará su régimen económico.

La mujer casada disfruta de la plenitud de la capacidad civil, sin que necesite de licencia o autorización marital para regir sus bienes, ejercer libremente el comercio, la industria, profesión, oficio o arte, y disponer del producto de su trabajo.

El matrimonio puede disolverse por acuerdo de los cónyuges o a petición de cualquiera de los dos por las causas y en la forma establecida en la Ley.

Los tribunales determinarán los casos en que, por razón de equidad, la unión entre personas con capacidad legal para contraer matrimonio será equiparada por su estabilidad y singularidad al matrimonio civil.

Las pensiones por alimentos a favor de la mujer y de los hijos gozarán de preferencia respecto a cualquier obligación, y no podrá oponerse a esa preferencia la condición de inembargable de ningún bien, sueldo, pensión o ingreso económico de cualquier clase que sea.

Salvo que la mujer tuviese medios justificados de subsistencia, o fuese declarada culpable, se fijará en su beneficio una pensión proporcionada a la posición económica del marido y teniendo en cuenta a la vez las necesidades de la vida social. Esta pensión será pagada y garantizada por el marido divorciado y subsistirá hasta que su ex cónyuge contrajere nuevo matrimonio, sin perjuicio de la pensión que se fijará a cada hijo, la cual deberá ser también garantizada.

La Ley impondrá adecuadas sanciones a los que, en caso de divorcio, de separación o cualquiera otra circunstancia, traten de burlar o eludir esa responsabilidad.»

El debate que este artículo suscitó, muy movido y agudo, por cierto, comenzó con una intervención del convencional Orestes Ferrara. Haciendo gala de su irónica y afilada dialéctica, Ferrara se irguió en defensa del individualismo histórico consagrado en la Revolución Francesa para oponerse al texto constitucional que proclamaba que el matrimonio, la familia y la maternidad tendrían la protección del estado. Le preocupaba a Ferrara la tendencia injerencista o tutelar del estado moderno, y por eso recomendaba rechazar su protección, aunque fuese altruista.

Sr. Ferrara (Orestes): «Yo aconsejo a mis ilustres colegas que no acepten nunca la protección del fuerte. Aquí el fuerte es el estado, y una vez que el estado... da un derecho, no se sabe hasta dónde llega esa protección. Es mucho mejor una honrada miseria lejos del protector, que tener un protector encima [que dirija] nuestros pasos...»

«Ahora, señores: ¿qué cosa significa la protección del estado a la familia, al matrimonio, a la maternidad?...»

«¿Protección pecuniaria?... No puede ser, porque la protección pecuniaria sólo se da cuando se pide, y aquí se ofrece, en tesis general.»

«¿Protección moral?... Muchas veces el honrado ciudadano, cuando se le ofrece la protección moral por parte de los funcionarios públicos se verá en la obligación de pronunciar aquella famosa frase latina: 'Hedice cura te ipsum' (Médico: cúrate a tí mismo), porque el funcionario que querrá curarlo, que querrá moralizarlo, probablemente [tenga]… menos moral que el pobre ciudadano que tiene su hogar honrado.»

«¿Quiere decir que entonces el estado viene a regular nuestras relaciones afectivas, que el estado viene a examinar si somos capaces [de cohabitar], y a dar su sanción sobre nuestras uniones?… ¡Dios nos libre!, señores, porque entonces pondríamos a disposición de un funcionario público lo que de más sagrado tiene el mundo: el amor…»

«Yo creo que en materia de paternidad y de maternidad el peor padre, y la peor madre, [son] siempre mejor que un extraño. Son vínculos naturales, [y] debemos dejar su desarrollo a la propia civilización nuestra, a la bondad del pueblo cubano, a este sentimiento de familia que está arraigado entre nosotros.»

«Y después [de todo], señores, ¿qué es la cosa más mala que ha tenido el pueblo cubano?… ¿Cuál es el organismo del cual nosotros no podemos enorgullecernos?… [El estado cubano]… ¿Y qué hacemos frente a esta convicción que tenemos?… Declaramos que ponemos los hijos bajo la protección del estado; que ponemos el matrimonio bajo la protección del estado.»

«Por otra parte, señores, ¿habéis pensado que el estado no es una entidad abstracta?… El estado tiene funcionarios, individuos, que deben ejecutar las determinaciones que se tomen y las leyes que se dicten. Pues bien, ¿es prudente que en cosa tan sagrada [como es] la cuestión matrimonial [le] demos al estado una función cualquiera…? Se trata de cuestiones morales, no de cuestiones materiales… El policía no sirve para dar protección a la familia ni para ocuparse de la maternidad. ¡Dios nos libre si tiene que entrar en nuestras casas para decirnos cómo [producir] esta maternidad!…»

Sr. Zaydín (Ramón): «…El señor Ferrara… pide que se suprima el primer párrafo del artículo [en cuestión] que dice: «El matrimonio, la familia y la maternidad tienen la protección del estado.»

«...Cuando los partidos políticos fueron convocados a la elección de la Constituyente... todos expresaron... en sus respectivos programas esas normas... que en torno a la familia... debían ser acordadas en la Constitución... La supresión de este precepto es tanto como la supresión de [lo acordado]...»

«...Estimamos que el debate tiene una significación más trascendental que aquella que [pueda] colegirse de esas palabras salpicadas de humorismo [del señor Ferrara], cuando nos pintaba... con verba cáustica al policía llegando... a las interioridades del hogar para... fiscalizar las condiciones en que se desenvolvía el matrimonio. Claro que no hay nada que pueda resistir en la vida a la ironía, cuando la ironía está dirigida por el talento de un parlamentario y profesor [de derecho político] como el doctor Ferrara...»

Sr. Ferrara (Orestes): «Ex...»

Sr. Zaydín (Ramón): «Creo que la materialidad del renunciamiento de una cátedra no da ni pone título... a quien es siempre el profesor de esa materia.»

«...Para un crítico individualista, o para quien está colocado en la orientación del derecho privado en los finales del siglo XIX..., la familia... no forma más que una de las cuatro partes sustanciales del derecho civil, regulador de las relaciones privadas. Pero... el matrimonio y la familia se proyectan [hoy] más allá del campo del derecho privado [y figuran] como instituciones centrales del derecho público. Entonces es propio [que] la Constitución [recoja] en determinadas normas los principios que deban servir de guía... al legislador para tutelar jurídica y socialmente lo que constituye una organización primaria de la unidad social que es el estado.»

«No es ello, como estimaba el señor Ferrara, una injerencia del estado en el hogar..., sino... una superación del concepto...

del matrimonio [como] un simple contrato civil... El matrimonio es más bien una institución de derecho público..., que participa del contrato por aquello del asentimiento de los cónyuges para contraer nupcias..., [pero] que mantiene en su naturaleza... el carácter de institución regulada por preceptos todos de orden público...»

«...El estado, por consiguiente, tiene un interés no meramente jurídico, sino un interés social, un interés económico, en tutelar al matrimonio como fundamento orgánico de la familia, y a la familia... como célula primaria en la formación de los elementos integrales de la unidad nacional del estado...»

Sr. Ferrara (Orestes): «...Agradezco las frases corteses de mi distinguido amigo y compañero, el señor Zaydín... Yo no he querido nunca en esta asamblea, como en ninguna otra, asumir el noble papel que él me concedía, el de profesor de la universidad, especialmente en esta hora en que el profesorado está, en cuanto a mí, en el arsenal de los hierros viejos del olvido.»

«...Yo debo contestar sólo algunas preguntas... La primera, muy sutil, del señor Zaydín, se refiere a los programas de los partidos políticos, [que le confieren a la familia, la maternidad y el matrimonio la protección de estado]... El señor Zaydín tiene razón, pero él desconoce la discusión que tuvimos en el seno del Partido Liberal cuando se discutieron éste y semejantes tópicos. Entonces yo estuve en contra, y... declaré que yo iba a jurar fidelidad al programa como aquellos obispos que juraban con reservas mentales. La Iglesia... ha dado a la conciencia humana libertad suprema... aun frente al peligro: la de jurar con reserva mental, [que] quiere decir, jurar que no se jura... Yo soy, por tanto, en esta asamblea, lo que llaman los americanos un 'free man'..., [que] quiere decir que tengo una cierta libertad de decir lo que yo pienso...»

«Segunda observación... Dice el señor Zaydín que [este precepto] es una innovación... La innovación existe; es una innovación del siglo XX: ... de los tiempos que [crearon] el totalitarismo, frente a los del período de la revolución francesa, que creó la libertad individual. Señores: yo me [quedo] con la libertad individual, en contra del totalitarismo...»

«El señor Zaydín dice que en la ley actual está regulado el matrimonio... ¡No hay duda! Yo acepto este dominio de la ley; pero cuando se dice que el estado protegerá [el matrimonio]... se [abre] la puerta para que puedan [intervenir], no solamente el poder legislativo en forma normativa..., sino también el poder ejecutivo por medio de sus agentes... Por esto yo hacía alusión al policía que interviene en la casa para [determinar] si el marido y la mujer cumplen con sus deberes íntimos...»

«Como yo decía la otra noche, si nosotros ponemos al estado sobre la familia en la Constitución, y [sobre] la cultura, y si ponemos en sus manos la economía, y en igual caso la política al servicio también del estado, nosotros [habremos] hecho un estado totalitario...»

[Sometida a votación la enmienda del doctor Ferrara, fue rechazada.]

A continuación se discutieron otros párrafos del artículo 43 que declaran la igualdad absoluta de derechos para ambos cónyuges en el matrimonio, y le confieren expresamente a la mujer la plena capacidad civil, sin necesidad de licencia o autorización marital, para regir sus bienes y ejercer libremente su oficio, arte o profesión. Asimismo, se le garantiza a la mujer una pensión por alimento proporcionada a la posición económica del marido.

Algunos convencionales consideraron que preceptos taxativos y detallistas como los mencionados anteriormente deberían figurar en el código civil, no en la Carta Magna, pero la mayoría votó a favor de incluirlos en la Constitución a fin de darles máxima garantía jurídica a los derechos preteridos de la mujer.

El apartado del artículo 43 que motivó el debate de mayor trascendencia y profundidad es el que se refiere a las uniones singulares y estables entre personas con capacidad legal para contraer matrimonio, pero que, por falta de recursos, dejadez u otros motivos, no han revestido sus uniones de las debidas formalidades nupciales. Estas uniones, irregulares pero estables, tienen sus antecedentes en el matrimonio de «usus» de los romanos y, más recientemente, en el «marriage by habit and repute» del derecho anglosajón.

El consenso general en la Constituyente del 40 era de que había que facilitar el reconocimiento legal de esos matrimonios «de facto» que existían en Cuba, sobre todo en el campo, a fin de que las mujeres y los hijos no se encontrasen desamparados. Pero en el debate surgieron dos tesis o enfoques contrapuestos. Uno de ellos, defendido por la convencional Alicia Hernández de la Barca, sostenía en su enmienda que toda unión de carácter estable y singular, entre personas con capacidad legal para contraer matrimonio, debía ser considerada ante la ley, a los efectos de las obligaciones y derechos entre sí y para con los hijos, como si se tratara de un matrimonio civil. Según esta tesis, las uniones libres pero estables se equipararían al matrimonio convencional, «ipso facto», automáticamente.

La otra tesis, esbozada por el convencional José Manuel Cortina, sostenía que la enmienda de la doctora Hernández de la Barca era muy peligrosa porque consagraba implícitamente el amor libre como alternativa del matrimonio. Para evitar ese atentado al sistema matrimonial, era esencial, según Cortina, la intervención del juez a fin de determinar si la unión amorosa reunía los requisitos esenciales del matrimonio civil (capacidad, singularidad, estabilidad o permanencia), faltándole únicamente la formalidad externa de su constitución legal.

Veamos cómo se desenvolvió el debate, comenzando con la intervención de Cortina oponiéndose a la enmienda de Alicia Hernández de la Barca (muy similar a la que paralelamente presentó la delegación del Partido Comunista).

Sr. Cortina (José Manuel): «Ninguno de los problemas planteados en la Constitución es más delicado que éste…»

«Hay en el organismo humano zonas sumamente delicadas, que denominamos mucosas. Todo tratamiento que afecte a esta parte del organismo ha de hacerse con mucho cuidado, porque a veces la reacción cicatrizante produce situaciones fisiológicas… peores que las que se han deseado remediar con el tratamiento o la operación.»

«En este caso se trata… del matrimonio. Ya en el dictamen de la comisión coordinadora se va muy lejos, comparado con [lo establecido en] otras Constituciones del mundo. En el dictamen se adoptan criterios muy radicales, pero se reglamentan con mucho cuidado. Se hace así porque no es posible proceder a saltos en materias que no sólo afectan al orden público o económico, sino al orden moral y que se refieren a la manera cómo han de regularse las relaciones amorosas y los derechos que de ella se [deriven]. Esta no es materia en que se pueda hacer arrebatados avances sin tener en cuenta la ley natural que se expresa en el concepto de 'natura non facit saltus': la naturaleza no hace nada a saltos. Hay que… [estudiar] la [posible] consecuencia de cada precepto para no cometer gravísimos errores. No es la primera vez en la historia que por errores sociológicos o antinaturales han desaparecido pueblos enteros…»

«En cuanto al orden biológico, todo lo que se refiere a la familia, que es el receptáculo donde se produce el hijo [y] la célula primaria de la sociedad, tiene que [realizarse] con mucho tiento y cuidado. Orientaciones equivocadas o exageradas pueden producir regresiones profundas en nuestra sociedad, a pesar de nuestro deseo de querer reparar toda injusticia.»

«El matrimonio no es una invención retrógrada; el matrimonio no es ninguna cadena tiránica; el matrimonio no es más que el amor reglamentado. Las religiones, al intervenir en los matrimonios, sobre todo la religión católica, le dan un carácter místico casi absoluto. Sin embargo, cualquiera que sea el punto de vista en que nos coloquemos, el matrimonio ha existido siempre. En su más simple expresión, no es más que un contrato de permanencia en el amor, y esto lo practican hasta los salvajes en el Africa...»

«Esto no quiere decir que el corazón humano no pueda establecer relaciones de amor, respetables y honestas, aunque no sean matrimoniales... [Sin embargo], no debemos exagerar el concepto hasta un extremo tal que, por proteger esas situaciones, destruyamos al mismo tiempo el sistema matrimonial haciéndolo inútil... Para proteger las uniones puramente amorosas, pero dotadas de respetabilidad y permanencia, no tenemos necesidad de despojar totalmente al matrimonio de su significación.»

«En el dictamen de la comisión coordinadora se protegen y se respetan las relaciones de amor mantenidas de un modo estable entre personas que pueden contraer matrimonio, y se les da carácter de matrimonio, pero mediante su individuación y comprobación ante el juez. En la enmienda [de la doctora Hernández de la Barca] se suprime esta condición... Se declara que toda unión permanente entre personas de capacidad legal para contraer matrimonio será considerada igual al matrimonio.»

«Señores delegados: en el dictamen nosotros respetamos... las uniones libres, cuando son permanentes y estables..., pero no declaramos –como dice el voto particular [de la doctora Hernández de la Barca]– que todas [estas] uniones, por sí mismas, tienen el carácter matrimonial. Pedimos que cuando esos casos especiales ocurran, sea el juez quien estudie... [cada] caso, y si los hechos concuerdan con... [las condiciones de singularidad y permanencia], le dé a la simple unión de amor las ventajas del matrimonio. La diferencia que parece pequeña entre el dictamen y el voto particular en realidad resulta enorme puesto que [el voto] elimina la utilidad del matrimonio al hacerlo innecesario...»

«Si el voto particular fuera aprobado, produciríamos una confusión enorme en la [situación] jurídica matrimonial, y llevaríamos las consecuencias de la revolución política que acabamos de pasar a sectores de nuestra vida sentimental y familiar que no tienen para qué ser transformados en la forma radical y perturbadora que se propone. Además, nos separaríamos de la ruta jurídica que siguen todos los pueblos civilizados de la tierra a los cuales estamos adscritos por nuestra cultura.»

... «Nosotros debemos por esto aprobar el dictamen como está y rechazar el voto particular [de la doctora Hernández de la Barca].

Sra. Hernández de la Barca (Alicia): «...Debo hacer unas aclaraciones que tal vez desvirtúen las palabras sumamente pesimistas, sumamente exageradas..., que el [señor Cortina] ha vertido esta tarde en contra de nuestro voto particular.»

«...En modo alguno, señor Cortina... y señores delegados, mi enmienda va en contra de esa institución tan básica y medular como es el matrimonio. Pero aunque somos partidarios del matrimonio, debemos considerar serenamente... la situación actual de éste.»

«Teniendo en cuenta que el derecho nace del hecho, [los] hombres aquí reunidos para hacer una Constitución que subsane errores del pasado..., es necesario que estudien juiciosamente las condiciones de nuestro medio y lleguen a la conclusión de que hay hechos en nuestra... sociedad a los cuales... tenemos que darles el frente valientemente. Y pese a la crítica..., yo he venido a la asamblea a defender modestamente, de acuerdo con mi capacidad,... a un gran número de mujeres cubanas que están atravesando por situaciones difíciles, por situaciones humillantes... [Ellas] son tan honradas y... dignas de merecimiento como las que más... El hecho de [que tengan] uniones de carácter libre no justifica que [las] consideremos... fuera de la moral...»

Sr. Ferrara (Orestes): «¿Por qué al hombre no? La mujer sigue al hombre. Hay que defender a los dos. S.S. es representante del pueblo cubano, no de la mujer solamente.»

Sra. Hernández de la Barca (Alicia): «Tiene razón el señor delegado, [pero] en este caso estoy defendiendo a la mujer. Como aquí hay mayoría de hombres, creo que ahora soy [yo] la llamada a hablar.»

Sr. Ferrara (Orestes): «Señora delegada, yo defiendo a las mujeres también.»

Sra. Hernández de la Barca (Alicia): «Y yo a los hombres, señor delegado.»

«...Es un hecho cabal que la mayor parte de nuestra población campesina y pobre vive en estado de matrimonio de 'usus' —como decía el mismo doctor Ferrara en días atrás— y que nosotros hemos llamado uniones estables. Y no se alarmen los señores defensores del matrimonio, ni los casados, que precisamente una de las condiciones de nuestra moción es que los individuos que mantienen esas uniones sean solteros; es decir, con capacidad legal para contraer matrimonio, y además que [dichas uniones] sean... singulares.»

«No se precipite el señor Ferrara... [Él] me dice que por qué no se casan, y le voy a contestar... Hay hombres que en estas situaciones del amor... hacen prevalecer su secular autoridad..., y la mujer no tiene más remedio, aunque tenga muchos deseos de casarse, que permanecer en ese estado de indefensión. Es decir, que a pesar de haber contribuido a un hogar moral, a pesar de haber ayudado a aquel individuo a hacer una fortuna o a ocupar una posición, al cabo de los años esa mujer se ve desamparada...

[Y los niños se desarrollan] en un hogar infeliz bajo la presión de un complejo de inferioridad.»

«De manera que si nosotros llevásemos al plano jurídico esas uniones estables, [estaríamos] defendiendo a dos factores tan importantes y tan decisivos como son la mujer y el niño, y en modo alguno [estaríamos] atacando al matrimonio. Vamos, precisamente, a proteger a la masa campesina, a la gente pobre que, por falta de medios económicos y hasta por lo [apartado] del lugar, no puede muchas veces casarse. [Así, haríamos] justicia a situaciones de hecho que ya existen.»

«Es necesario que dejemos los prejuicios de rigor que pugnan precisamente con lo que... venimos a defender: la sociedad... Aprobando tal comó está el voto particular..., no vamos contra el matrimonio ni vamos contra la familia... Muy al contrario, [regularizamos], dándoles [formalidades] jurídicas, a una serie de familias que en estos momentos se encuentran fuera del statu quo de la sociedad.»

«Señores delegados, tenemos que ser valientes. No pensemos que nos van a tachar de radicales..., de contrarios al matrimonio y al amor... Esto parece un sarcasmo hablando de estas uniones estables. Aprobando mi moción, no vamos en modo alguno contra ninguna de esas instituciones; al contrario, las favorecemos...»

Sr. Cortina (José Manuel): «He sido aludido y tengo que contestar lo más brevemente posible.»

«Es penoso a veces defender algunos principios en esta asamblea, sobre todo si se refieren a problemas que despiertan apasionamientos sentimentales. Cumplo este rudo y difícil deber por el propósito inquebrantable que me hecho de servir a mi patria manteniendo con sinceridad y energía mis convicciones, cualquiera que sea el éxito o no de mis ideas o la popularidad o impopularidad que ello pueda producirme.»

«...En estos debates, [se suele colocar al oponente] en la posición de adversario de aquello mismo que está defendiendo... Si es algo relacionado con el obrero, se dice que [es] enemigo del obrero; si es algo relacionado con el amor..., que [pretende] negarle sus divinas fuerzas a ese maravilloso sentimiento... Vean ustedes cómo yo, que tanto respeto el amor sincero, resulte ahora también enemigo del amor...»

«Yo no he dicho, ni mucho menos, que mi distinguida compañera la convencional Alicia Hernández haya atacado al matrimonio. Ella ha hecho una proposición tendiente a darle carácter matrimonial a todas las uniones estables existentes entre personas que puedan casarse. Con motivo de ello, yo he hablado de la importancia del matrimonio... desde el punto de vista biológico y como método para [lograr] ordenadamente la reproducción de la especie y la [estabilidad] de la familia.»

«...Mis palabras no [van dirigidas] a combatir la protección que debe darse al amor permanente aunque no esté legalizado. Es más, creo que el matrimonio sin amor previo, sin que previamente se hayan entendido los corazones, no merece respeto porque es sólo entonces un frío intercambio de intereses económicos y de egoístas conveniencias.»

«El matrimonio sin amor no es una buena institución; acaso [sea] una perturbación. Creo que el matrimonio lo debe preceder siempre un sentimiento de compenetración espiritual, que es la verdadera vinculación entre un hombre y una mujer, lo que reconozco que puede existir también sin que haya mediado el matrimonio.»

«Hechas estas aclaraciones de carácter filosófico, necesito recordar que aquí no estamos haciendo un código sentimental, sino una Constitución política para reglamentar a un pueblo de acuerdo con su historia y su tradición. La diferencia de mi criterio, que es el de la comisión coordinadora, con el punto de vista de la señora Hernández, no es que no queramos reconocer la fuerza moral de ciertas uniones, sino que queremos que esto se haga... singularizando [cada] caso ante el juez...»

«No nos oponemos, pues, a que se proteja la unión singular y estable por personas que puedan casarse. Esto ya está previsto en el dictamen. La diferencia es que en el voto particular, con el afán sentimental y noble de remediar un mal, se puede producir por reacción [otro] mal mucho mayor. Debemos colocarnos en el justo medio: no destruir lo existente y, sin embargo, remediar la injusticia. Por eso, mirando el problema con la fría lógica con que hay que examinar los [asuntos] de estado, me opongo al voto particular.»

«Mis palabras... han respetado el sentimiento humano [que merecen excepcionalmente las uniones estables no legalizadas]..., pero... dentro del sistema jurídico e histórico imperante en Cuba, [dejando] al... matrimonio con las garantías que la ley [le] ha otorgado siempre como forma de establecer uniones de amor encaminadas a crear una familia y mantener la perpetuidad de la especie.»

[Sometida a votación la propuesta de la señora Hernández, fue rechazada. También lo fue una enmienda similar presentada posteriormente por la delegación comunista. Entre los convencionales que explicaron su voto figuran los siguientes:]

Sr. Capablanca (Ramiro): «Aunque parezca paradójico, el voto particular de la señora Hernández, lejos de constituir en el fondo un ataque al matrimonio, entraña una defensa del mismo.»

«...El matrimonio crea un vínculo jurídico; el matrimonio ata al hombre. El concubinato no. Y cuando los hombres sepan que tienen obligaciones con motivo del concubinato para con la mujer y para con los hijos que tengan de esa unión libre, entonces no irán al concubinato, sino al matrimonio... Por eso he votado que 'sí' a la enmienda de la compañera Alicia Hernández.»

Sr. Fernández de Castro (José A.): He votado en contra del voto particular de la compañera Alicia Hernández, antes que nada, porque lo creo innecesario. Ese mal que ella quiere subsanar ya está ampliamente [corregido] en el dictamen de la comisión coordinadora, en su párrafo tercer.»

«[Además], yo no podría, en ningún momento, aceptar como institución nacional ese matrimonio de 'uso' que vendría a relajar aun más nuestras costumbres públicas, aunque… comprendo que en el orden económico se nos presentan muchísimos problemas nacidos de… estos hogares irregulares que con la… vigente ley no se pueden resolver. Pero ése no es motivo suficiente que me obligue a establecer en Cuba una institución que ya está en desuso…»

Sr. Ichaso (Francisco): «He votado en contra de la enmienda…, no porque esté en contra del espíritu…, que estimo justo… y humano, sino porque creo que… el dictamen… resulta más serio, más garantizador, no sólo para el interés de los participantes en esas uniones singulares y estables, sino para el interés social que de acuerdo con nuestra tradición y nuestra organización familiar descansa en el matrimonio.»

«La enmienda de la doctora Alicia Hernández quiere que la equiparación se produzca de un modo automático, por la sola existencia de la unión singular y estable. [En cambio], el artículo del dictamen da intervención a los tribunales, lo cual constituye una garantía y, al mismo tiempo, un estímulo para el matrimonio.»

«…¿Qué queremos nosotros: que se difunda y vigorice el matrimonio en Cuba, que se case más gente, sobre todo entre los campesinos? ¿No hemos establecido a ese fin… [que] el matrimonio judicial [sea] gratuito? Pues, si queremos que el matrimonio aumente, ¿a qué viene esa enmienda de la doctora Hernández de la Barca en la que parece decírsele al pueblo que con la simple unión concubinaria le basta para producir el vínculo jurídico que el matrimonio garantiza?»

«Creo, señores, que los tribunales cubanos ya han declarado que las uniones estables producen económicamente los efectos legales del matrimonio. Es innegable que se debe amparar a la mujer en los casos de esas uniones singulares; pero, al mismo tiempo, hay que proteger el interés social, y el interés social se protege dando intervención en estos problemas a los tribunales de justicia.»

Sr. Mañach (Jorge): «Brevemente…, para explicar que he votado en contra de la enmienda de la doctora Hernández por las razones que acaba de expresar el señor Ichaso… El matrimonio no es simplemente una… asociación mecánica, un hecho puramente físico, sino algo que se produce en el ámbito espiritual que comporta valores morales… Por [eso], solamente un tribunal de justicia, con las solemnidades del caso, debe conocer de las excepciones que se pueden hacer al régimen jurídico que regula el matrimonio como norma de la vida familiar.»

«…Creo que en muchos casos se debe efectivamente otorgarles validez a esas uniones de hecho…, [pero] la tarea delicadísima de determinar cuándo existen realmente en esas uniones circunstancias y fines comparables a los del matrimonio debe resposar en manos de un tribunal de justicia, y no en los preceptos puramente automáticos de la ley.»

LA EDUCACIÓN PRIVADA Y RELIGIOSA

La excelencia y efectividad del régimen democrático radica en su capacidad para curarse a sí mismo mediante la acción rectificadora del sufragio universal, periódico y secreto; en la autoridad de la mayoría con el debido respeto a las prerrogativas de las minorías, y en el mantenimiento de las libertades individuales dentro del orden legitimado por un estado de derecho. Pero este difícil equilibrio sólo se logra, a plenitud, cuando los pueblos alcanzan un alto nivel de educación y madurez, y cuando arraigan en hábitos republicanos el hondo sentido de la solidaridad social y la aplicación rigurosa de la ley sin fueros ni privilegios.

La educación es, pues, esencial para la consolidación y avance de la democracia. ¿Pero qué tipo de educación? La educación que llegue a todas las capas de la población, hasta las más humildes, y que impulse la investigación científica, la expresión artística y las manifestaciones multiformes de la inteligencia; la educación en la que concurran libremente las escuelas públicas y privadas, siempre que cumplan con los estandards y requisitos mínimos establecidos en la ley; la educación que no esté sujeta a los vaivenes de la política sectaria y que respete la diversidad de ideas y creencias, sin imposiciones ideológicas o dogmáticas; la educación, en fin, que no se limite a alfabetizar y a impartir conocimientos, sino que también inculque el civismo y estimule el desarrollo moral de los educandos.

Educar no es simplemente almacenar conocimientos, datos y cifras. Es, como decía Martí, «hacer hombres piadosos y útiles.» La educación debe proponerse el desarrollo pleno, íntegro, de la personalidad. Debe atender al carácter y la conducta de los estudiantes. Debe enseñarles a respetar las instituciones democráticas y a justipreciar la libertad. Debe ofrecer al niño y al joven un panorama del mundo de los hechos, y también del mundo de los valores. Debe señalar, en fin, lo que puede y debe hacer cada uno no sólo para alcanzar sus aspiraciones profesionales y materiales, sino también para lograr su formación ética y su elevación moral.

«La civilización [por sí sola], decía Valtour, no suprime la barbarie, la perfecciona.» Y agregaba Seymour: «Los conocimientos son una potencia, no una virtud; pueden servir para el bien, pero también para el mal.»

El hombre moderno ha podido comprobar la certeza de estas afirmaciones, sobre todo cuando la educación cae en manos de regímenes totalitarios y ateos. Bajo estos regímenes, la enseñanza no deja de ser más que un instrumento para robotizar la población, taladrando la «verdad» oficial desprovista de toda base histórica y de todo contenido moral. Sangre, miseria y esclavitud ha sido el saldo de ese sistema, que enseña a leer y a escribir tan sólo para sojuzgar y envilecer.

Conscientes de la importancia de la educación y la cultura, libres de dogmatismos anquilosantes y de estatismos coercitivos, los convencionales de 1940 establecieron bases progresistas para la enseñanza pública y gratuita en todos los niveles (salvo el preuniversitario especializado y el universitario, los cuales están sujetos al pago de una matrícula módica). Asimismo, les dieron un fuerte impulso a las escuelas de artes, oficios y de técnica agrícola, industrial y comercial, y dispusieron la creación de un Consejo Nacional de Educación y Cultura, que, en su alta función orientadora, actuase como un verdadero «trust» del cerebro y del saber sin barreras burocráticas ni manipulaciones gubernamentales.

El precepto que suscitó en la Constituyente uno de los debates más enconados y extensos fue el que figura como artículo 55 de la Constitución. Éste consagra los tres principios fundamentales en que debe descansar la educación en Cuba: 1º) el laicismo de la enseñanza oficial, (en el entendimiento de que laicismo, libre de influencia dogmática y clerical, no quiere decir ateísmo); 2º) el respeto a la enseñanza privada, sujeta a la reglamentación e inspección del estado; y 3º) el derecho de los centros educacionales privados a impartir, separadamente de la instrucción técnica, la educación religiosa que deseen.

El debate comenzó con la intervención del convencional Jorge Mañach, oponiéndose a la enmienda del delegado Aurelio Álvarez que se limitaba a consignar que la enseñanza oficial era laica. La enmienda omitía toda referencia a la enseñanza privada y religiosa.

Sr. Mañach (Jorge): «...El precepto que propone... el delegado Álvarez tiene extraordinario mérito a mis ojos, y es el de su excepcional sobriedad. Es sencillo, pero en cambio deja, sin previsión alguna, dos asuntos de capital interés para la nación: el primero es la necesidad que se reconozca y establezca, de modo categórico, el derecho eminente que el estado tiene a supervisar la enseñanza privada. En algún lugar del dictamen debe consignarse ese precepto para que no se pueda dar el caso de que, al amparo de una libertad excesiva, surjan o medren, en el ámbito educativo de la nación, instituciones pedagógicas que se sustraigan totalmente a las normas fundamentales que el estado debe dar y vigilar.»

Sr. Álvarez (Aurelio): «Pudiéramos llevar más adelante la redacción del artículo..., y en lugar de terminarlo donde dice: La enseñanza oficial será laica, añadirle estas otras palabras: Los centros de enseñanza privada...»

[continúa leyendo]

Sr. Mañach (Jorge): «Lo siento mucho, pero tampoco puedo aceptarlo... Dejando el precepto así mutilado, se le dará al estado un poder absoluto de intervención en la enseñanza privada, sin equilibrar ese poder del estado..., [y sin reconocer] también el derecho que determinadas instituciones tienen de impartir, en condiciones pedagógicas adecuadas, la enseñanza religiosa que... [deseen].»

«Yo no soy Caballero de Colón, ni calambuco, y quiero salirle al paso a la posible sospecha de que el que habla está hablando en nombre de un principio dogmático. No hay tal cosa. Pero sí creo, como cubano preocupado por los intereses espirituales y morales en esta hora de crisis, que es absolutamente indispensable elevar a rango constitucional el derecho que las instituciones privadas tienen de impartir la enseñanza religiosa, si tal les place... Por eso me opongo a la enmienda del señor Álvarez.»

[Sometida a votación, la enmienda fue rechazada.
Se procedió entonces a discutir la enmienda presentada por los delegados del Partido Unión Revolucionaria Comunista, que lee así:
«La enseñanza nacional será laica, unificada y regida por el estado. Los planes, orientación y texto acordados por éste regirán igualmente para la enseñanza oficial, que estará sometida a la inspección correspondiente. La enseñanza religiosa podrá impartirse por todas las sectas que lo deseen, en planteles independientes de toda otra labor de docencia común.»
Los postulados que esta enmienda encierra son: enseñanza nacional laica centralizada y regida por el estado; tolerancia de la enseñanza privada (según se infiere del debate, no del texto de la enmienda), pero controlada por el estado; y enseñanza religiosa optativa, pero en centros independientes y separados de toda institución académica. Veamos cómo se desarrolló el

debate, comenzando con la intervención del convencional Juan Marinello a favor de la enmienda.]

Sr. Marinello (Juan): «Nuestra enmienda, sospecho yo, va a ser mal entendida por más de un convencional. Ya en el seno de la sección de familia y cultura se levantó un persistente recelo sobre el sentido verdadero de nuestro propósito. No faltó allí quien expresase lo que ha repetido aquí con demasiada frecuencia el señor Ferrara: que se trataba de una iniciativa totalitaria. Pintoresca calificación tratándose de una simple reforma democrática, si es esencia de la democracia que todos los habitantes de una nación reciban igual cultura y que ésta sea la cultura mejor.

Sr. Mañach (Jorge): «¿No cree el señor Marinello que lo esencial de la democracia es que, si una gran parte del pueblo cubano tiene convicciones católicas y desea educar a sus hijos en la moral católica, pueda hacerlo sin que el estado intervenga para mermarle esa libertad?»

Sr. Marinello (Juan): «A eso iremos enseguida, señor Mañach. Se ha adelantado usted demasiado… Pero desde ahora debo decirle… que no tengo noticias de que se haya hecho la comprobación estadística de esa mayoría católica… [Además], esta propia asamblea, profundamente piadosa…, ha invocado repetidamente la moral cristiana, pero no ha llegado todavía… a invocar la moral católica.»

«…Queremos el laicismo, queremos la enseñanza separada de lo religioso, pero no quiere ello decir… que ataquemos ninguna creencia… Véase como dice la enmienda: 'La enseñanza religiosa podrá impartirse por todas las sectas que deseen en planteles independientes de toda otra labor de docencia común.' No queda aquí agredida la religión; es su enseñanza la que se canaliza de modo adecuado…»

«Fue nuestro Libertador [José Martí] quien mejor supo distinguir lo que tiene una religión de cosa entrañable, intocable, sagrada, y lo que tiene de rapacidad deleznable... Fue él quien dijo: 'Las religiones, en lo que tienen de durable y puro, son formas de la poesía que el hombre presiente fuera de la vida, son la poesía del mundo venidero... por eso la religión no muere, sino se ensancha y acrisola, se engrandece y explica con la verdadera naturaleza y tiende a su estado definitivo de colosal poesía...'»

«Encendido en su sinceridad permanente, hace Martí la más enérgica denuncia de la acción nociva del catolicismo. Un día dijo: 'No hay sátrapas más grotescos y escarnecidos que los curas en los pueblos católicos.' Y en otra oportunidad: 'Lo degradante en el catolicismo es el abuso que hacen de su autoridad los jerarcas de la Iglesia y la confusión en que mezclan a sabiendas los consejos maliciosos de sus intereses y los mandatos sencillos de la fe'.»

«De Martí son estos conceptos: 'Ni religión católica hay derecho a enseñar en las escuelas ni religión anticatólica; o no es el honor virtud que cuenta entre los religiosos, o la educación será bastante religiosa con que sea honrada. No es lícito a un maestro enseñar como única cierta una religión. Sea libre el espíritu del hombre.' Eso es... lo que quiere la enmienda de Unión Revolucionaria Comunista: hacer libre el espíritu del hombre por la no imposición de una creencia determinada . Como Martí: ni religión católica ni religión anticatólica...»

Sr. Ferrara (Orestes): «Pero la religión del estado...»

Sr. Marinello (Juan): «Todo lo contrario, señor Ferrara; al no querer imponer ninguna religión, mal podemos hacer obligatoria una religión oficial, una religión del estado. El señor Ferrara sigue creyendo que nosotros estamos enfermos de estadolatría; es él quien está enfermo de suspicacia liberal...»

«Previsor siempre, genial en su previsión, se adelanta Martí a su momento precisando con asombradora penetración la influencia nociva de la enseñanza religiosa. Lo que muchos pedagogos ilustres de nuestros días están denunciando –que la obra educativa realizada por religiosos tiñe de su sentido toda actividad de cultura– lo señaló Martí en muchas oportunidades.»

«…Es muy difícil que un maestro católico que enseñe historia pueda tener a Lutero como libertador, como también lo es que para un profesor luterano sea [Lutero] un hereje abominable como expresa a diario la Iglesia Católica. Prácticamente ninguna disciplina queda fuera de esta influencia: ni las humanidades, que son razonamientos sobre la actividad individual o colectiva del hombre, ni las ciencias naturales en que el criterio religioso tanto desorienta y deforma…»

«Probado como está que la enseñanza confesional es inaceptable en cuanto moldea a su inspiración (o a su interés) todo tipo de docencia, viene ahora la oportunidad de decir la razón esencial de nuestra postura… Nuestra enmienda trabaja, centralmente, por la unidad popular cubana. Algunos convencionales han sonreído. Lo esperábamos. También esperamos convencerlos de la seriedad de nuestra aseveración…»

«…Nuestra enmienda quiere el laicismo para que todos los niños cubanos se identifiquen en la misma actitud frente a la cultura, sin impedir que en sus casas, que en sus conciencias, rija una creencia u otra o no rija ninguna. Queremos enseñanza gobernada por el estado para que a todos alcance en medida igual…»

Sra. Hernández de la Barca (Alicia): «Cuando en el voto particular ustedes se referían a enseñanza unificada, [¿implica esto que] toda la enseñanza [quedaría] en manos del estado; que no [habría] ninguna enseñanza privada?»

Sr. Marinello (Juan): «En modo alguno… Aquí actúa esa sospecha de totalitarismo que vive en la mente del señor

Ferrara... Precisemos las cosas: queremos que la enseñanza sea, por declaración constitucional, una función pública y que, por serlo, ninguna actividad educacional pueda quedar fuera de la vigilancia y la orientación del estado cubano... Y ello puede lograrse, debe lograrse, manteniendo los actuales colegios de enseñanza privada. Pretender esto no es totalitarismo. Prueba al canto: tengo en la mano el libro muy conocido del pedagogo alemán Erich Witte, quien es para el señor Núñez Portuondo un bolchevique inveterado. Pues bien, en este libro se afirma lo siguiente: 'Los norteamericanos tienen establecida la escuela única, social y laica'...»

Sr. Martínez Sáenz (Joaquín): «En los Estados Unidos es, precisamente, donde no existe, porque son los municipios los que mantienen la enseñanza. La Constitución de los Estados Unidos no permite la acción federal sobre cosas que no están incluidas en su Constitución, y el estado respeta la autonomía municipal.»

Sr. Marinello (Juan): «¿Me perdona el señor Martínez Sáenz que le diga que sufre [de] un error de apreciación? La escuela única, en sentido estricto, claro está que no puede producirse sino por una transformación de tipo socialista. Sólo en la Unión Soviética puede existir. Pretenderla en Cuba, y en este momento, sería absurdo y muy lejos de nuestra intención. Lo que nosotros queremos, señor Martínez Sáenz, es lo logrado en los Estados Unidos, es decir, una real unidad de posibilidades docentes, presidida y regida por la acción estatal...»

Sr. Ferrara (Orestes): «Eso no tiene que ver con la enmienda de S.S.»

Sr. Marinello (Juan): «...Quiero precisar al señor Ferrara, nuevamente, el alcance exacto de nuestra intención... En los primeros artículos de la Constitución que discutimos se proclama el sentido igualitario de nuestra organización política, y nosotros, en lo docente, no vemos otro modo de lograr esa igualdad que por la vigilancia estricta del estado asegurando a cada ciudadano la mejor posibilidad de cultura.»

«Ya sabemos que hay en esta asamblea muy distintos modos de entender la democracia. Para muchos es un modo de realizar libérrimamente lo que nos venga en ganas, no importa si con ello mantenemos en opresión e ignorancia a la colectividad de que formamos parte. No faltan pseudo-pedagogos servidores de esa peregrina democracia que llegan a afirmar que cada ciudadano tiene el derecho natural de enviar a sus hijos a la escuela que le parezca bien. Alguien contestaba a esta afirmación con magnífica elocuencia: ¿Cómo puede llamarse derecho natural al que sólo puede ejercer un pequeño grupo de individuos, los provistos económicamente?»

«Si se trata de un derecho natural, de una garantía democrática, entonces habría que asegurar a todo ciudadano, lo mismo al rico que al pobre, el ejercicio de ese derecho. Y es lo cierto que las escuelas mejor pertrechadas, dotadas de grandes laboratorios, de nutridas bibliotecas, no se franquean a los hijos de proletarios, y mucho menos a los hijos de los negros...»

«En caso de guerra, el hombre de la masa es el que defiende el interés del poderoso. No se le propició en la paz la mejor escuela, pero se [le] entrega en la guerra el rifle más eficaz...»

Sr. Ferrara (Orestes): «El regimiento domina la mentalidad de ustedes.»

Sr. Marinello (Juan): «No nos domina el regimiento, señor Ferrara, nos domina la razón. Yo quiero preguntar al señor Ferrara cómo cuando se trata de ir a una guerra, casi siempre injusta, se opone él a toda distinción, a toda limitación. Entonces el señor Ferrara es plenamente totalitario. [En cambio], ¿por qué renuncia el señor Ferrara a esa proyección –que él llama totalitaria y no lo es– cuando se trata de armar al ciudadano para esa otra guerra nobilísima que es la guerra a la ignorancia?»

Sr. Andreu (José R.): «Para que no quede flotando en el ambiente la afirmación que ha hecho [el señor Marinello] de que en los Estados Unidos se practica o se mantiene la escuela unificada, voy a leer en un minuto el fallo de la Corte Suprema de los Estados Unidos de fecha 1º de julio de 1925...» [Lee...]

Sr. Marinello (Juan): «Lo cual es cierto y no está peleado con la vigilancia genérica que ejerce el estado norteamericano sobre la docencia; vigilancia que asegura la escuela sin distinciones religiosas ni de sexo y en que los niños y niñas de cualquier posición social pueden adquirir los mismos elementos de cultura...»

«...No queremos terminar nuestra intervención sin expresar hasta qué punto ha influído en nuestro criterio un problema específicamente cubano, el de la raza... En otros pueblos... los niños están divididos radicalmente por la posición económica de sus padres; están distinguidos por el grupo religioso a que pertenecen. En Cuba existen esas distinciones, pero, además, la que los aparta por el color de la piel. Por ello, en Cuba una escuela como la que propone Unión Revolucionaria Comunista es más necesaria que en parte alguna...»

«Estamos más divididos que pueblo alguno; necesitamos factores de unidad más activos y poderosos que nación alguna. Día llegará, desdichadamente, en que los fermentos disociadores que impiden nuestro avance popular se conjuren violentamente contra el orden jurídico que aquí queremos realizar. Entonces, el lamento será inútil, además de cobarde.»

«Por ello, es el más importante de nuestros deberes trabajar desde aquí por una unidad que sólo puede existir cuando se extirpe el privilegio. Eso pretende nuestra enmienda: acabar con el privilegio en la educación y cultura, hacer al pueblo dueño efectivo de sus vías superadoras, ofrecer a todos una misma escuela y un mismo maestro. Es el único modo de que todos, pobres y ricos, hombres y mujeres, blancos y negros, tengan una misma nación...»

Sr. Núñez Portuondo (Emilio): «Para pedir a la Convención Constituyente que rechace la enmienda sobre esta materia que ha presentado el Partido Unión Revolucionaria Comunista.»

«El señor Marinello con su gran talento y extraordinaria elocuencia, para no encontrarse solo, nos ha traído en el día de hoy a dos autoridades para apoyar su tesis: una, el autor alemán Erich Witte, y otra, al Apóstol de nuestra Independencia, José Martí...»

«El libro [de Witte] citado y leído por el señor Marinello intitulado *La Escuela Única* fue editado en el año 1933 por la Colección Labor. Aparece con el nombre de dos de sus autores en su primera página: Witte, alemán, y Everardo Backheuser, que es de nacionalidad austríaca. Pero si examinamos todo el libro, nos encontramos con la sorpresa de que tiene otro colaborador insigne, que... ya clasifica el libro...: el camarada Lunatcharki, ex-Comisario de Educación de la Rusia Soviética.»

Sr. Marinello (Juan): «Para decir al señor Núñez Portuondo que como se trata de un libro que quiere mostrar al día la situación del problema, tiene que referirse a la Unión Soviética, que no creo que esté fuera del mundo, aunque algunos lo quisieran como el señor Núñez Portuondo.»

Sr. Núñez Portuondo (Emilio): «No es problema que me interesa que la Rusia Soviética esté o no fuera del mundo, aunque luego me referiré a ello. En ese libro de Witte y sus colaboradores... [aparecen] los siguientes párrafos que darán a los señores convencionales una idea exacta de lo que puede valer tomarlo en consideración. Dice Witte en su libro hablando de la Alemania de la actualidad: «Alemania es ya un estado jurídico, no un estado militarista...» «Alemania renunció ya a la guerra de revancha y de conquista; su enseñanza está animada del espíritu de la paz internacional...» Un autor que hace esas afirmaciones tan peregrinas y ajenas a la verdad [sobre la Alemania de Hitler], ¿es él la máxima autoridad que nos trae aquí el señor Marinello para defender la Escuela Única?

Sr. Vilar (César): «El señor Núñez Portuondo se está refiriendo al libro de Witte y a la escuela unificada de Alemania; y estoy de acuerdo con eso, pero lo importante es que se refiera a lo que es más cubano, a Martí.»

Sr. Núñez Portuondo (Emilio): «Descartado [Witte] por la propia representación del Partido Comunista como autoridad digna de ser tomada en consideración..., voy ahora a tratar, con todo el respeto debido, las frases escritas por el Apóstol Martí, que han sido [aquí] leídas.»

«Martí escribió cuando existía la religión oficial en el estado, y como argumento político afirmó que debía impedirse que fuera la única enseñanza religiosa en Cuba, que era entonces colonia de España. Pero Martí, que era todo amor a la libertad, que era todo tolerancia, no hubiera escrito esas frases... en momentos en que precisamente ponemos en práctica su pensamiento: una enseñanza laica... y un respeto absoluto para que en las escuelas privadas cada cual pueda enseñar, en la forma que estime conveniente, la religión y la ciencia bajo la supervisión del estado.»

«...La Escuela Única [que propone el Partido Comunista] se ha puesto en práctica en Francia y en Alemania, y ha sido totalmente descartada... [Ella] no existe..., en todo su vigor, [ni siquiera] en la Rusia Soviética. Pero el resultado que [allí produjo] voy a exponérselo a la Convención...»

Sr. Marinello (Juan): «La Escuela Unificada ha sido descartada en Alemania por Hitler, lo que es completamente natural...»

Sr. Núñez Portuondo (Emilio): «La viuda de Lenín, en el periódico comunista *Komunistitches* –Koie Prosvachtemie (25 de septiembre de 1931)– dice lo siguiente: 'Nuestro frágil edificio de la instrucción pública cae pulverizado, los profesores hambrientos, mezquinamente... pagados, desertan en masa'... El mismo periódico [de fecha] 1º de septiembre de 1931 dice que 'el número de alumnos desciende en proporciones catastróficas y apenas alcanza el diez por ciento de la cifra prevista'... Ahora yo me pregunto... [a la luz de estas citas]... ¿hay algún motivo para que la Convención Constituyente ponga en práctica la idea del Partido Unión Revolucionaria Comunista?

Sr. Mañach (Jorge): «Me mueve a hacer la interrupción el hecho de que veo que los bancos comunistas esgrimen la memoria venerable de Martí a favor de su tesis, y quería decir sólo dos cosas. En primer término, que aquí no se está tratando de establecer el derecho de la Iglesia Católica, en particular, a la enseñanza privada. Se está estableciendo el derecho de las escuelas privadas a impartir enseñanza religiosa de cualquier índole o confesión. Y creo, como modesto conocedor que soy de la obra y del pensamiento de Martí, que le sería muy difícil al señor Marinello, o a cualquier otro correligionario suyo, el mostrar que el pensamiento y la vida de Martí no están regidos por un sentimiento religioso, profundamente religioso. No hay sino [que] consultar tanta página, tanto verso sencillo de Martí, en que alude a la inmortalidad del alma...»

«...Yo no cedo a nadie... en veneración por la vida y el pensamiento de Martí, pero creo también que se nos está queriendo abrumar aquí, a fuerza de citas históricas, perdiendo de vista el hecho de que toda actitud histórica es condicional, relativa. Las cosas se contemplan en un momento dado, dentro de un panorama que circunda a cada hombre...»

Sr. García Agüero (Salvador): «...Yo quería sencillamente afirmarle al señor Mañach que no es imposible que Martí tuviese criterio religioso, pero que es absolutamente claro... el sentido con que este hombre, hablando en cierta ocasión de las actividades de la Iglesia Católica, censuraba 'el crecimiento en proporciones enormes de la fuerza de la Iglesia, por la complicidad y el servicio de las camarillas políticas y por el temor a las aspiraciones de las masas de obreros'.»

«Fue Martí, señor Mañach (y estamos citando palabras textuales), quien condenó 'la ambición y los métodos del clero en Roma' y 'el poder de la Iglesia sobre las clases llanas, como el valladar más firme a sus demandas de mejora y el más seguro mampuesto de la fortuna de los ricos.»

«...Y todavía dijo más el Apóstol; llegó a conclusiones tan drásticas como la siguiente: 'No es preciso ya acumular argumentos: es preciso reprimir con mano fuerte toda tentativa de resurrección de los que han escrito tantas páginas negras en la gloriosa historia del país.' Y como si escribiese para esta hora nuestra, dejó esta sentencia fulminante: 'No pueden tenerse miramientos constitucionales para los que anidan en el seno de la Constitución con ánimo de herirla y devorarla'...»

Sr. Núñez Portuondo (Emilio): «...Tomar a Martí como ejemplo en la parte que les interesa [a los delegados comunistas] y no poner en ejecución las prédicas políticas de Martí cuando no les conviene a [sus] ideas..., me parece que es un sistema de discutir que... no debo en este caso aceptar. A Martí no hay que invocarlo falsamente...; hay que seguirlo...»

«...Esta enmienda..., que pretende establecer la Escuela Única, es totalmente inaceptable. Ya no la practica más que la Rusia Soviética a medias. Es inaceptable porque establece una dictadura del estado sobre la enseñanza. Es inaceptable porque priva a los padres del derecho de educar a sus hijos en la escuela que ellos quieran... [Y] es también inaceptable... [porque dispone] que cuando se enseñe religión en una escuela privada tenga que hacerse en edificios independientes y separados de otra labor docente...»

«Lo que resuelve la cuestión es lo que ha aprobado la comisión coordinadora a propuesta mía: laicismo en la enseñanza oficial, [y] respeto absoluto dentro de la enseñanza privada para que cada escuela pueda divulgar la religión que quiera… En esta forma…, rendimos pleitesía al principio de libertad de conciencia que aquí hemos proclamado, [y] ponemos en ejecución ideas democráticas de respeto a todas las opiniones… Votando contra la enmienda comunista [y a favor del dictamen], estamos también rindiéndole pleitesía al Apóstol Martí, que, sobre todas las cosas, era un gran tolerante que amaba a todos sus semejantes.»

Sr. Ferrara (Orestes): «…La enmienda del Partido Comunista es el cuchillo que el mismo partido está afilando en contra de su futuro progreso. Esta enmienda me indica que mis nobles amigos –la palabra noble en el sentido moral–…»

Sr. Marinello (Juan): «Nobles amigos, no amigos nobles.»

Sr. Ferrara (Orestes): «Mis nobles amigos han creído que ya han llegado al poder…»

Sr. Marinello (Juan): «Todavía.»

Sr. Ferrara (Orestes): «La enmienda y la actitud que ellos han tenido durante todo el debate… me hace ver que un efecto de espejismo se ha [producido] en su alma… Ellos creen, de acuerdo con la teoría comunista, que tiene dos fases –la fase de rebeldía y la fase gubernamental–, que ellos… han llegado a esa segunda fase y que, por lo tanto, pueden ya sentarse sobre los cimientos del estado mastodóntico para gobernar desde allí… con la fuerza, si la fuerza es necesaria, y con la sonrisa, si la sonrisa es útil…»

Sr. Roca (Blas): «Me veo obligado a hacerle la interrupción ahora porque el señor Ferrara, siguiendo su costumbre de siempre en todos los debates, se aparta del asunto discutido para entrar [en] toda una serie de problemas de ideología política y de otro orden que nada tienen que ver con el asunto de que se trata…»

Sr. Ferrara (Orestes): «Ya verá S.S. cómo llegaremos 'de picada'…»

«No salgo del argumento, como cree el señor Blas Roca, sino que estoy dentro de él, porque... este precepto que se pretende hacer votar esta tarde encadena el pensamiento cubano, impide la libertad de tener ideas propias, [y] somete la educación a la voluntad del partido imperante que ocupa el poder. Y en este período de ideologías distintas, es todavía más peligroso, porque si ganan los individualistas 'enragé,' todo el mundo tendrá que ser individualista...; y si los comunistas llegan a alcanzar el poder un día, todo individualismo, como en Rusia, sería prohibido, y... el imperativo categórico de la mente humana sería comunista, quiérase o no se quiera...»

Sr. Marinello (Juan): «...Nosotros decimos que la enseñanza debe quedar regida por el estado. ¿Por qué estado? ¿Por el que quieran los comunistas? No, por el estado que organiza la Constitución que estamos elaborando...»

Sr. Ferrara (Orestes): «En el momento en que estamos escribiendo [este] documento, nosotros no conocemos los acontecimientos futuros de Cuba... El pueblo cubano nos ha enviado aquí para que nosotros les fijemos a los gobernantes los límites de su acción en el día de mañana... Y si, en cambio, nosotros... hacemos de su función un intervencionismo constante y directo en todos los actos de familia, de educación, de economía, de vida privada y pública..., nosotros habremos puesto el cuchillo en manos de [posibles] gobernantes de mala fe para que puedan matar toda la inteligencia cubana, todo el orden público [y]... doméstico cubano, es decir, destruir esta nación, que no pertenece, después de todo, a ninguna de las generaciones.»

«...Es de la lucha de las ideas, es del contraste de los principios que viene la verdad; es de la libertad moral que surge la convicción... Cuando se determina una sola línea..., cuando se fija un solo derrotero, entonces no hay espíritu crítico, no hay dialéctica, no hay concepción de lo nuevo, no hay investigación de la verdad...»

«La cuestión laica o religiosa me parece una cuestión de segundo orden en el estado actual de la mentalidad cubana. Desde 1848 se ha dado la fórmula magnífica: libre iglesia y libre estado... Dejar a cada uno su propia creencia y dejarle al estado independencia de toda creencia religiosa...»

«Lo que a mí me interesa es algo de mayor importancia...: la libertad mental. Que cada uno pueda pensar como quiera, que cada uno pueda enseñar como quiera, que cada uno pueda aprender como quiera.»

«...Yo tengo el mayor respeto por el ultramontano más conservador y... por el anarquista más avanzado..., porque de la lucha de estos atrevimientos surgen las ideas nuevas. Así como en la antigua Grecia vinieron los Cínicos –[negadores] de las más evidentes verdades– y... [produjeron] más tarde la figura de un Sócrates, el último de los Cínicos y el primero de los filósofos nuevos, así, en la época moderna, del... choque [de ideas diversas]... ha de surgir la nueva verdad que todos esperamos.»

«...Todo lo contrario a estas ideas [es lo que propone] la enmienda..., cuando dice que la enseñanza nacional será regida por el estado. Y luego... añade, como si [no] fuera nada, que serán regidos por el estado los planes, orientaciones, [etc.]. Y oídlo bien: 'los textos acordados por el estado regirán igualmente para la enseñanza no oficial, que estará sometida a la inspección correspondiente.'»

«No puede haber nada más ofensivo, tanto para el profesorado como para los estudiantes, que esta frase de que 'los planes, orientaciones y textos se regirán igualmente para la enseñanza no oficial,' etc.... [No] creo que en ningún país, a excepción de Rusia..., haya este precepto. Es más, [no] creo que [haya] ningún profesor que no sea burócrata, que [no] desee solamente cobrar el sueldo, que pueda aceptar el principio de que el texto sobre el cual debe enseñar sea un texto único que le haya dado el estado...»

«Yo he sido catedrático de la Universidad de la Habana durante treinta años. Si me hubiesen obligado a tener un texto oficial, yo hubiera abandonado aquel alto escaño, aquella alta misión.»

«...Señores delegados, entiendo que debemos rogar a mis amigos, los señores Marinello, García Agüero y otros, que retiren esa enmienda... No es posible que la mente de un hombre se someta a la mente de otro hombre... Sólo el principio de la libertad de conciencia, de la libertad de pensamiento..., con el atrevimiento de todas las ideas nuevas..., puede dar a los humanos la felicidad deseada.»

«La cuestión social, señores amigos míos, no es una cuestión de estómago. La cuestión social es una cuestión de la mente. Dad a la mente su libertad completa y el mundo será féliz y más grande, sobre todo en el campo económico y político.»

[Tras la intervención de Orestes Ferrara, el delegado Salvador García Agüero defendió nuevamente la enmienda del Partido Comunista que propugnaba el texto único establecido por el estado para así evitar libros tendenciosos o deficientes. Sometida a votación, la enmienda fue rechazada.]

EL DERECHO DE SINDICACIÓN

Las Constituciones modernas de principios de siglo, como la cubana de 1901, eran Cartas eminentemente políticas. Su objetivo principal era defender al pueblo contra las extralimitaciones autoritarias del gobierno; asegurar la libertad individual mediante frenos y contrapesos que sirvieran de diques a los poderes del estado.

Ahora bien, las garantías consagradas en esas Constituciones no eran suficientes para atemperar los desajustes y excesos engendrados por el capitalismo en su fase inicial de desenfreno. Existían derechos individuales para proteger al ciudadano contra los desafueros del estado, pero faltaban derechos sociales que amparasen a la mano de obra contra los abusos de los patronos.

Como decía Franklin Delano Roosevelt, «el hombre necesitado no es un hombre libre.» Así que para evitar la explotación de los indefensos o desvalidos, había que establecer condiciones básicas de trabajo que resguardasen la dignidad del que vende sus fuerzas físicas, sus aptitudes y sus talentos. Por eso, las Constituciones modernas más recientes han incluido en su articulado preceptos protectores de la masa obrera y campesina en diversas áreas, tales como la jornada de trabajo, el salario mínimo, el derecho de sindicación y de huelga, el despido, el descanso retribuido y los seguros sociales.

Estas conquistas legítimas, logradas en parte por las presiones de los trabajadores organizados en sindicatos, llegaron a desorbitarse al calor de las corrientes revolucionarias, sobre todo las marxistas, que sacudieron al mundo. Los líderes radicales se aprovecharon del clamor de reivindicaciones sociales, no para reformar el sistema existente, sino para destruirlo. Su objetivo primario no era mejorar las condiciones de vida, sino derribar el estado capitalista llamado burgués, cimentado en la propiedad privada y la libre empresa, para edificar en su lugar un aparato gubernamental omnipotente que controlase los medios de producción y regimentase a la ciudadanía. El santo y seña era la lucha de clases, y el desiderátum, la engañosa igualdad social.

Los convencionales de 1940, al abordar la sección correspondiente al Trabajo, trataron de evitar los extremos, tanto del «laissez faire» anacrónico e injusto, como del intervencionismo estatal opresivo e ineficaz. Dentro de un término medio que conciliaba la libre empresa y las responsabilidades sociales, los delegados cubanos les dieron rango constitucional a múltiples conquistas obreras inspiradas en tendencias nacionalistas y justicieras, que cobraron fuerza durante la Revolución de 1933. Algunas de esas conquistas, como el descanso retribuido de un mes y la jornada semanal de 44 horas de trabajo equivalentes a 48 horas de salario, no habían sido plasmadas ni aun en países de más alto desarrollo que Cuba. Lo que hace pensar que los convencionales cubanos, en estos casos, se hayan quizás excedido en su afán progresista sin tomar en cuenta la necesidad de elevar los niveles de productividad en el país a la luz de las realidades económicas.

Al debatirse en la Convención el derecho de sindicación, la comisión coordinadora, representando el sentir mayoritario de los delegados moderados, consagró en su dictamen la libertad de sindicación, pero sin menoscabar los derechos de aquellos que no quisieran afiliarse a ningún sindicato. Este principio fundamental –motivo de caldeada discusión– sirvió de pauta al precepto propuesto, que, con algunas modificaciones, fue aprobado por la Convención:

> Art. 69. Se reconoce el derecho de sindicación a los patronos, empleados privados y obreros, para los fines exclusivos de su actividad económico-social.

La autoridad competente tendrá un término de treinta días para admitir o rechazar la inscripción de un sindicato obrero o patronal. La inscripción determinará la personalidad jurídica del sindicato obrero o patronal. La ley regulará lo concerniente al reconocimiento del sindicato por los patronos y por los obreros respectivamente.
No podrán disolverse definitivamente los sindicatos sin que recaiga sentencia firme de los tribunales de justicia.
Las directivas de estas asociaciones estarán integradas exclusivamente por cubanos por nacimiento.

En oposición al dictamen de la comisión coordinadora, el convencional Eusebio Mujal, con el apoyo de los delegados del Partido Auténtico, presentó una enmienda cuyos puntos principales se sintetizan a continuación:

- Los contratos colectivos de trabajo negociados por un sindicato serán de obligatorio cumplimiento para los trabajadores del ramo [estén o no afiliados al sindicato].

- No podrá haber más de un sindicato en cada industria o ramo de la producción.

- Los patronos tendrán que contratar las condiciones de trabajo con el sindicato correspondiente.

- Las directivas de los sindicatos y de las organizaciones patronales deberán estar integradas por cubanos nativos.

- Ningún sindicato podrá disolverse definitivamente sin que recaiga sentencia firme de los tribunales de justicia.

Esta enmienda fue rechazada, al igual que la que paralelamente presentó el Partido Comunista. Sin embargo, a fin de zanjar algunas de las diferencias que separaban a los convencionales, se estableció en el texto que finalmente se aprobó que los directores de los sindicatos tenían que ser cubanos por nacimiento, y que se requerirá sentencia firme de los tribunales para poder disolver los sindicatos.

Con respaldo mayoritario, prevaleció el principio de la sindicalización optativa o libre (y no directa o indirectamente obligatoria), y se rechazó el concepto de sindicato único por cada industria o ramo de la producción.

Veamos ahora cómo se desenvolvió el debate, comenzando con la intervención del convencional Eusebio Mujal en defensa de su enmienda. Le siguió el delegado comunista Blas Roca apoyando la suya. Terciaron también en el debate los señores José Manuel Cortina y Orestes Ferrara, quienes prevalecieron abogando en favor del principio de la libre sindicalización.

Sr. Mujal (Eusebio): «…Nosotros reconocemos todos esos derechos [consignados en el dictamen]…, [pero] la anarquía que quieren algunos con los sindicatos libres, protectores de los rompehuelgas, va más que nada en contra de los mismos trabajadores.»

Sr. Casanova (José Manuel): «…Nosotros queremos, sí, los sindicatos…; lo que no queremos es que… [éstos sirvan] para hacer política a costa de la organización de los trabajadores.»

Sr. Mujal (Eusebio): «Esta advertencia, señor Casanova, está incluida en nuestra enmienda, y en cambio no la contempla el dictamen de la comisión coordinadora… Nosotros [sostenemos] que las organizaciones obreras no pueden tener matiz político partidarista alguno…, [pero] no queremos que con esa excusa se impida la organización de las federaciones municipales o provinciales y nacionales. Creemos que las dos cosas se pueden armonizar perfectamente...»

Sr. Ferrara (Orestes): «Lo que quiere el señor Mujal es el voto de los obreros.»

Sr. Mujal (Eusebio): «Yo sí quiero el voto de los obreros ¡cómo no! El delegado que habla... viene aquí a defender a los trabajadores y a interesarse por su causa. No como otros señores que aquí vienen para atacar a los trabajadores.»

«...Prosiguiendo en la explicación de [la enmienda]..., nosotros queremos reconocer el derecho de las trabajadores a sindicalizarse..., [mas] no estamos de acuerdo con que en una misma industria haya tres sindicatos distintos... [Esto] desarticula la industria y no resuelve ningún problema; ni a los patronos ni a los obreros...»

«Lo que nosotros decimos en nuestra enmienda... es que en el sindicato... único [de una] industria... el resto de los trabajadores [no afiliados], que son minoría, tienen la obligación de aceptar lo que la mitad más uno defiende, lo cual es democrático...»

Nuestra enmienda, que no es extremista, se aparta de... una enmienda mucho más radical que presentamos [en la sección de trabajo, propugnando la] sindicalización obligatoria... La retiramos para permitir una mayor coordinación de los derechos existentes.»

Sr. Bravo Acosta (Antonio): «¿No cree el señor Mujal que su enmienda va contra el precepto aprobado ya..., que reconoce que el trabajo es un derecho inalienable...?»

Sr. Mujal (Eusebio): «...Nosotros [reconocemos] el derecho individual del trabajador... de organizarse..., [pero] de manera tal que no puedan elementos adversos a los trabajadores ir contra ese mismo derecho. Estamos totalmente en contra de la libre contratación, aunque se nos cante el clásico liberalismo del siglo pasado con sus ventajas en materia económica, que no se han visto por ninguna parte...»

Sr. Casanova (José Manuel): «Todas las ventajas obtenidas por el obrero se deben al liberalismo.»

Sr. Mujal (Eusebio): «Todas las ventajas, pero para dividir a los trabajadores, para que se organicen en pequeños grupos con objeto de ponerlos en manos de los patronos. Y eso es ir en contra del [verdadero] liberalismo, porque es ir en contra de los intereses de los más en [provecho] de los menos... Cuando hablemos de liberalismo [debemos defender] la unificación del trabajo en una sola rama...»

Sr. Mañach (Jorge): «Para una interrupción al señor Mujal. ¿No pudiera darse el caso de que la organización integral [es decir, un sindicato único para cada industria o ramo de la producción] resultase en definitiva perjudicial a los obreros? Porque en ese caso las condiciones de trabajo tendrían que convenirse para la generalidad de los obreros, basándose en las condiciones de tipo medio que existen. [Esto impediría] que los obreros de empresas que están en condiciones más favorables puedan sindicarse y hacer valer esas condiciones dentro de la empresa de que se trate.»

Sr. Mujal (Eusebio): «...Yo garantizo que los trabajadores, cuando están reunidos de una manera democrática, siempre están de acuerdo con los demás obreros, aun perjudicándose algunos de ellos, porque tienen un alto sentido de solidaridad fraternal. Estamos legislando preceptos que van a favorecer [a los] trabajadores. Ellos demandan estas iniciativas, y, por lo tanto, yo sostengo en contra de ese criterio absurdo del liberalismo que se nos quiere aplicar, que [debe haber]... un solo sindicato para cada rama del trabajo... Por eso pido a la asamblea que rechace el dictamen y apruebe la enmienda que hemos tenido el honor de presentar.»

Sr. Roca (Blas): [A favor de la enmienda del Partido Comunista.] «...Hace muy poco tiempo..., estuvimos trabajando [hasta la cinco de la mañana] para votar una medida extraordinariamente beneficiosa para el país [la moratoria hipotecaria]... [Lo hicimos], a pesar de que de todas partes venían los gritos y los dardos diciendo que el crédito se perdía, que la República se derrumbaba...»

«Nosotros sabíamos que estos gritos y que estos dardos venían de los nuevos retrógrados, de los que no quieren ninguna perspectiva de progreso y mejoramiento para el pueblo; de los que quieren encerrarlo todo en el círculo de acero de la santidad de los contratos y de la inmutabilidad de la vida económica de los pueblos... Fue una larga lucha... para votar esta transitoria [hipotecaria] de extraordinario beneficio para la nación.»

«Cada vez que se pone a discusión algún... artículo [de avance social]..., los dardos envenenados de los representantes... de los mismos intereses... se [levantan] con las mismas brumas de desastre, de que se acabará el crédito, de que se acabará el trabajo... Yo hago un ruego a los señores delegados que con... serenidad... consideren todo lo que estamos votando esta tarde en cuanto al régimen del trabajo.»

«Yo voy a hablar brevemente... para destacar en qué partes [nuestra enmienda] se aparta efectivamente del dictamen. Se aparta... en una cuestión de estilo... en cuanto... reconoce a los patronos el derecho de 'organizarse' y a los obreros el de sindicarse... No conozco todavía ninguna organización patronal que se llame sindicato [como incorrectamente se consigna en el dictamen].

«[Se aparta también nuestra enmienda del dictamen en que reconoce expresamente] el derecho de los trabajadores a federarse, local, provincial y nacionalmente... En tercer lugar, nuestra enmienda... [incluye] la prohibición [de disolver] las organizaciones obreras a menos que [medie] sentencia firme del tribunal competente...»

«[Finalmente, nuestra enmienda no establece] la obligación de que los miembros de la directiva de los sindicatos sean cubanos por nacimiento. Yo creo que la asamblea no puede aprobar esto. Esta asamblea aprobó que los concejales pueden ser ciudadanos cubanos. Acordó que una serie de altos dirigentes del país pueden también ser ciudadanos cubanos. Y, sin embargo, se les quiere prohibir a los ciudadanos cubanos ocupar la dirección de los sindicatos. A mí me parece esto tan incongruente, tan monstruoso, que esta asamblea no puede impartirle su aprobación a ninguna enmienda... [que cree] nuevas divisiones entre los trabajadores: trabajador nativo contra [trabajador cubano por ciudadanía]...»

«...He ahí por lo que pido a la asamblea que vote en contra del dictamen e incorpore estos nuevos aspectos, no olvidando que lo más importante es el derecho de los sindicatos a no poder ser disueltos sino por sentencia firme de los tribunales...»

Sr. Cortina (José Manuel): «Me levanto una vez más para... enumerar las razones y fundamentos que ha tenido la comisión coordinadora para formular el precepto del dictamen que estamos sosteniendo. En la comisión coordinadora están representados todos los partidos y todas las secciones... La comisión ha celebrado más sesiones e invertido más horas en formular su anteproyecto que lo que esta Convención ha empleado y empleará seguramente para discutir y votar la Constitución.»

«[Me parece, pues,]... muy extraño que en lugar... de [exponer] los argumentos que se tiene para defender [la] tesis, se empiece a hablar enfáticamente, mirando hacia el radio, de derechos que se niegan, de derechos que se dan, de progreso y de reacción.»

«Esa táctica y ese método [de] discusión resulta completamente infantil... Desde tiempo antiguo, cuando no hay muchos argumentos que esgrimir, se usan los dos fantasmas a que aludía Jules Simón. Si el que habla pertenece a un partido radical o revolucionario, presenta al contrario como un representante de la negra reacción. Si el que habla es, por el contrario, un simple demócrata, cuando hace objeciones al radical o revolucionario, lo presenta como un fantasmo rojo de revolución y destrucción.»

«El método podrá ser útil para [una] asamblea política impresionable, pero aquí resulta completamente... ineficaz, porque todos sabemos aquí que lo que debemos hacer es redactar una Constitución adecuada a los cubanos, sin llegar al absurdo.»

«Creo necesario, ya que estoy hablando de derechos sociales, recordar algo que se refiere a mi persona, aunque rompa con esto el principio que sigo de no hablar nunca de mí ni de mis propios actos.»

«Hace más de veinte años, en una época en que en Cuba no había ningún Partido Socialista ni Comunista, ni había movimientos sociales organizados que tuvieran consistencia, yo tuve el honor de ser el que redactó... y presentó ante la Cámara de Representantes... la primera ley [de hondo contenido] social que se implantó en la República. Me refiero a la Ley de Accidentes de Trabajo..., que impuso... a los empresarios la obligación... [de otorgar] al obrero... indemnización extraordinaria cuando el accidente se produjera en el trabajo de la industria o de la agricultura...»

«Como se ve, no me he aficionado a estos problemas ahora que están de moda y que representan fuerza y ventajas políticas, sino que lo hice cuando esto no se traducía en ningún beneficio especial, sino en la satisfacción del deber cumplido.»

«Hechas estas aclaraciones, voy a tomar como base de mi argumentación un texto político que los más radicales no pueden negarle autoridad. Me refiero a la Constitución de Rusia que tengo entre las manos. Voy a leer el artículo 126..., relacionado con los sindicatos: [Cortina lee el artículo, que establece el derecho de los ciudadanos a agruparse en sindicatos sin ninguna de las condiciones consignadas en la enmienda de Mujal.]

Sr. Mujal (Eusebio): «Para una pequeña aclaración. Para recordarle que esta enmienda defendida por el delegado que habla es Auténtica.»

Sr. Cortina (José Manuel): «Lo que acaba de decir es interesante como información, pero no tiene nada que ver con lo que yo he leído...»

Sr. Mujal (Eusebio): «Nosotros estamos en contra de esa Constitución [de la Unión Soviética].»

Sr. Cortina (José Manuel): «No creía que un precepto tan autorizado como el de la Constitución rusa le pareciera tímido y poco expresivo a los radicales cubanos. Por mi parte... lo defiendo, porque [aun siendo] más conservador que nuestro [dictamen], está de acuerdo con nuestro criterio.»

«...Éste es un problema que afecta a la economía de Cuba y debemos discutirlo con un sincero deseo de acertar... En el dictamen... se ha reconocido ampliamente al trabajador el derecho de sindicarse en la forma que tenga por conveniente, ya sea en las provincias, en los municipios o en toda la nación, y si quiere, puede unirse en federación... El dictamen no se opone a ello.»

«[Asimismo]... se señala que la autoridad competente tendrá un término de treinta días para resolver sobre la legalidad de los sindicatos. Con esto la comisión [coordinadora] ha querido evitar las demoras arbitrarias en la resolución de los sindicatos, que pueden servir para [obstruir] su organización... No tengo inconveniente en que se pueda votar adicionalmente al dictamen algo relacionado con la debida garantía en el caso de disolución de los sindicatos.»

«Lo que no hace [el dictamen de] la comisión coordinadora es regimentar... el trabajo, es decir, someter toda la organización del trabajo a preceptos rígidos que cohiban... la libertad del trabajador... Si... se hace obligatoria la sindicalización o... [se establece] que los contratos de trabajo deben hacerse únicamente a través de sindicatos, estaremos entrando ya en un campo que no es el de la democracia social..., sino que es más bien del sistema de los estados totalitarios, lo mismo de tipo fascista que comunista.»

«...Creemos que el derecho del trabajador a sindicarse no debe significar en ningún momento que el trabajador aislado sea privado de un derecho... esencial para su vida, como es el derecho a trabajar. El hecho de que la sindicalización sea libre le da una especial garantía al trabajador, porque obliga a los sindicatos a tener una buena organización y actuar con absoluta corrección de procedimientos para que los trabajadores los acepten y ayuden.»

«...[Considero] que [la enmienda] propuesta produce el mismo efecto que... [la sindicalización obligatoria] desde el momento en que se obliga al trabajador a someterse a las reglas del sindicato al que él puede no pertenecer. [Sólo] si cambiamos el sistema demócrata-republicano de la República y [ponemos] el poder del estado [por encima] de todos los derechos individuales, podremos entonces establecer métodos que anulen al trabajador como individuo y lo conviertan en una simple célula reglamentada por el estado o la corporación.»

«Mientras esto no se haga, no veo la manera de acordar nada que modifique el derecho pleno a la libre sindicalización que concedemos al trabajador, que también implica el derecho de no sindicarse, si lo tiene por conveniente.»

«Yo, que mantengo este criterio liberal y contrario al totalitarismo en materia de sindicación, soy, en cambio, partidario de una severa protección a la existencia de los sindicatos. Entiendo que debemos impedir que, por política gubernativa de ninguna clase, puedan ser disueltos los sindicatos. Es necesario que esta disolución, con carácter definitivo..., sea resuelta por un juez, previa la controversia de las partes y las pruebas de las razones que existan para su disolución.»

«Deseamos darle al sindicato, una vez constituido, todas las garantías a que tiene derecho como representación del interés de los trabajadores organizados.»

«Por todas estas razones, pido la aprobación del dictamen tal como está, sin perjuicio de tratar después el punto de las garantías que deben darse a los sindicatos... [en los casos de] disolución.»

Sr. Ferrara (Orestes): «Es muy habitual en nuestros debates hacernos preceder por algún himno. Algunas veces [es] la Marsellesa, cuando se trata de algo internacional; otras [veces es] el himno de Bayamo, cuando se trata de la cubanidad. Y yo espero que algún día [oigamos] también la marcha de Cádiz o el himno de Riego, no acompañando a aquellos valerosos que proclamaron la libertad de España, sino... al frente de Fernando VII, porque tal es la triste suerte nuestra en esta asamblea, [donde] presentamos las cosas más reaccionarias del mundo diciendo que representan... el avance, el progreso y el triunfo de la revolución.»

«...La enmienda del señor Mujal es presentada como la última palabra del siglo XX... Pues bien... señores..., no [es] muy [diferente] a [cómo los] patronos y obreros están organizados [en] el fascismo y el nazismo...»

«El señor Mujal, en... [su enmienda], empieza por presentar algo muy fácil de aceptarse, para luego cambiarlo definitivamente y hacerlo muy difícil de aceptar. [Veamos]... En el primer párrafo dice: 'Se reconoce el derecho de sindicalización'... [lee]... Es un derecho; pero en el segundo párrafo es una obligación. En efecto, dice: 'Las organizaciones de obreros y empleados... ' [Lee]»

Sr. Chibás (Eduardo): «Es un derecho de democracia: se convierte en derecho cuando así lo quiera la mayoría.»

Sr. Mujal (Eusebio): «Es la mayoría.»

Sr. Ferrara (Orestes): «Señores, yo reconozco que soy un poco torpe, pero no tanto. Vamos a examinar esto. Los obreros, por el primer párrafo, tienen derecho a sindicalizarse; derecho no deber. Por el segundo párrafo tienen el deber de sindicalizarse en determinadas condiciones. Entonces desaparece el derecho genérico del primer párrafo.»

«Yo no niego que sea la mayoría la que decida, [pero] yo no me estoy fijando en la mayoría, sino en el obrero. [Si] yo soy un obrero de la rama del tabaco, o de la industria azucarera, y quiero ser libre y no me quiero sindicalizar..., en el párrafo primero se me dice que soy libre, y en el segundo que soy esclavo.»

Sr. Prío Socarrás (Carlos): «...Señor Ferrara, cuando usted [expresa] con frecuencia, en tono elevado, su profesión de fe de viejo liberal, está diciendo una gran verdad, por lo de liberal y por lo de viejo... El liberalismo ha sufrido transformación... [debido a] los resultados funestos [que] la libre contratación [les ha producido] a las clases desposeídas de todos los países. Frente a ese derecho de sindicalizarse libremente, que proclama el señor Ferrara, está la previsión del legislador que... [debe impedir que] el sindicato pequeño del patrono..., [proclive] al soborno..., sirva... para destruir las mejoras y ventajas que ha obtenido el gran sindicato formado por las mayorías...»

Sr. Ferrara (Orestes): «No estamos discutiendo [eso]... Nosotros estamos discutiendo el derecho a la sindicalización libre que fija el primer párrafo [de la enmienda] en contradicción con el segundo, [que, como ha] confirmado ahora... el señor Prío Socarrás, establece la sindicalización obligatoria.

«[En cuanto al comentario sobre el liberalismo, les recuerdo]... que fue en tiempos de los carlistas, cuando ninguno de nosotros [pensaba] venir al mundo, que se estableció el principio del contrato colectivo de trabajo. De manera que no vamos a decir que hay un liberalismo nuevo ni un liberalismo viejo… Preguntaría a mis distinguidos opositores ¿dónde han encontrado ese liberalismo nuevo…?»

Sr. Prío Socarrás (Carlos): «En los países democráticos…»

Sr. Ferrara (Orestes): «Si hay algunos países que [practican ese liberalismo nuevo]…, son objeto de crítica general…, porque todo lo que es obligatorio, y que no responde a la voluntad [individual es objetable]… Lo cual no significa que [uno] no se pueda asociar libremente, señores Prío Socarrás, Mujal y otros señores reaccionarios… [Risas]. La libertad no significa disociación; la libertad significa asociación, pero asociación voluntaria, suma de voluntades y no opresión. Y ustedes lo que quieren es una opresión… en donde tengan jefes y subjefes, que, sin trabajar, abusen del pobre trabajador. Ustedes quieren [crear] un grupo de trabajadores favorecidos en contra de los pobres trabajadores que no pueden llevar el pan a su casa. Ustedes quieren hacer la aristocracia del trabajo para que los líderes de vuestros partidos lucren con [ella]. Esta es la razón por la cual tenéis tanto interés…»

[Sometida a votación la enmienda presentada por el delegado Mujal, fue rechazada, y se aprobó el dictamen, incluyendo, con espíritu transaccional, la garantía de sentencia judicial previa para disolver los sindicatos y la condición de cubano por nacimiento para los directivos de sindicatos.]

PROSCRIPCIÓN DEL LATIFUNDIO

De acuerdo con las corrientes democráticas más avanzadas, los convencionales de 1940 reconocieron en el artículo 87 de la Constitución «la existencia y legitimidad de la propiedad privada, en su más amplio concepto de función social, y sin más limitaciones que aquellas que por motivo de necesidad pública o interés social establezca la ley». Según este precepto, se reconoce y garantiza la propiedad como derecho individual, mas se condiciona su uso y explotación al interés social o colectivo, hacia el que debe propender. La propiedad, así concebida, no es en sí una función social, pero tiene una función social que cumplir.

Teodoro Roosevelt esbozó en los Estados Unidos la filosofía de la función social de la propiedad, la cual dió pie para medidas legales contra las tendencias monopolísticas perniciosas de los grandes trusts. En un discurso pronunciado en 1910, Roosevelt sentenció lo siguiente:

> «La ausencia de una intervención eficaz del estado, y sobre todo de la nación, en los medios ilícitos de ganar dinero, ha tendido a crear una reducida clase de hombres enormemente ricos y económicamente poderosos, cuya principal finalidad consiste en mantener y acrecentar su poderío. La necesidad primordial consiste en modificar las circunstancias que permiten a esos hombres acumular un poder no consagrado al bienestar general. No protestamos de que nadie posea una fortuna debida a su capacidad y sagacidad, en especial si dispone de ella con entero respeto al bienestar de sus prójimos. No protestamos de la fortuna de un hombre,

si en su vida civil ha sido honrosamente obtenida y está siendo bien usada. No basta, empero, que haya sido ganada sin dañar al país. Sólo permitiremos que se gane, si de ello dimanan beneficios para la colectividad.»[18]

Los principios condensados en la peroración rooseveltiana recibieron, con el tiempo, cabal aceptación dentro y fuera de los Estados Unidos. Según se desprende de ellos, el propietario, aunque lo sea a pleno título, no puede erigir una muralla infranqueable de irresponsabilidad y codicia entre sus derechos patrimoniales y el interés social. La propiedad, por muy protegida que esté, no da licencia para crear monopolios, bloquear la competencia u obstaculizar por su improductividad el desarrollo agrícola e industrial de la comunidad. El propietario es dueño de su fundo, pero no soberano de su antojo, si éste redunda en perjuicio de la colectividad. Es libre el uso y disfrute de un bien adquirido honestamente; no así el abuso o desuso cuando lesiona intereses legítimos y urgentes de la sociedad.

A fin de asegurar que la propiedad privada cumpla su función social acorde con las necesidades comunitarias, es necesaria la acción vigilante y correctiva del estado. Pero ésta no puede ser arbitraria ni confiscatoria, porque anularía el derecho de propiedad o lo reduciría a una mera concesión administrativa.

Los convencionales del 40 permitieron, respecto de la propiedad privada, la acción estatal por motivos de necesidad pública o interés social, pero la sujetaron a condiciones muy precisas y estrictas. Según el artículo 24 de la Constitución, puede el estado expropiar por esos motivos, pero el propietario tiene derecho a impugnar los fundamentos ante los tribunales, a

---

[18] Robert E. Sherwood, *Roosevelt y Hopkins*, Barcelona, Agustín Núñez, 1950, pág. 58.

ser indemnizado debidamente, y, si no se cumpliesen esos requisitos, a ser reintegrado en su propiedad.

El artículo 22 de la Carta permite, en casos excepcionales y con votación extraordinaria del Congreso, darles efecto retroactivo a leyes civiles, pero obliga a indemnizar los daños que la retroactividad infiriese a los derechos adquiridos. El artículo 23 establece que las obligaciones que nazcan de los contratos no podrán ser anuladas ni alteradas; sólo podrá suspenderse el ejercicio de las acciones correspondientes en casos de grave crisis nacional y sujeto a las mismas garantías estipuladas en el artículo 22.

Como se ve, dentro de los parámetros jurídicos de la Constitución del 40, el ejercicio del derecho de la propiedad privada tiene un límite: el bien común. Esto impele al dueño de un inmueble a explotarlo o ponerlo en producción en consonancia con el ritmo económico de la colectividad. Pero el estado en el desempeño de su función correctiva o cautelar tiene también una barrera: no puede expropiar sin compensar, ni puede menoscabar los derechos de propiedad ni suspender el ejercicio de contratos que amparen esos derechos sin ajustarse a los procedimientos previstos en la Constitución. Todo lo que tienda a despojar arbitrariamente y sin compensación adecuada a los legítimos titulares de sus bienes y derechos, ya directamente por medio de leyes o decretos, ya indirectamente por medio de impuestos confiscatorios u otras vías, viola la letra y el espíritu de la Carta de 1940.

Al discutirse en la Convención el artículo correspondiente a la proscripción del latifundio, la comisión coordinadora presentó un dictamen preliminar en el que se facultaba al estado a regular, dentro del marco de las garantías constitucionales arriba mencionadas, el uso, la extensión y la explotación de la tierra. Perseguía el dictamen preliminar tres objetivos fundamentales consignados en el propio texto: 1) constituir unidades agrícolas que permitieran racionalizar la producción; 2) distribuir la propiedad rústica impidiendo el latifundio improductivo; 3) asegurarle una vida digna a la familia campesina, otorgándoles incentivos a los pequeños agricultores, pescadores e industriales.

Reconocía la comisión coordinadora la necesidad de implementar reformas agrícolas integrales, pero no punitivas que impidieran o castigaran el éxito empresarial; reformas profundas pero no descabelladas que dislocaran la producción y crearan minifundios no rentables. Donde hubiese grandes extensiones de tierra sin cultivar, concentradas en manos de unos pocos propietarios nativos o extranjeros, podría procederse a la expropiación con las debidas garantías constitucionales. Mas dicha expropiación debía responder a un plan bien pensado que combinase la distribución racional de las tierras con asistencia técnica, equipos de labranza, créditos bancarios, incentivos fiscales, y otros estímulos para desarrollar el mercado y elevar la productividad.

A juicio de la comisión coordinadora, no siempre era necesario acudir a la expropiación para racionalizar la tenencia y producción de las tierras. Por ejemplo, en el caso de la industria azucarera, una ley previsora y de grandes proyecciones sociales —La Ley de Coordinación Azucarera de 1937— había obviado una buena parte de los inconvenientes que traían consigo los latifundios en manos de los centrales o ingenios. Al otorgarles a los colonos que cultivaban muchas de esas tierras un derecho de permanencia en las mismas y de participación en la producción, la Ley logró una subdivisión de los latifundios de los ingenios, prácticamente en su dominio útil. Los beneficios de esta coordinación de intereses entre los sectores azucareros alcanzaron posteriormente a los trabajadores del ramo, quienes llegaron a percibir altos salarios y a tener una participación eventual en las ganancias extraordinarias de la industria (decreto de 1946 sobre el llamado diferencial azucarero).

El concepto de reformas agrícolas armónicas y evolutivas, enderezadas a eliminar gradualmente el latifundio improductivo y a fomentar la pequeña y mediana propiedad rústica, no satisfizo a la mayoría de los convencionales del 40. Como era de esperarse, los delegados comunistas, liderados por Blas Roca, propusieron una enmienda más radical. Para los discípulos de la revolución bolchevique, la reforma agraria, catapultada en Rusia con la consigna subversiva de que «la tierra es de quien la trabaja», era el instrumento idóneo para desatar la lucha de clases y despojar y perseguir a los ricos terratenientes, acusados en bloque de explotación. Después se iría acosando y eliminando a los pequeños agricultores que se opusieran a la marcha implacable de la colectivización de las tierras y de los otros medios de producción.

En la Constituyente del 40, los delegados comunistas no revelaron los objetivos ulteriores que perseguían con su reforma agraria ni los métodos que aplicarían para implementarla. Se limitaron en su enmienda a proscribir el latifundio (incluyendo el productivo), y a consignar que la ley señalaría el máximo de extensión de la propiedad que cada persona o entidad pueda poseer, tomando en cuenta el tipo de explotación a que se dedique. Asimismo, dispusieron la adopción de medidas que tendiesen a revertir la tierra al cubano.

Los convencionales del Partido Revolucionario Cubano [Auténtico], con el apoyo de los delegados del Partido ABC, fueron aún más lejos, propugnando en su enmienda que, a los efectos de la desaparición del latifundio, «se establecería el impuesto progresivo sobre la tierra, señalando el máximo de tierra que cada persona o entidad pueda tener sin sujeción a ese impuesto.» No previendo las implicaciones de su propuesta, y acaso confundiendo el impuesto progresivo sobre la tierra [confiscatorio] con el impuesto progresivo sobre la renta que existe en muchos países, estos delegados propusieron una de las medidas efectivas recomendadas por Marx y Engels para arrancar poco a poco toda la tierra a la burguesía sin pagarla.

Al final del debate inflamado que ambas enmiendas suscitaron, y con el objeto de lograr un consenso mayoritario que no violase las garantías constitucionales, el presidente de la comisión coordinadora, José Manuel Cortina, apoyó la siguiente fórmula transaccional:

a) votar en contra del dictamen presentado inicialmente por la comisión coordinadora
b) aceptar la proscripción del latifundio propuesta por la delegación comunista, pero precisando en la redacción que el límite máximo de tierra era flexible o variable según el tipo de explotación y tomando en cuenta las respectivas peculiaridades. Era, pues, un límite elástico al cultivo para racionalizar la producción, y no un tope rígido que maniatara al cultivador o empresario agrícola en el desarrollo de diversas explotaciones.
c) rechazar el impuesto progresivo sobre la tierra y cualquier otro medio de confiscación, directa o indirecta, contrario a la Constitución.
d) adoptar medidas legislativas que restrinjan la adquisición de la tierra por extranjeros y la reviertan al cubano.

Estos principios fueron expresa o tácitamente recogidos en el siguiente artículo aprobado por la Convención:

«Articulo 90. Se proscribe el latifundio y, a los efectos de su desaparición, la ley señalará el máximo de extensión de la propiedad que cada persona o entidad pueda poseer para cada tipo de explotación a que la tierra se dedique y tomando en cuenta las respectivas peculiaridades.»

«La ley limitará restrictivamente la adquisición y posesión de la tierra por personas y compañías extranjeras y adoptará medidas que tiendan a revertir la tierra al cubano.»

El álgido debate comenzó con la intervención del delegado Blas Roca en defensa de la enmienda del Partido Comunista.

Sr. Roca (Blas): «...Al proponer nuestra enmienda al artículo... del dictamen, lo hacemos tomando en cuenta que hace falta la limitación del latifundio en Cuba. No es una cuestión nueva...; es algo que han sostenido todos los economistas cubanos; es algo que han sostenido todas las prédicas revolucionarias... en los últimos tiempos de nuestra vida republicana.»

«En efecto, todo el mundo está sosteniendo que hace falta una reorganización de la economía cubana... [y una] diversificación agraria; que hace falta facilitar el desarrollo de una industria basada en un mercado interno... Y esto no puede lograrse mientras un solo individuo, o una sola empresa, o un grupo de empresas, pueda tener una extensión de terreno cultivable que alcance tanto como... [la] mitad de una provincia de Cuba...»

«De ahí que nosotros... planteemos la proscripción del latifundio y encarguemos a las leyes [que] señalen el máximo de tierra... Las leyes pueden fijar, por ejemplo, para la industria de la ganadería que el máximo de tierra que pueda poseer una entidad o una persona sea de 500 ó 600 caballerías; para la industria azucarera otro tanto; para tales y cuales cultivos tantas caballerías, etc.»

Sr. Martínez Sáenz (Joaquín): «Agradezco mucho que el señor Roca me permita interrumpirle para confirmar [mi] oposición al latifundio.»

«Quiero hacer constar que el Partido ABC no presentó una enmienda en tiempo oportuno porque había el criterio en esta asamblea que los preceptos del dictamen que no fueran aceptados, vendrían [al pleno]... con los votos particulares, dando la oportunidad de defenderlos aquí... Pero ésta es una cosa ya regulada, y sólo [la] mencionamos para fijar nuestra postura.»

«...Hay una industria en Cuba, la industria azucarera, que vive entre nosotros por medio del latifundio... Y ese latifundio no está en manos cubanas, sino en manos extranjeras que representan el imperialismo en Cuba...»

«La tierra cubana es tierra esclava y tiene que ser libertada. El latifundio azucarero es una vasta área de terreno sin población. Tenemos del otro lado una gran población sin industria y sin trabajo. Si hemos de corregir esta enormidad económica y dar trabajo a la población cubana, si vamos a combatir el latifundio y el imperialismo, si vamos a defender seriamente la bandera cubana plantada en este capitolio a bombo y platillos con motivo de la moratoria [hipotecaria], ésta es la gran oportunidad [de hacerlo]. ¡Rompamos el latifundio [y] liberemos las tierras! Es una medida tan decisiva... como la que le dió la libertad a los esclavos. La colonia habrá muerto cuando acabemos con el latifundio, agente efectivo de la esclavitud cubana.»

Sr. Roca (Blas): «Le agradezco al señor Martínez Sáenz esta interrupción, que me ahorra el tener que profundizar en [el] problema [del latifundio]...»

«La segunda parte [de nuestra enmienda] se limita a reproducir religiosamente el criterio mantenido por Sanguily en 1903, en el congreso de la República, fijando en un proyecto de ley la restricción de la posesión de la tierra por los extranjeros... Nuestra enmienda... reproduce este criterio previsor, que fue rechazado entonces, [y pide] que se consagre que la ley limitará restrictivamente la adquisición y posesión de la tierra por personas y compañías extranjeras, y [que] adoptará medidas que tiendan a revertir la tierra al estado cubano...»

«...[No] se trata aquí de... crear un cataclismo, sino de [disponer] que las leyes... [dicten] medidas progresivas que hagan pasar la tierra, hoy en manos extranjeras... en una extensión... mayor que la provincia de Santa Clara, incluyendo la Ciénaga de Zapata, a las manos cubanas.»

Sr. Mujal (Eusebio): «Una aclaración, con la venia de la presidencia. Reafirmando el criterio del compañero Blas Roca, desearía recordarle... que en Oriente, por ejemplo, hay una empresa azucarera que tiene 12,000 caballerías de tierra, [que abarcan] dos municipios, y... una guardia personal interna [que triplica] el número de policías... [de] Mayarí y Banes. Ir en contra de ese tipo de explotación y repartir la tierra de esa compañía... [a] los cubanos que la trabajan, es deber ineludible de esta Asamblea Constituyente...»

Sr. Roca (Blas): «Exactamente, yo quiero llamar la atención de la Asamblea para que tome... en cuenta estos argumentos al votar, [ya] que no se trata de crear un cataclismo [ni] de [adoptar] una medida inconsulta... Todo esto se consigna en la Constitución con la finalidad de que las leyes lo hagan realidad..., [considerando] todos los intereses y todas las circunstancias...»

Sr. Mañach (Jorge): «Tan no se trata de un cataclismo, señor Blas Roca, y tan no se trata de una medida que va a alterar toda la mecánica de la economía cubana en relación con otros países, que debe recordarse que en Puerto Rico existe la limitación del latifundio mediante el impuesto progresivo sobre la tierra, aunque no haya sido puesto en práctica. El principio ha sido sancionado por las autoridades, señal que, por lo menos teóricamente, consideran buena esa forma de contener el latifundio.»

Sr. Roca (Blas): «Yo termino... rogando a la Asamblea que rechace el dictamen para que vote [a favor de] la enmienda que hemos presentado.»

Sr. Cortina (José Manuel): «Creo que las enmiendas a esta [sección] del dictamen parten de un error... que no podemos aceptar, porque ese error doctrinal implica la revisión de todo el sistema político y económico que hemos venido acordando hasta ahora.»

«El impuesto progresivo sobre el capital o sobre la tierra es la forma más eficaz y drástica... [inventada] por los estados totalitarios comunistas para eliminar la propiedad privada [paulatinamente], sin pagarla.»

«No quiero hacer esta afirmación por mi propia autoridad. Voy a leer la parte pertinente de Manifiesto Comunista de Marx... –bandera y catecismo que inspira... al comunismo universal...»

«Si estuviera Marx en esta Convención, podría firmar complacido esta enmienda, que representa el triunfo de uno de sus métodos fundamentales para eliminar la propiedad privada. Lo interesante es que Marx no [prescribe] el impuesto progresivo [sobre la tierra]... [para] el estado comunista ya establecido, ya que... [en ese caso] no hay que implantar el impuesto porque la propiedad [habrá] desaparecido. Precisamente, Carlos Marx señala el impuesto progresivo como uno de los mejores métodos para destruir la propiedad privada en los estados que él llama burgueses.»

«Como se ve, la enmienda mantiene una doctrina muy... eficaz para producir el colectivismo, pero esa no es la doctrina consagrada por la revolución libertadora de Cuba, ni por la Constitución de 1901, ni por esta Constitución en todos los preceptos que ya hemos acordado.»

«Voy a leer la parte del Manifiesto de Marx concordante con lo que acabo de decir:

'El proletariado se servirá de su supremacía política para arrancar poco a poco todo el capital a la burguesía, para centralizar todos los instrumentos de producción en manos del estado, es decir, del proletariado organizado en clase dominante, y para aumentar rápidamente la cantidad de fuerzas productivas.'

'Esto, naturalmente, no podrá cumplirse al principio sino por una violación despótica del derecho de propiedad y de las relaciones burguesas de producción, es decir, por la adopción de medidas que, desde el punto de vista económico, parecerán insuficientes e insostenibles, pero que en el curso del movimiento irán más allá ellas mismas y serán indispensables como medio para trastornar todo el sistema de producción.'

'Estas medidas, entiéndase bien, serán muy diferentes en los diversos países. Sin embargo, para los países más avanzados las medidas siguientes podrán ser puestas en práctica:

1º expropiación de la propiedad territorial y aplicación de la renta a los gastos del Estado;

2º impuesto fuertemente progresivo [sobre la tierra y el capital];

3º abolición de la herencia.'

«Puede observarse que Carlos Marx recomienda el impuesto progresivo sobre la propiedad en los casos en que [se] encuentre un estado político favorable... Se trata, pues, de una medida táctica que [conduce] fatalmente a la colectivización total de la propiedad.»

Sr. Marinello (Juan): «Quiero decirle al señor Cortina que no vemos qué relación puede tener el Manifiesto Comunista con nuestra enmienda. En el ilustre documento marxista se alude claramente a la acción del proletariado..., [mientras] que nosotros propiciamos, con sentido exacto de la realidad, un amplio movimiento popular capaz de romper las condiciones de feudalidad y colonialismo que trae el latifundio. Nuestro partido aspira a un tipo de economía que corresponde al normal desarrollo de una democracia moderna. Con todo respeto, estimamos caprichosa e inatinente la cita que acaba de hacer el señor Cortina.»

Sr. Cortina (José Manuel): «Yo he leído el Manifiesto de Marx simplemente para recordar a la ilustración de los señores delegados algunos conceptos de filosofía económica que sirven para clasificar... la naturaleza y alcance de la enmienda que se ha propuesto. Mis palabras no tienen otro objeto que esclarecer la discusión para que la votación se produzca con toda libertad, pero con toda conciencia del alcance de lo que vamos a resolver...»

«Esta actitud sincera y enérgica que tienen los partidos en esta asamblea me da derecho a mí, que soy sólo demócrata y liberal, [a] sostener los puntos de vista de esa democracia y de ese liberalismo, del cual no quiero apartarme y del que tengo la convicción que el pueblo de Cuba no quiere abjurar.»

«Quiero significar con esto que [el] problema que enfoca la enmienda se puede ver desde dos puntos de vista. Si lo que se desea es llegar a la nacionalización completa de la propiedad y al cambio de un régimen [de libre empresa], la enmienda la creo buena y eficaz; pero si queremos mantener el sistema económico de Cuba, con todos los avances sociales... compatibles con la libertad y los derechos individuales, entonces hay que sostener el dictamen de la comisión coordinadora.»

«Si se acuerda la enmienda, que implica que el estado se puede apoderar de la propiedad por medio del impuesto progresivo, estamos votando algo que echa abajo todo lo acordado anteriormente sobre la organización política de Cuba, y estamos estableciendo, simple y llanamente, la potestad [del] estado de confiscar la propiedad libremente.»

Sr. Martínez Sáenz (Joaquín): «El impuesto progresivo existe en los Estados Unidos, en Inglaterra, en Francia, en Alemania, en Italia, y en casi todos los países bien organizados. En ninguno de esos países existe… [la protección] de la tenencia absoluta de la tierra por un grupo de individuos, mientras el pueblo está sin tierras que ocupar. Así que el impuesto progresivo no es una expropiación.»

Sr. Cortina (José Manuel): «En esta discusión yo creo que existe, dentro de la mejor buena fe, una confusión extraordinaria entre el impuesto progresivo sobre la renta y el impuesto progresivo sobre el capital y sobre la tierra. Y esto da lugar a que se me combata con un sistema táctico muy… efectista.»

«El sistema consiste en fabricar un gigante monstruoso de goma, pintarlo de rojo, ponerle una cara atroz y una caballera revuelta, y decir que esas son las ideas y argumentos que estamos exponiendo. Se hinchan los conceptos para que resulten absurdos, y entonces se toman los [términos] 'progreso' y 'bienestar público' para dispararle cañonazos a ese fantasma que es de aire y goma.»

«En efecto, los mantenedores de la enmienda dicen y dirán que yo estoy impidiendo que la propiedad tenga un carácter social, cuando yo he sostenido siempre lo contrario. Dirán acaso también que yo sostengo que debe de haber enormes latifundios improductivos, y eso tampoco es verdad, porque soy partidario de que toda tierra inútil que no se [ponga] en actividad…, sea objeto de regulación adecuada a fin de que se use para aumentar la riqueza económica… del pueblo.»

«Al que sostiene aquí una tesis de carácter técnico en materia económica, si no está llena de radicalismos –muchas veces improvisados y circunstanciales–, se le dice que no defiende al pueblo y que desea que las tierras estén abandonadas. [Así] se fabrica declamatoriamente una tragedia que tiende a coaccionar... al que habla y a los que oyen, y que no tiene nada que ver con lo que se está discutiendo.»

Sr. Martínez Sáenz (Joaquín): «El impuesto progresivo no es expropiatorio.»

Sr. Cortina (José Manuel): «Yo invito a mi distinguido amigo y prominente convencional, señor Martínez Sáenz, a que me traiga los antecedentes de la vigencia del impuesto progresivo en esos países, especialmente en los que tienen [un] régimen republicano democrático. Estoy seguro de que yo podría demostrarle que hay alguna confusión de apreciación o de interpretación en su memoria, no obstante la ilustración y competencia que le reconozco plenamente.»

Sr. Casanova (José Manuel): [Impuesto progresivo] «sobre la renta, sí, sobre la tierra, no.»

Sr. Cortina (José Manuel): «El impuesto progresivo sobre la renta, como he dicho anteriormente, es una cosa distinta del impuesto progresivo sobre el capital o sobre la tierra. Creo que ahí es donde está el error de apreciación de algunos convencionales.»

Sr. Casas (Cesar): «...¿No cree el doctor Cortina que es necesario que los convencionales del año cuarenta debamos preocuparnos por iniciar nuestra libertad económica?»

Sr. Cortina (José Manuel): «¡Esto sí que resulta original! A mí que estoy sosteniendo un régimen democrático liberal, con grandes proyecciones sociales, se me presenta como [mantenedor de] la esclavitud. De manera que la comisión coordinadora, en donde están representados los partidos existentes en la Convención, quiere, según esto, la esclavitud económica. [De acuerdo con]... este extraño criterio, el impuesto progresivo sobre la tierra, para que [ésta] pase a poder del estado sin indemnización, representa... en Cuba la libertad económica.»

«...No creemos aquí fantasmas voraces y males irremediables, que no existen. La Constitución que estamos adoptando facilita la solución de todos los problemas de Cuba, si es manejada prudente e inteligentemente... En el dictamen de la comisión coordinadora se avanza mucho más que en ninguna Constitución del continente americano... Se dice que el estado regulará la extensión de la tierra según la naturaleza de su explotación... Establecemos también en el dictamen que la estructura agraria... deberá estar constituida por unidades... que permitan racionalizar la producción de acuerdo con la naturaleza de ésta, es decir, en forma flexible... La racionalidad de la propiedad significa que ésta responda... al propósito de mantener las tierras todas de Cuba en... producción para que den trabajo y bienestar al pueblo y no constituyan riqueza inerte...»

«[Se impide] el latifundio improductivo... [lee]. Esta parte del dictamen me obliga a recordar algo muy importante. Nuestro país no es igual a las grandes repúblicas del continente, que tienen inmensas extensiones [de tierra] inhabitadas [o] inexploradas... Cuba es una isla que tiene aproximadamente 120,000 kilómetros cuadrados, y son muy pocas las extensiones de tierra... que no [tengan alguna] actividad económica. [Oyendo a mis opositores, pareciera] que somos una Convención Constituyente que tiene extendido sobre la mesa un mapa en donde están las inmensidades desiertas... del Brasil.»

«...Se habla, por ejemplo, de la industria azucarera y [de] las grandes extensiones que ocupa... Yo recuerdo, a este respecto, que... las tierras de Cuba [llegan] aproximadamente a 900,000 caballerías, y la industria azucarera sólo ocupa, directa o indirectamente 200,000 mil caballerías. Véase, pues, que las tierras ocupadas por [esa] industria..., aunque sean de las más fértiles..., no abarcan sino la cuarta parte, o menos, de la extensión total de la República.»

«Nosotros... señalamos en el dictamen una orientación al estado para examinar todos [los] problemas de la tierra e ir gradualmente [ajustando] la distribución y explotación de ella...

[a] las necesidades sociales, pero sin alterar violentamente el sistema económico de Cuba...»

Sr. Mañach (Jorge): «Señor Cortina, el precepto del dictamen es un precepto vago, elástico y gelatinoso, que no tiene más que un concepto concreto, y es la incitación a la limitación del latifundio improductivo. Sobre el latifundio productivo, que es otra de las formas de la gangrena agraria cubana, no se dice nada.»

Sr. Cortina (José Manuel): «El problema de los llamados latifundios [productivos] en Cuba es una cuestión más complicada de lo que parece... Bastantes centrales azucareros son poseedores de grandes extensiones de terrenos, pero en Cuba existe un tipo de agricultores que elimina todo carácter de latifundio antisocial a esas [tierras]... Me refiero al colonato cubano de caña, o sea a los 50,000 agricultores... que forman esa importante clase social. Los colonos disponen de porciones de tierra... que son propiedad del ingenio. [Ellos]... las cultivan para sembrar caña y... otros artículos que les son necesarios..., y la producción de esa tierra se divide por partes iguales entre el ingenio que convierte en azúcar el jugo de la caña y los colonos que cultivan la tierra para producir la caña. [Estos últimos] suelen recibir un préstamo refaccionario del ingenio para ser reintegrado cuando se recoja la cosecha.»

«...He ahí por qué la comisión coordinadora ha procedido con la debida prudencia. La idea nuestra va encaminada, en primer término, a que se pongan en producción todas las tierras abandonadas...»

«Aquí se ha fabricado, en estas discusiones, un fantasma, contemplando alguno que otro caso aislado que puede ser resuelto por leyes especiales... Se olvida la verdadera situación general de Cuba, teniendo a la vista el catastro y las estadísticas de producción.»

«Cuando se habla de los latifundios, se piensa, [en primer término], en los ingenios, y yo no veo la [necesidad de]... cambiar totalmente la situación de los centrales azucareros, cuando éstos tienen un principio de división y parcelamiento [de tierras] espontáneo [que beneficia a los colonos]... Lo que tenemos que hacer es proteger lo que existe y [procurar] que... constituya una forma de agricultura en participación, cooperación o propiedad... en beneficio de todos.»

«...Nosotros no tenemos ninguna objeción que hacer al precepto del dictamen [que proscribe el latifundio improductivo]... Pero si el concepto se extiende de una manera general y absoluta..., creemos que, lejos de producir confianza en la legislación, vamos a introducir un elemento de perturbación en un país que en el orden económico requiere estabilidad y progreso evolutivo.»

«Y sería aún más perturbador si [se] acuerda un precepto que equivalga a decir: 'Toda tierra podrá ser adquirida por el estado, sin indemnización alguna, por medio del impuesto progresivo...' Sería un precepto que destruiría totalmente todas las garantías que en otros aspectos [le] hemos dado en esta Constitución a la propiedad...»

Sr. Prío Socárras (Carlos): «Perdóneme la presidencia, pero es que quiero hacer una breve interrupción. Efectivamente, yo creo que esta asamblea muchas veces [ha creado] fantasmas, pero no podemos excluir al convencional señor Cortina de los que los crean... No vamos a esperar que la progresión... [de] los impuestos [sobre la tierra] sea tan desorbitada que efectivamente constituya una confiscación...'

«Yo le decía al convencional Cortina que [esos impuestos] funcionan automáticamente. El poseedor de grandes extensiones de terrenos no adquirirá mayor cantidad cuando sepa que... va a ser... perjudicial a sus intereses... De esa manera automática se limitará el latifundio, sin confiscación de ninguna clase, como se hace con la renta en otros países, y se hace también con la propiedad de la tierra...»

«...Soy un ciudadano que está tan interesado como el que más en servir los intereses públicos..., [pero] hay que dar algunos datos para esclarecer esta cuestión, en lo que se refiera a la industria azucarera, porque se habla del latifundio de la industria con... una gran ignorancia en cuanto a la misma se refiere.»

Sr. Casanova (José Manuel): «No se me oculta que hay problemas en la provincia de Oriente, y en la provincia de Camagüey..., que tienen que ser resueltos por el gobierno en interés de país... Pero eso sí, hay que tener mucho cuidado con las medidas que [se] tomen, a fin de no hacer imposible que la industria azucarera pueda continuar su función social...»

«...Hay 30,309 colonias [de caña] en activo... Si nosotros dividimos las 157,542 caballerías de tierra que poseen todos los ingenios... [entre las colonias], nos encontramos con que a cada [una le correspondería] cinco caballerías... No [puede ser]... que la aspiración nuestra... [sea] que las 157 mil y tantas caballerías, que están en cultivo, se repartan entre los colonos de Cuba...»

Sr. Presidente (Márquez Sterling): «Se le ha vencido el tiempo al señor Casanova.»

Sr. Casanova (José Manuel): «Lamento no haber podido explicar...»

Sr. Presidente (Márquez Sterling): [Agitando la campanilla]: «Señor Casanova está en el uso de la palabra el señor Cortina. Le queda un minuto, señor Cortina.»

Sr. Cortina (José Manuel): «Exclusivamente para repetir que no aceptamos el impuesto progresivo [sobre la tierra], porque la finalidad del dictamen es adaptar las reformas que se hagan en materia agrícola a lo que realmente reclaman las necesidades del pueblo de Cuba.»

«El impuesto progresivo sobre el capital [y] sobre la tierra es el impuesto marxista confiscatorio por virtud del cual el estado... se apodera, bajo la denominación de contribución, de toda la propiedad, si así lo desea, sin pagar indemnización alguna. Ese es, como hemos demostrado, el instrumento universal y... poderoso del comunismo para destruir la propiedad privada. ¿La Constitución cubana tiene por objeto esa finalidad?»

Srta. Villoch (María Esther): «...Yo voy a hablar en contra del dictamen y a favor de la enmienda suscrita por mí y otros compañeros delegados del Partido Revolucionario Cubano...»

«...Es cierto que el artículo de la comisión coordinadora, como expresaba hace unos momentos el señor Cortina, aborda el problema del latifundio, [pero] lo hace de una manera tan vaga que resulta la medida que propone absolutamente ineficaz.»

«...La enmienda del Partido Revolucionario Cubano [dispone]... que las leyes señalarán el máximo de extensión de la propiedad que cada persona o entidad pueda poseer, tomando en cuenta también el tipo de explotación a que se dedique la tierra...»

Srta. Sánchez Mastrapa (Esperanza): Con respecto a la enmienda nuestra y la del Partido Revolucionario Cubano, quería aclarar que la enmienda del Partido Comunista solamente se diferencia en que ustedes señalan un impuesto progresivo, y nosotros no.»

Srta. Villoch (María Esther): «Exactamente... Ambas enmiendas tienen puntos de contacto. La diferencia está, como aclara la doctora Sánchez, en el impuesto progresivo, que nos parece el medio más apropiado para combatir el latifundio.»

«En ultimo término [nuestra enmienda] dice: [lee la parte que limita la adquisición y posesión de tierra por personas o entidades extranjeras]. Este es un problema que nosotros necesitamos forzosamente resolver, porque casi toda la tierra de nuestro país ha ido progresivamente a manos extranjeras... Existen fincas azucareras de 11, 12 y hasta 14 mil cabellerías de companías extranjeras, muchas de ellas que actualmente no están dedicadas en gran parte... a la siembra de caña...»

Sr. Álvarez González (Rafael): «...Hay en Cuba latifundios de miles de caballerías, pero no es menos cierto que existe una crisis agrícola permanente. En Cuba se siembran piñas y sobran piñas; se siembran tomates y sobran tomates; en fin, todo lo cultivable. La crisis de Cuba depende de dos cosas: falta de población y falta de consumo... Por tanto, yo estimo que si fragmentáramos nuestras grandes extensiones de terrenos, la crisis sería aún más aguda por exceso de producción.»

Srta. Villoch (María Esther): «No niego que todos esos factores contribuyan a la crisis, pero también contribuye en gran parte el latifundio. Y ¿por qué si podemos evitarlo no hemos de hacerlo? Es muy terrible que se siembren piñas, como decía S.S., y no se encuentre dónde venderla, pero es más terrible que el campesino cubano no tenga dónde sembrar piñas, ni tenga siquiera nada que comer ni dónde vivir.»

Sr. Martínez Sáenz (Joaquín): «Yo quiero decirle a esta asamblea que en las memorias de Mr. Taft, que fue interventor de la República de Cuba y después fue Presidente del Tribunal Supremo de los Estados Unidos, se dice que en Cuba no habrá República mientras no exista una clase campesina que sea dueña de las tierras... No fue un cubano; fue un norteamericano quien eso dijo, y un norteamericano conservador.»

Srta. Villoch (María Esther): «Coincido con el criterio del señor Martínez Sáenz. Yo creo que mientras la propiedad cubana no se diversifique y cada campesino tenga donde trabajar, no tendremos una República grande y libre... Voy a terminar pidiendo... a esta asamblea que vote esta enmienda, que no es radical [y] no contempla ninguna finalidad comunista...»

Sr. Dorta Duque (Manuel): «Yo entiendo que el impuesto progresivo [sobre la tierra] en un régimen como el nuestro..., donde existe la expropiación, previa la correspondiente indemnización y... [donde se ha consagrado] la irretroactividad [de las leyes civiles]..., jamás podrá tacharse por nadie de impuesto marxista... En cambio, votar una moratoria [hipotecaria] en la forma precipitada... en que lo han hecho ustedes, eso sí es marxismo.» [Murmullos en el salón.]

Sr. Presidente (Márquez Sterling): «Terminado el incidente... Se pone a votación el artículo del dictamen.»

[Antes de procederse a la votación, el convencional José Manuel Cortina, viendo la necesidad de superar la enconada polarización existente en la asamblea y de lograr un consenso mayoritario, propuso a nombre de la comisión coordinadora una fórmula transaccional. Esta fórmula consistió en lo siguiente: votar en contra del dictamen; apoyar la proscripción del latifundio pautada en la enmienda del Partido Comunista, pero precisando que los límites a la extensión de la propiedad sean flexibles para cada tipo de cultivo; rechazar, por confiscatorio, el impuesto progresivo sobra la tierra, y autorizar la adopción de medidas legislativas que restrinjan la adquisición de la tierra por extranjeros y la reviertan al cubano.»]

Sr. Cortina (José Manuel): «Pido la palabra en relación con la votación... Tengo una profunda preocupación de que la asamblea, por la naturaleza premiosa... de la discusión, a falta de la debida información, adopte un acuerdo imprudente y precipitado sobre esta cuestión y siente un principio en nuestra Carta Constitucional de consecuencias... incalculables.»

«Por esta razón, guiado por las inquietudes de nuestro patriotismo, estoy buscando, entre todas las opiniones aquí emitidas, algún punto común o [de] coincidencia que nos permita llegar a una transacción que unifique, en lo posible, el criterio de la mayoría...»

«A fin de facilitar esta transacción, y obligado por las reglas de discusión que hemos adoptado, nosotros vamos a votar en contra del dictamen, no porque [estemos en contra] de su contenido, sino como medio táctico para facilitar la fórmula final de transacción que estamos elaborando.»

«Para llegar a este resultado, hemos revisado la enmienda propuesta por el Partido Revolucionario Comunista, que encierra ideas análogas a las del dictamen, aunque [con]... ciertas definiciones... algo más radicales, pero que no discrepan fundamentalmente de nuestro propósito.»

Sr. Presidente (Márquez Sterling): «Eso no [es] en relación con la votación.»

Sr. Cortina (José Manuel): «Lo que acabo de decir es para explicar ante la asamblea la paradoja que se va a producir cuando nosotros emitamos nuestros votos en contra del dictamen, a pesar de... sostener sus mismos principios, pero con otra redacción de carácter trascendental.»

Sr. Martínez Sáenz (Joaquín): «Lo que pasa es que el señor Cortina leyó a Carlos Marx y se dejó convencer.»

Sr. Cortina (José Manuel): «Sí, yo he leído mucho a Carlos Marx para estar debidamente informado. Y esa lectura me permite saber que el tipo de impuesto progresivo [sobre la tierra] que sostiene Carlos Marx para destruir la propiedad, se asemeja bastante al impuesto progresivo que está sosteniendo el Partido ABC en este caso...»

[Rechazado el dictamen, el convencional Mujal pidió la palabra a nombre del Partido Revolucionario Cubano.]

Sr. Mujal (Eusebio): «Nosotros mantenemos nuestra enmienda porque consideramos que el impuesto progresivo no va contra la propiedad...»

Sr. Presidente (Márquez Sterling): «Ruego al señor Mujal que no consuma un nuevo turno.»

Sr. Mujal (Eusebio): «Es que como el señor Cortina pudo consumirlo, y habló como si estuviera en un acto de propaganda política...»

Sr. Presidente (Márquez Sterling): «La Presidencia quiere indicar al señor Mujal que no tiene derecho a calificar las palabras del señor Cortina como de un mítin político. El señor Cortina es un hombre transigente y de un alto espíritu patriótico, como lo es el señor Mujal...»

Sr. Cortina (José Manuel): «No soy candidato a Representante [a la Cámara] como usted, señor Mujal.»

Sr. Mujal (Eusebio): «He hablado de propaganda política.»

Sr. Cortina (José Manuel): «Yo no soy candidato a Representante, señor Mujal.»

Sr. Mujal (Eusebio): «Voy a tener que traer una campanilla...»

Sr. Presidente (Márquez Sterling): «Si el señor Mujal cambiara su enmienda por una campanilla, ganaríamos mucho...»

[Rechazada la enmienda del señor Mujal y otros convencionales que propugnaba el impuesto progresivo sobre la tierra, se aprobó, como resultado de la transacción, el texto que aparece en el artículo 90 de la Constitución.]

EL RÉGIMEN SEMIPARLAMENTARIO

Inglaterra fue la cuna del parlamentarismo. Pero el alumbramiento del sistema inglés con sus tres componentes –rey, primer ministro y parlamento–, no siguió ningún patrón ni se produjo de golpe. Fue el resultado de un largo y accidentado proceso de gestación, interrumpido a veces por violentos cismas y agitadas disensiones. A pesar de sus eclipses transitorios, el sistema ha perdurado hasta la fecha con gran flexibilidad, ajustándose a las necesidades de cada época mediante reformas congruentes con la idiosincrasia inglesa y sus tradiciones.

El régimen parlamentario de Inglaterra se hizo posible gracias a la Carta Magna que los nobles lograron arrancar a Juan Sin Tierra en 1215. Comenzó a despuntar con los consejos consultivos del rey Eduardo I, uno de los cuales, la Curia Regis, solía reunirse «in parliamento.» Logró con el tiempo que el soberano les reconociera a los «comunes» facultades legislativas, incluyendo el derecho a aprobar impuestos. Desafió y rompió con la monarquía durante la guerra civil (1642-57), que llevo al cadalso a Carlos I, y la revolución «La Gloriosa» de 1688. Forjó posteriormente un delicado consenso nacional sustentado en el poder simbólico del rey, quien reina pero no gobierna, y en el poder efectivo de un primer ministro, quien con su gabinete ejerce las funciones de un verdadero jefe de estado, pero sujeto a la confianza de la Cámara de los Comunes.

El sistema inglés alcanzó su maduración democrática e institucional en el siglo XIX con el fortalecimiento de dos grandes partidos políticos y la gradual eliminación de las corruptelas electorales que se incubaron en los llamados «burgos podridos.» Pero el proceso de renovación aún continúa. La Cámara de los Lores está siendo reestructurada, restringiéndose la sucesión hereditaria, y se estudian reformas electorales con cierto grado de representación proporcional a fin de captar mejor el sentir del universo de electores.

A la luz de la experiencia de Inglaterra y de otros países europeos, cabe afirmar que el régimen parlamentario tiene la virtud de racionalizar las facultades excesivas que suelen concentrarse en el jefe de estado. Asimismo, amortigua los choques inevitables entre el poder ejecutivo y el poder legislativo, abriéndoles cauces pacíficos a las controversias políticas. La historia confirma que crisis enquistada es convulsión asegurada. Y el régimen parlamentario, con sus interpelaciones y mociones de confianza o de censura, a tono con las corrientes de opinión pública, viabiliza cambios de gobierno impostergables sin violentar el orden constitucional.

Mas el régimen parlamentario, cuando es «puro» y sin frenos, tiende a ser anarquizante, sobre todo en países que carecen de las tradiciones inglesas. Sin una mecánica que regule o limite las crisis ministeriales y agilice la formación de nuevos gobiernos, dicho régimen puede producir impasses hemipléjicos. Por eso casi todos los pueblos que han adoptado el sistema parlamentario se han visto obligados a reglamentarlo de una forma u otra.

Francia, por ejemplo, que tuvo 26 gobiernos durante los doce años de la Cuarta República, es decir, un promedio de cinco meses y medio por gobierno, tuvo que modificar su Constitución. Al asumir de Gaulle la presidencia en 1958, en medio de la enconada crisis argelina que estuvo a punto de provocar un golpe militar en Francia, el General estabilizó el país implantando un régimen parlamentario regulado a la francesa, que algunos llamaron semiparlamentario y otros semipresidencial.

Este régimen de la Quinta República introdujo una serie de reformas, tales como el sufragio universal para elegir al presidente como jefe de estado directamente, y no a través del parlamento; un período presidencial más largo de siete años (que ahora ha sido reducido a cinco); mayoría absoluta para plantear votos de censura, y otras medidas reglamentarias para restringir las crisis ministeriales.

Alemania, por su parte, optó por un sistema parlamentario que impide la caída del gobierno a no ser que la oposición tenga en el parlamento mayoría absoluta para elegir al nuevo canciller. Siguiendo ese patrón, la Constitución española de 1978 requiere, para la adopción de toda moción de censura, la inclusión de un candidato a la presidencia del gobierno que cuente con la mayoría absoluta de los diputados. Si la moción de censura no es aprobada, sus signatarios no pueden presentar otra durante el mismo período de sesiones.

Grecia y Portugal establecen intervalos o espacios de tiempo para ratificar o repetir mociones de censura. Italia, que ha reorganizado sus gobiernos casi sesenta veces desde el fin de la segunda guerra mundial, está tratando, (hasta ahora infructuosamente), de reformar su sistema parlamentario según el modelo francés. Ese es el diseño que, en esencia, adoptaron Polonia y otros países de Europa del Este a la caída del comunismo.

Como se ve, el parlamentarismo reglamentado en cuanto a las crisis de confianza o el presidencialismo atemperado con modalidades parlamentarias –según la idiosincracia y necesidades de cada pueblo– es la tendencia que siguen principalmente las democracias modernas.

Como paradigma opuesto, no puede invocarse el presidencialismo norteamericano, por ser éste un sistema *sui generis*. La patria de Washington es una amalgama federal muy descentralizada, con cincuenta estados que, en muchos aspectos, son cuasirepúblicas. Por otra parte, las importantes designaciones presidenciales requieren de la aprobación del senado, y los comités parlamentarios tienen amplio poder conminatorio para interpelar a los funcionarios del poder ejecutivo y someterlos a minuciosas investigaciones.

En lo que respecta a Cuba, el régimen político establecido en la Constitución de 1901 fue rígidamente presidencialista. Mientras otros países latinoamericanos introducían en sus sistemas políticos modalidades parlamentarias, incluyendo votos de censura para remover a los ministros, o ensayaban gobiernos colegiados como el Uruguay, Cuba continuaba aferrada a un régimen centrado en presidentes todo poderosos que gobernaban sin tener siquiera que explicar o defender su política de gobierno ante el congreso.

Enrique José Varona fue uno de los primeros en reconocer públicamente la necesidad de rectificación. En 1918, Varona escribió lo siguiente:

«...Había creído yo que las condiciones del desarrollo de nuestra nacionalidad, tan combatida por elementos internos y externos, pedían una organización política más sencilla y mayor amplitud en los poderes del ejecutivo. Este punto de vista era teórico, como de quien no había visto de cerca el funcionamiento de nuestras instituciones. Después de la triste experiencia de estos últimos diez años, no me es posible abrigar ilusiones a ese respecto. Toda extensión de facultades en el jefe de gobierno nos precipita contra el terrible escollo del cesarismo.»

«Precisamente porque toda nuestra dolorosa historia anterior se había vaciado en ese molde, nada resulta más fácil al pueblo cubano que dejarse arrastrar por esa corriente, la cual lleva mansamente al abismo. Y tanta sangre y tantas lágrimas no han debido derramarse, para encontrarnos al cabo en esta alternativa ominosa: el gobierno irresponsable o la convulsión[19]...»

Concordando con Varona en la necesidad de evitar o atemperar el cesarismo de los presidentes cubanos mediante innovaciones parlamentarias, Mario García Kohly escribió en 1930 su libro, «El Problema Constitucional en las Democracias Modernas.» Pero fue José Manuel Cortina quien, con perseverancia y convicción, elaboró, defendió y plasmó en realidad el proyecto del régimen parlamentario reglamentado, que se dio en llamar semi parlamentario.

Dicho proyecto formó parte de un plan más amplio de reformas constitucionales que impulsó Cortina en 1930 y 1931, y que incluía el recorte del mandato presidencial prorrogado de Gerardo Machado. Aunque el plan de Cortina fue aceptado en principio por los partidos representados en la «mediación» y aprobado con algunas enmiendas por la cámara de representantes, no llegó a cristalizar en esos momentos debido a la intransigencia de Machado y a las corrientes revolucionarias que ya se habían desbordado.

Unos años después, en la Convención Constituyente de 1940, Cortina presentó de nuevo sus bases para la reforma constitucional, incluyendo el proyecto del régimen semiparlamentario. Aprobado por la comisión coordinadora, Cortina lo defendió ante la asamblea al presentarse el dictamen sobre los órganos del estado, sujeto a las siguientes directrices:

- El presidente de la República es el jefe de estado (como en Francia), y debe actuar como poder director, moderador y de solidaridad nacional. (La idea es que el presiden-

---

[19] Enrique José Varona, *Por Cuba (Discursos)*. Imprenta El Siglo XX. 1918. Páginas 6 y 7.

te no esté sometido al desgaste contínuo de la política partidista a fin de preservar su autoridad).

- Para el ejercicio del poder ejecutivo, el presidente estará asistido de un consejo de ministros, (no de secretarios de despacho como antes), que el propio presidente nombrará dando cuenta al congreso. El primer ministro representará la política general del gobierno y a éste ante el congreso.

- Para que las leyes y demás disposiciones autorizadas por el presidente entren en vigor, deberán estar refrendadas por los ministros.

- Los ministros (hasta la mitad) podrán ser congresistas, y concurrirán al congreso por su propia iniciativa, o a instancia de cualesquiera de sus cuerpos, para informar ante ellos, contestar interpelaciones, deliberar en su seno y plantear cuestiones de confianza.

- El poder legislativo lo ejercen dos cuerpos –cámara de representantes y senado– que juntos constituyen el congreso.

- Cada cuerpo colegislador podrá determinar la remoción total o parcial del consejo de ministros, aprobando por mayoría absoluta de votos una moción de no confianza.

- La facultad de negar la confianza a todo o parte del consejo de ministros sólo podrá ejercitarse transcurrido por lo menos seis meses del nombramiento inicial del consejo de ministros o de la aprobación posterior de una moción de no confianza. (La reglamentación de las crisis de gobierno, siguiendo distintas variantes, figura ya en casi todos los regímenes parlamentarios modernos).

Los convencionales del 40, al aprobar este sistema por amplia mayoría, quisieron introducir en la Constitución modalidades parlamentarias que atemperasen los poderes excesivos del presidente sin crear vacíos de poder ni desajustes anarquizantes. Lamentablemente, el semiparlamentarismo sólo rigió a medias en Cuba durante doce años de gobiernos constitucionales. Adoleció este sistema de algunas lagunas, que permitieron, entre otras cosas, que un presidente, irrespetuoso del espíritu constitucional, premiara con la secretaría de estado a un ministro de comercio que acababa de ser censurado por el congreso y obligado a dimitir tras moción de no confianza.

No obstante lo anterior, procede en justicia reconocer que los fallos del semiparlamentarismo en Cuba fueron más que todo funcionales —originados por viejas corruptelas, por lastres presidencialistas arraigados, y por falta de tiempo para que cuajasen las reformas. No se parlamentariza un pueblo de la noche a la mañana, ni se domeñan excesos presidenciales con sólo imprimir en el papel, y no en la conciencia ciudadana, pragmáticas constitucionales. Una golondrina no hace verano.

Para erradicar en el futuro las prácticas nocivas que nos llevaron al cesarismo, habrá que complementar las modalidades parlamentarias que se adopten con un sistema electoral que propicie la creación de partidos políticos fuertes. Habrá que asegurarles a los congresistas una remuneración adecuada, sin intromisiones, dádivas y sobornos del poder ejecutivo. Habrá que elegir presidentes honorables que renuncien a la dirigencia de sus partidos y deleguen en el primer ministro y el gabinete el desarrollo de la política de gobierno, a fin de preservar su autoridad como «poder director, moderador y de solidaridad nacional.» Habrá que crear una vigorosa y bien informada opinión pública dentro de la sociedad civil, que cumpla su misión fiscalizadora sin doblegarse ante los gobernantes, pero respetando las instituciones. En fin, habrá que consolidar, con paciencia, concordia y probidad, un estado de derecho legitimado periódicamente en las urnas y sustentado en el estricto cumplimiento de la Constitución y de las leyes, que obligan por igual a los gobernantes y a los gobernados.

Veamos seguidamente los argumentos que se esgrimieron en el seno de la Constituyente de 1940 para diseñar y aprobar el sistema semiparlamentario. Comienza el debate discutiendo un voto particular o enmienda del convencional Antonio Bravo Acosta, que restringe los poderes que el dictamen de la comisión coordinadora le confiere al consejo de ministros (que Bravo Acosta llama consejo de secretarios).

Sr. Bravo Acosta (Antonio): «...Creemos que no puede la nación, que no puede el país en este momento lanzarse a ensayar el régimen establecido en su totalidad por la comisión coordinadora, porque no hay la preparación cívica suficiente para ello, ni creemos que por las circunstancias especiales que atraviesa el mundo sea aconsejable un régimen en la forma establecida por la comisión coordinadora.»

«Y el ejemplo lo están dando muchos países, y especialmente Francia, que tiene un régimen parlamentario casi puro... [Ella] ha tenido que dar al presidente de la República o al presidente del consejo de ministros últimamente todas las facultades, casi dictatoriales, que se pueden dar en un país para poder desenvolver los asuntos nacionales y... defender a la nación en los momentos difíciles.»

«Creemos, reitero, que la forma establecida en el voto particular, que admite concesiones de cierto desenvolvimiento parlamentario, es la que puede resultar más beneficiosa para la República en estos momentos...»

[En contra del voto particular de Bravo Acosta y a favor del dictamen de la comisión coordinadora –aprobado posteriormente por la asamblea– se pronunció el convencional José Manuel Cortina].

Sr. Cortina (José Manuel): «Este problema [de la reforma de nuestro régimen presidencial rígido y absoluto] se viene debatiendo en Cuba desde hace mucho tiempo… [Y] mientras nosotros discutíamos… sin resolver nada, la América ha ido avanzando. En la república del Uruguay se estableció hace muy poco tiempo un régimen parlamentario más radical que el que nosotros proponemos.»

«Siempre he sido partidario de un sistema parlamentario como régimen de gobierno para los cubanos. Tuve el honor de iniciar en Cuba una legislación de tipo parlamentario, que propuse en la cámara de representantes hace ya un buen número de años. Por ella se establecía, sin contradecir la Constitución, la asistencia de los secretarios de despacho al congreso. Mi proposición fue aprobada por ambas cámaras, pero vetada por el presidente.

En las postrimerías del gobierno [de Machado] que precedió a la revolución, con [el] objeto… de solucionar el conflicto político-revolucionario…, formulé y publiqué un proyecto de bases para reformar la Constitución, en el que están encerrados casi todos los principios y modalidades que ha aceptado la comisión coordinadora en el dictamen que discutimos.»

«El congreso en aquella época impartió también su aprobación a la reforma propuesta en esas bases, pero no llegó a ser ley. Posteriormente, en la llamada 'comisión de la mediación', propuse la misma reforma y fue aprobada… Es decir, que pocas innovaciones… [han] tenido [más] preparación social y… [examen] más intenso por la crítica y la opinión pública [que ésta].»

«Como antecedente..., deseo insistir en el hecho de [que] entre las repúblicas de América el único país en donde los ministros no concurren a informar al congreso, en una forma u otra, es Cuba. En los propios Estados Unidos de Norteamérica el régimen presidencial está atenuado por la constante [comparecencia]... de los ministros [ante] las comisiones del congreso...»

«En la evolución del sistema representativo democrático, nosotros nos hemos quedado retrasados... Se elige a un presidente y se le dice, erróneamente, que puede gobernar según su completo arbitrio... Esto [lo] lleva algunas veces... a producirse en forma que lo pone rápidamente frente a la opinión pública, sin tener ningún instrumento flexible... que le permita conjurar las crisis con hábiles cambios de gobierno... reclamados por la realidad...»

Con el... sistema que establecemos..., el presidente... no pierde ninguna de sus facultades necesarias... y, en cambio, adquiere medios mucho más eficaces para poder ser, en todo tiempo, un líder del bien público y un poderoso representante de la nación. La acción del parlamento sobre el gobierno está reglamentada en forma [tal] que en ningún momento el parlamento puede sobreponerse a la autoridad que el pueblo [le] confiere al presidente para dirigir el estado... El congreso puede influir sobre el gobierno, pero el congreso no puede gobernar, porque quien gobierna siempre es el presidente.»

«El presidente... nombra y separa libremente a sus ministros. El dictamen en esto es igual al voto particular [del convencional Bravo Acosta]. Veamos ahora la diferencia. En el voto particular el consejo de ministros no tiene personalidad [ni responsabilidad]; no interviene... en la proyección política del gobierno, ni en las leyes que se propongan, ni en la sanción de éstas. En el dictamen que defendemos..., los ministros tienen responsabilidad ante el parlamento..., y el presidente designará entre [ellos] a un... primer ministro al objeto de que represente, en forma armónica y unificada, la política del gobierno ante el parlamento.»

«El presidente de la República, con este sistema..., conserva su autoridad de jefe de gobierno, preside el consejo de ministros y puede, sin embargo, desdoblar la responsabilidad en el consejo y en el primer ministro; es decir, que tiene el presidente todas las ventajas del régimen parlamentario, sin ninguno de sus inconvenientes.»

«El sistema que hemos tenido tiende... a poner sobre el presidente todas las responsabilidades de un jefe absoluto, sin que tenga, sin embargo, los medios legales de ejercer, [en armonía con el congreso], ese poder que se le atribuye. El resultado ha sido que nuestra historia republicana se ha caracterizado por que todos los presidentes han tenido que enfrentarse con una o más revoluciones.»

«De una parte, el régimen antiguo estimula en los presidentes que tengan poco balance... la soberbia y la intransigencia; y de otra parte, tiende a hacer del parlamento un órgano ineficaz, verboso e irresponsable... Después la pasión... lleva a los partidos a dañar la nación, por [querer] herir o perjudicar al presidente, lo que produce el descrédito de la democracia...»

«En todos los tiempos, aun en las épocas de los reyes absolutos, la necesidad obligó a los jefes de estado a desdoblar sus responsabilidades en ministros capaces... de asumirlas también. Con [el] sistema [que proponemos] se mantiene la autoridad del presidente... pero se le disminuye la responsabilidad en cuanto a que recae ésta también en un consejo de ministros, que es órgano responsable de contacto y enlace entre el poder ejecutivo y el poder legislativo.»

«Examinemos ahora otro aspecto muy importante del dictamen que defendemos. Me refiero a las crisis de gobierno. Todos los adversarios del régimen parlamentario resumen sus ataques al sistema en la falta de estabilidad de los gobiernos cuando éstos dependen de la mudable opinión de los parlamentos...»

«El sistema que hemos adoptado... elimina esta poderosa objeción... El presidente, al tomar posesión..., nombra su gabinete, y a éste no se le pueden plantear cuestiones de confianza sino después de seis meses de estar desempeñando sus funciones. Pasados estos primeros seis meses, el parlamento puede –si hay evidente incompatibilidad entre la política del gobierno y la mayoría del parlamento– plantearle... a los ministros la cuestión de [no] confianza, la cual, para ser... aprobada habrá de obtener la mitad más uno de votos favorables de la totalidad del cuerpo de que se trate. Producida la crisis, el cuerpo colegislador que la hubiere [originado] carece de facultades para volverla a [plantear] en el espacio de tiempo de un año, siendo el otro cuerpo colegislador el único que puede [provocar] una nueva cuestión de [no] confianza después de pasados seis meses de haberse nombrado el nuevo ministro [o consejo de ministros].

«Como se ve..., los ministros nombrados... tienen una estabilidad absoluta no menor de seis meses... Queda... [así] destruida la objeción de los gobiernos relámpagos..., barridos por los grupos hostiles de los parlamentos...»

«La crisis es la cirugía del régimen, y no debe producirse más que en casos muy excepcionales... Se ha dicho que la virtud y eficacia del régimen parlamentario es que las crisis sustituyen y neutralizan las revoluciones. ¡[Sí], esa es su gran fuerza! ¡Esa es la utilidad máxima del parlamentarismo! Y yo me pregunto..., en una República que desde su fundación no ha habido presidente que no tuviera una o más revoluciones, ¿no está reclamando... un sistema que [las] evite... en sus consecuencias funestas? Seríamos ciegos si frente a una historia cargada de sangre, que nos reclama una reforma radical, esta Convención volviera la espalda a las tristezas de Cuba y [mantuviéramos] el fatal régimen que nos ha conducido a repetidas horas de dolor, ruina y anarquía...»

Sr. Bravo Acosta (Antonio): «Donde quiero oír al Dr. Cortina es con respecto a las facultades del presidente para sancionar y vetar leyes y a todas las facultades que se [le] dan al consejo de ministros.»

Sr. Cortina (José Manuel): «...En lo que respecta a la sanción de las leyes, ¿qué menos puede hacer el presidente que consultar a su gabinete si debe o no sancionar la ley? Naturalmente, es posible que un gabinete no esté de acuerdo con que una ley sea sancionada y... desea que sea vetada. Entonces... lo que puede hacer el presidente..., si no se acepta su criterio por el gabinete, es pedirle la dimisión a los ministros que no estén de acuerdo con su política.»

«No veo, pues, que esté limitada la potestad del presidente. Por el contrario, considero que debe sentir satisfacción en tener oportunidad de consultar a los hombres que comparten con él la responsabilidad [de gobierno]. No hay desdoro alguno en la consulta entre hombres distinguidos, y es conveniente que esto se repita, porque acaso uno de los más grandes males que ha tenido nuestro país es que muchas veces los gobernantes creen que rebajan su autoridad... [intercambiando] libremente ideas respecto de las decisiones de gobierno. Las deliberaciones, oyendo opiniones distintas, es una función que honra a la inteligencia del que las [promueve]. Después viene la determinación o resolución..., [que] puede adoptar el presidente según su propio criterio, porque nada le cohibe hacerlo aunque haya oído opiniones contrarias.»

«...Desde luego..., en el régimen parlamentario, lo mismo en éste que en los otros, hay muchas situaciones que no se pueden reglamentar. Hay una gran parte del régimen que tiene que ser complementada por el patriotismo, por la inteligencia y por la habilidad de los gobernantes y de los parlamentos. Es un régimen en que todos los poderes del gobierno están responsabilizados, y, por consecuencia, están obligados a tratar el sistema con respeto y cuidado... El pueblo, que nos ha dado su representación, confía en que los presidentes y parlamentos cubanos utilizarán [debidamente] las virtudes y recursos de este régimen, que armoniza la autoridad con la libertad, para conducir siempre a la nación en paz, con orden y justicia.»

Sr. Ferrara (Orestes): «...Entiendo que la primera cosa que esta asamblea debe hacer, en la parte de la Constitución que discutimos, es reducir las facultades constitucionales al presidente de la República... Nosotros le hemos dado enormes facultades al estado..., y si sobre este estado mastodóntico ponemos una figura unipersonal, omnipotente, la consecuencia será una dictadura legal... [Por eso,] el proyecto sobre órganos del estado que discutimos ha procurado limitar la autoridad del presidente.»

«No creo que en él se encontrará la panacea de nuestros males... porque las... instituciones son vestiduras o formas exteriores, y... las dificultades públicas se encuentran en los hombres... Pero sin duda, [el régimen propuesto] es un freno..., que pone bajo una cierta vigilancia los actos presidenciales...»

«Ahora, señores delegados, ¿qué es lo que se hace en el mundo, fuera de nosotros? Como decía mi distinguido amigo el señor Cortina, hay muchos sistemas parlamentarios, pero el sistema parlamentario puro en América no ha dado resultado, y en [el resto del] mundo, en [este] momento, está desacreditado. El parlamento, con sus [bandos], con sus preocupaciones personales, con sus despilfarros, ha provocado la formación de los estados totalitarios...»

«Pero el parlamentarismo, aun desacreditado, es indispensable; en una democracia, es un mal necesario. Si nosotros con cierto tacto, como el que ha tenido la comisión coordinadora [con su proyecto], podemos armonizar la parte buena del sistema representativo, creando, no una forma pura, sino un sistema de control recíproco que pueda evitar los abusos del poder de un régimen y las irresponsabilidades del otro..., realizaremos una obra... no sólo de prudencia, sino de acierto.»

Sr. Prío Socarrás (Carlos): «Con todo el respeto al profesor de derecho público. Lo que a mi juicio está desacreditado no es el sistema parlamentarista, sino el representativo... [Lo] que ha traído... los estados totalitarios [ha sido un sistema] que abroga esa representación cuando no se consulta la voluntad popular...»

Sr. Ferrara (Orestes): «Me va a permitir mi distinguido amigo... que le diga que los estados totalitarios tienen... representación popular. En Italia ha habido una cámara hasta ahora... elegida por el pueblo... Una cámara [de representación corporativa] que no se diferencia mucho en la forma, si no me equivoco, [de] la propuesta en cuanto al senado funcional [de] nuestros ilustres colegas del ABC...»

Sr. Martínez Sáenz (Joaquín): «Hay diferencias esenciales en la elección.»

Sr. Ferrara (Orestes): «De todas maneras, en los estados totalitarios hay también... cierta representación popular. El señor Hitler, hay que recordar, [fue] electo por plebiscito en el cual tuvo muchos más votos que los que tendrá el señor [Grau] San Martín en las próximas elecciones, porque tengo la seguridad que el señor Grau San Martín no aspira a la [casi] totalidad [de votos] que tuvo el señor Hitler.»

Sr. Prío Socarrás (Carlos): «Pero [Hitler] no ha consultado más nunca. Todos los dictadores comienzan igual, pero después no consultan más.»

Sr. Ferrara (Orestes): «Señores delegados: esta tendencia... semiparlamentaria no somos los primeros en adoptarla. Las últimas Constituciones han emprendido este mismo camino. Me refiero especialmente a la última Constitución de Polonia y a la última Constitución de Estonia. Estos dos países han hecho casi exactamente lo que nosotros, a tantas leguas de distancia, hemos realizado por la decisión de los miembros de la comisión coordinadora.»

«Es que el momento requiere este sistema. El estado aumenta sus funciones cada día; aumenta sus funciones el parlamento... [y], a su vez, da pruebas de una mayor despreocupación; [y] los ejecutivos evidencian su deseo siempre creciente de mando. Para salvar estas dificultades..., es necesaria la coordinación de los poderes..., [y esta] coordinación... ha sido el fin último, la suprema aspiración de la comisión coordinadora. Ella ha querido evitar un parlamentarismo exagerado, que en Chile, en la opinión del presidente Alessandri, ha sido desastroso. Esta coordinación de los poderes, muy sabiamente, muy prudentemente organizada entre nosotros, puede dar resultados magníficos en los años futuros.»

«Señores delegados, voy a terminar. Nosotros estamos haciendo una Constitución..., que quedará en las manos de la mayoría de los hombres que pertenecen a esta asamblea, de uno y otro bando..., que pueden hacerla buena o hacerla mala. Lo que nosotros escribimos será letra muerta si no está vivificada por el alma noble, por el sentido recto... de los hombres que van a ocupar el poder público. Yo, hombre del pasado, espero, con un sincero augurio, vuestros mejores éxitos.»

Sr. Prío Socarrás (Carlos): «...Lo que hemos traído de innovación... [con el régimen parlamentario propuesto] no es nada más que la responsabilidad de los ministros ante el parlamento por vía de interpelaciones y, en casos excepcionales..., [a través de] la crisis del consejo de ministros...»

«...[Hay que] tratar de evitar..., en cuanto sea posible, la acumulación de poderes en el presidente de la República... Esto ha traído... ministros... que no [han tenido] condiciones para desempeñar el cargo... [Un] secretario de hacienda –[entre otros casos]– ha confesado desconocer [su función]..., y para evitar ese sonrojo que ha de producir a los cubanos que un funcionario en el desempeño de un cargo de tanta responsabilidad [confiese su ignorancia, hemos establecido] que el parlamento pueda llamar a ese funcionario para interpelarlo en el momento que crea oportuno.»

«A través... de estas interpelaciones se va a tratar que el congreso, de alguna manera, influya en las decisiones del presidente de la República. [Y] se [le dará] a éste [la] facultad, que hasta ahora no ha tenido..., de delegar en cierto modo, a través de su consejo de ministros, la responsabilidad [de gobierno] que todos hoy han querido arrogarse... [Así], un presidente que... [tuviese] confianza en el consejo de ministros para la gobernación del país..., [podría] quedar como el poder moderador de los regímenes parlamentarios clásicos..., [porque este régimen] tiene una flexibilidad absoluta para salvar [la autoridad del] presidente a través de los años por los cuales ha sido electo...»

«Por esta gran flexibilidad, ante la crisis [por la] que atraviesa el mundo y que amenaza a América, debemos votar [a favor] de un régimen de este tipo.»

[Sometido a votación el voto particular del convencional Bravo Acosta, fue rechazado, y se aprobó el régimen parlamentario reglamentado o semiparlamentario propuesto por la comisión coordinadora con el respaldo de todos los partidos.]

Se discutió después el artículo 119 de la Constitución, que establece que el poder legislativo se ejerce por dos cuerpos denominados cámara de representantes y senado. Los miembros de ambos cuerpos deberán ser elegidos por sufragio universal y directo, por cuatro años –nueve senadores por provincia (artículo 120), y un representante por cada 35,000 habitantes (artículo 123).

Se presentaron dos votos particulares: uno propuesto por los delegados del Partido Comunista, abogando por un congreso con un sólo cuerpo (cámara de representantes o de diputados sin senado); y el otro voto particular, formulado por el partido ABC, planteando la creación de un senado funcional o corporativo cuyos miembros representarían dieciocho ramas de la producción y demás funciones sociales –desde los obreros azucareros, colonos y hacendados hasta los profesionales en general.

El debate que originó el voto particular del Partido Comunista comenzó con la defensa del convencional Juan Marinello:

Sr. Marinello (Juan): «…Los argumentos repetidos en el seno de la comisión coordinadora a favor del bicameralismo no nos han convencido. No creemos que la doble discusión de un problema es garantía de su más acertada solución. [Asimismo,] estimamos que la edad del legislador, [mayor para el senador] no determina un mejor tratamiento de las cuestiones sometidas a su competencia.»

«Por otro lado…, no existen en Cuba… las realidades que aconsejen una organización bicameral del poder legislativo. Ni posee nuestra provincia esos elementos privativos que [requieran] una representación específica, ni hay entre nosotros castas o grupos que mantengan intereses o características tradicionales, [ni] existen en el seno de la sociedad cubana esas distinciones de tipo aristocrático que hacen que todavía se acepte como buena… la existencia del senado…»

«Nosotros hemos expresado siempre… nuestro interés por mantener en los órganos del estado una… vibración de tipo genuinamente popular que adelante el criterio democrático… Y… estimamos que sólo mediante una cámara única que sea amplia, [compuesta]… de un representante o diputado… por 25 mil habitantes, puede el congreso cumplir sus funciones.»

«Nos hace falta un gobierno barato... Si ese gobierno puede lograrse mediante una sola cámara, con la remuneración modesta pero bastante que después recomendaremos...; si obtenemos mediante un cuerpo de esta naturaleza, no la democracia retrasada de que han hablado aquí algunos partidarios del viejo liberalismo, sino la democracia en [la] que se exprese, con toda energía..., el deseo y la necesidad de las grandes mayorías nacionales; si esto puede lograrse con economía... y efectividad..., yo creo, señores delegados, que habremos resuelto certeramente este punto importante y delicado en la organización del estado cubano...»

Sr. Ferrara (Orestes): «El bicameralismo es un producto histórico. Tiene sus orígenes en las diferencias de clases, de castas o de sistemas políticos. Por ejemplo, en Prusia representaba las clases, en Inglaterra representa las castas, y en los Estados Unidos al pueblo en su distribución geográfica. En otros países representa una segunda cámara, nada más... Lo cierto es que el sistema bicameral se mantiene en todas partes, y el sistema unicameral, cuando se introduce en un país, muy a menudo, a los pocos años se modifica o desaparece...»

«Las razones de este hecho probablemente se encuentran en que el parlamento, como toda colectividad, responde a impresiones del momento, sigue las agitaciones populares y es, a veces, irreflexivo... Innumerables errores se han evitado por medio del sistema bicameral..., [porque] desvanecido el furor del momento..., se ha ido al acierto a través del doble examen.»

Sr. Marinello (Juan): «El señor Ferrara está haciendo uso de un argumento repetido numerosas veces en esta cuestión: la ventaja de la doble discusión... No creo yo que [tenga validez]..., porque con un sistema unicameral en que se pueda balancear... el impulso popular con la organización de comisiones técnicas, con la garantía de un debate cuidadoso, estarían perfectamente logradas... la espontaneidad y la reflexión... ¿No cree el señor Ferrara que hay razones en Cuba para que se cambie el sistema?»

Sr. Ferrara (Orestes): «Creo que hay algo mucho más importante que la lógica y es la práctica –la práctica parlamentaria que evidencia... la necesidad del bicameralismo. El señor Marinello dice: 'con un poco más de cuidado, con estudios técnicos bien hechos', etc., etc. ¡Ah! Estamos de acuerdo; pero yo en la vida pública nunca supongo el bien, porque el bien... nos releva de la obligación de pensar en las instituciones... En la vida pública hay que prevenir el mal, evitar los errores... imposibles de remediar.»

«...Como decía al principio..., la doble discusión y la distancia [en el tiempo] entre una y otra impiden que la... pasión irreflexiva del momento pueda... [influir] de una manera decisiva sobre las decisiones de uno de los cuerpos colegisladores. La prueba de lo que estoy afirmando se funda también en los hechos de nuestra historia política. Todas las leyes malas que se han dictado en Cuba... han sido aprobadas [con premura] en la Cámara y el Senado. Ninguna de... [las] que han tardado seis meses... tienen... tacha en nuestra legislación.»

Sr. Marinello (Juan): «Si... los seis meses se hubieran producido en una sola cámara..., las leyes... hubieran salido mejor todavía.»

Sr. Ferrara (Orestes): «Comprendo este argumento que se ha dado a favor del régimen unicameral...: si la cuestión es de tiempo, obliguemos a una [sola] cámara a considerar y reconsiderar el problema... [por espacio] de meses... [Pero] en el parlamento hay siempre... [gran] cantidad de amor propio, y la persona que ha votado [en un asunto]... a favor..., difícilmente... habrá de votar en contra [aunque pasen varios meses]... El diputado o representante que revisara su voto, sería atacado por sus compañeros, [sin importar] todas las explicaciones que pudiera dar, pues se le consideraría en flagrante delito de contradicción. De manera que el sistema de las dos o tres lecturas de las leyes que se ha presentado como enmienda a [la propuesta] unicameral no tiene la importancia decisiva que... [sus defensores] suponen.»

«...Señores delegados..., [ya] hemos hecho muchas reformas, [ya] hemos dado muchos saltos [en] el vacío... Tengamos presente que [en] la vida pública... [es] bueno]... un proceso de adaptación. Seamos audaces, pero no atrevidos. Recordemos que no estamos tratando de intereses nuestros, sino de los altos intereses del pueblo cubano.»

[Sometido a votación el sistema unicameral, fue rechazado. Se procedió entonces a discutir el voto particular del partido ABC a favor de un senado corporativo o funcional.]

Sr. Martínez Sáenz (Joaquín): «...El voto particular del ABC se basa... en la necesidad de una cámara [senado] que no sea estrictamente política, sino que sea esencialmente económica. ¿Por qué? Porque la vida económica del país y de todo el mundo ha variado desde que se promulgó la Constitución de 1901. [Dicha] Constitución... se basaba en el individualismo económico, en... el 'laissez-faire,' en el principio de que el individuo... podía con su energía, con su trabajo, con su decisión de empresario realizar sus [objetivos]... económicos, sin que el estado pudiera... [interferir].»

«[Pero] la realidad es que la vida económica del mundo ha evolucionado...; que el pequeño capitalista individual no tiene oportunidad de competir con los grandes industriales, con los grandes empresarios, que, [con el] maquinismo, desarrollan la eficacia de la producción... [Hoy], las sociedades anónimas..., [tales como] General Motors, [First National] City Bank..., West Indies Refining, Standard Oil..., representan la suma de capitales asociados en [las] que... el simple individuo, el pobre capitalista individual no puede tomar iniciativas porque es barrido por la empresa.»

«Con el actual sistema, el individuo que quiere trabajar tiene que someterse a las condiciones que le impongan... los grandes acaparadores de las fuentes de trabajo, los grandes acaparadores del crédito, salvo que se defienda colectivamente... La realidad es que... el trabajador, si está aislado, no tiene defensa, porque está a la merced del poder de resistencia económica de la otra parte contratante. ¿Qué es lo que ha impuesto esto? La sindicalización, la coalición de gremios obreros, la... asociación de individuos por clases. Y de estos dos grandes grupos [patronos y obreros], surge la lucha de clases, que está en el trance de poner en peligro a la democracia, porque la democracia tiene que basarse en el imperio de la ley y no en el imperio del más fuerte...»

«Ante este hecho real, el estado reacciona... [interviniendo] en la contienda. Ya no es cierto que el fenómeno político sea reducido..., como yo quisiera que fuese. La realidad es que el fenómeno político y [el] económico son... concomitantes... Nadie puede negar que esta asamblea [sea] una asamblea política, [y, sin embargo, sus] resoluciones... han afectado vitalmente a la economía nacional, dándoles beneficios a unos y limitando los derechos de otros...»

«Si esto es así, si un impuesto puede determinar el atraso o la prosperidad del país, si una medida arancelaria puede determinar [el auge] o la miseria de una zona, si un acto del ejecutivo puede amenazar la riqueza del pueblo, lo menos que se puede hacer es que [el] estado que interviene... en la vida económica del país tenga un órgano que [incluya] no ya a los individuos que están debidamente representados en la cámara de representantes, sino a las clases sociales que van a ser afectadas...»

«A esto va el ABC: a darles personalidad política a las clases sociales, porque... [éstas] tienen vida como la tiene la provincia y el municipio… A ellas vamos a darles nosotros personalidad para que no tengan que ir a una guerra de clases que perturbe al país y perjudique a ambas partes contendientes…»

«Nosotros hemos reconocido el derecho de huelga como un medio de defensa de los grupos de trabajadores que están faltos de protección…, pero creemos que… lo que se puede conseguir por una huelga se puede resolver [mejor] en una asamblea política; que lo que… [afecta] a todas las clases sociales puede ser discutido, ponderado [por sus representantes]. Si vamos a tener dos cámaras, por lo menos que éstas cámaras sean representativas de todos los intereses nacionales…»

«Muchos han dicho que esta iniciativa es casi fascista, y yo lo niego. Se trata de crear un senado democrático, pero con una democracia regulada… con voto universal… Cada cubano estará adscrito a una de las clases en que está dividida la sociedad [y que] intervienen en la producción de los medios de vida del país. Y cada cubano, dentro de su clase, sin intervención de ningún partido [político], elegirá a sus representantes… tan democráticamente como se elige…, dentro del límite de su provincia, a los representantes a la cámara.»

«Así que, lejos de restarle importancia al individuo y a su derecho de voto, se le desdobla: se le hace figurar como vecino de una demarcación determinada [para que vote por su representación política en la cámara], y también se le da otro voto para que, como… [individuo] que interviene en la función social y económica, esté representado en el senado… Yo creo que el senado debe… [ser] un órgano en que los intereses económico-sociales del país tengan protección; en que se ponderen las consecuencias y repercusiones que [en] la sociedad cubana puedan tener las medidas que se voten…»

Sr. Ferrara (Orestes): «Deseo en primer término felicitar al partido ABC por haber planteado esta cuestión [con]… convicción…, de acuerdo con su programa…, pero eso no excluye que la proposición… defendida con tanto calor por el señor Martínez Sáenz sea completamente errónea.»

«He afirmado que es una proposición de tipo fascista…, no para ofender al ABC, porque yo respeto, como lo he dicho repetidas veces en esta asamblea, todos los principios políticos, desde el ultramontano hasta el anarquista… [Puede comprobarse]… que esta proposición [es] de tipo fascista al leer el texto de la ley italiana [de Mussolini] que constituyó la cámara actual, la cámara económica. Las ideas sostenidas en Italia… favorables a esta reforma son las mismas que ha manifestado aquí nuestro compañero señor Martínez Sáenz.»

«Se ha dicho allí, como se ha dicho aquí, que el movimiento de las ideas políticas ha redimido a la sociedad del antiguo liberalismo histórico, de «laissez-faire» económico y político, orientándolo hacia una sistematización económica nueva. Por ello se ha dicho que es necesario que los legisladores sean reclutados, no entre la masa anónima [de electores], sino dentro de las clases que dan vida a la economía nacional. Éste ha sido el principio italiano y ésta es la declaración que aquí se hace. Pero allí y aquí… [se incurre en] un error fundamental del cual se han deducido consecuencias lógicas, muy lógicas, pero no acertadas…»

Sr. Mañach (Jorge): «El señor Ferrara insiste en aplicar al proyecto del ABC un calificativo que nosotros nos vemos en el caso de repudiar lo más enfáticamente posible.»

«Nosotros… insistimos en que el proyecto de senado funcional no tiene absolutamente ningún carácter fascista… El hecho de que la concepción de la organización social en el fascismo pueda tener alguna correspondencia externa con este proyecto no le da el carácter de fascista. El fascismo –lo sabe el señor Ferrara muy bien– es una ordenación de tipo autoritario; toda la organización fascista está subordinada a la concepción del mando único. Por otra parte, los órganos que lo forman no son organismos de tipo legislativo, sino de tipo asesorial, dentro de un régimen en el cual lo que domina es la voluntad unipersonal.»

«Son estas diferencias suficientemente esenciales para que el señor Ferrara no insista en aplicarle al proyecto del ABC un calificativo que no le corresponde.»

Sr. Ferrara (Orestes): «El error del señor Mañach está en que él supone que yo dije que el ABC [era] fascista, y yo no he dicho eso. He dicho que la forma del senado por ellos propuesta es una reforma de tipo fascista, porque se asemeja a la constitución de la cámara italiana...»

«En cuanto a que en la cámara italiana no se puede legislar, creo que mi distinguido amigo está equivocado. En la cámara italiana se ha legislado.»

Sr. Mañach (Jorge): «Formalmente se ha legislado...»

Sr. Ferrara (Orestes): «Pero es que tendríamos que ver si en [este] senado funcional [del ABC] pudiera ocurrir lo mismo. Esto depende de la concepción del estado que se tenga a la sazón...»

«...Decía –para reanudar mi breve discurso– que no tengo dudas de que el mundo ha cambiado, que la actividad económica es [hoy] mucho más intensa, que el «laissez-faire» ha desaparecido de la economía del mundo en su forma estricta... El error que ha producido, tanto en Italia como aquí, esta reforma... se basa en... creer que política y economía son términos antitéticos. Aquí está el error... Entre política y economía no hay... antítesis, porque... la palabra política comprende también la idea económica...»

«Las diferencias de ideas, los combates de los principios se unen en la palabra política. Cuando se empieza a diferenciar la política de la economía se llega al error [de] mi amigo y compañero el señor Martínez Sáenz. Él dice: la categoría política, la que mira al individuo la tenemos en la cámara baja; el interés económico debe estar representado en la cámara alta [senado].

Pero el señor Martínez Sáenz no se ha fijado que en una y otra se trata de elección... En nuestra Constitución la totalidad de los electores debe votar, de manera que el soberano de las cien mil cabezas, al acercarse a la urna, da su voto delegando sus poderes.»

«¿Qué es la cámara alta según la proposición que nos hace... el ABC? Es también una cámara para la cual la totalidad del pueblo cubano va a votar, pero desvirtuando el concepto de la mayoría pues la organización de las clases pondría la minoría por encima de la mayoría. Si nuestra república es democrática, la mitad más uno de los cubanos deben disponer de la cosa pública. Toda forma electoral que no responde a este principio resulta una adulteración del ideal democrático.»

«El ABC ha acudido a la idea de los intereses. Pero yo le pregunto a los señores proponentes: ¿cuando yo voy a votar por un miembro de la cámara baja, no voy a votar a título de profesional? Cuando voy a votar por [un miembro de] la cámara alta por ellos indicada, ¿no voy a votar igualmente como profesional? ¿Y no son grupos de profesionales o de obreros o comerciantes los que nos reunimos en una u otra cámara..., con nuestras respectivas cualidades que hemos adquirido en el ambiente social? Véase, pues, como en la realidad la diferencia está sólo en que de un lado la minoría [del electorado] puede ser mayoría [en un senado representado por clases], y en el otro lado la mayoría no puede dejar de ser mayoría.»

«Voy a terminar como empecé, felicitando a mis colegas del partido ABC por haber presentado está cuestión. Estos son los debates que deben producirse en nuestra asamblea. No creo estar absolutamente en lo cierto, pero mientras tenga fe en la democracia, que no significa otra cosa que el triunfo del mayor número, no podré aceptar esa división de clases y de castas que existieron en Prusia antes de la guerra del 14 y que aún existen en los países donde no hay libertad. A título de liberal y de demócrata, pido que la asamblea rechace esta proposición.»

[Sometida a votación la enmienda del senado funcional, fue rechazada, y se aprobaron, como elementos fundamentales del régimen semiparlamentario, la composición y atribuciones del congreso y sus relaciones con el poder ejecutivo que aparecen consignadas en los artículos 119-169 de la Constitución de 1940.]

IV

PERFILES BIOGRÁFICOS

DE

PROMINENTES CONVENCIONALES

PROMINENTES CONVENCIONALES

En la Constituyente de 1940 estuvieron representados 9 partidos políticos: 5 por la coalición gubernamental (inicialmente en minoría), y 4 por la coalición oposicionista.

Por sus profesiones, los delegados fueron clasificados como sigue: abogados (30); médicos (12); propietarios (5); periodistas (4); hacendados (2); comerciantes (2); notarios (2); procuradores (2); doctores en ciencias (2); ex-militares (2); colonos (2); dentista (1); ganadero (1); agricultor (1); industrial (1); farmacéutico (1); arquitecto (1); ingeniero (1); maestro (1); empleado (1); albañil (1); pailero (1); zapatero (1).

La mayoría de los jóvenes convencionales alcanzaron prominencia durante la Revolución de 1933 o en los gobiernos posteriores. La «vieja guardia republicana» estuvo representada principalmente por Antonio Bravo Correoso (el único que participó en las Constituyentes de 1901 y de 1940), Orestes Ferrara, Miguel Coyula, José Manuel Cortina, Aurelio Álvarez de la Vega, y Alfredo Hornedo.

Incluyo a continuación breves notas biográficas de algunos de los convencionales prominentes.

Ramón Grau San Martín (1881-1969).

Primer Presidente de la Constituyente de 1940. Comenzó su carrera profesional como médico y catedrático de la Universidad de la Habana. Fue un líder político de enorme popularidad, que cautivaba con su carisma «mesiánico», su chispa ingeniosa y su lenguaje a veces cantinflesco. Durante la Revolución de 1933 contra la dictadura de Machado, formó parte de la « Pentarquía» que se constituyó a raíz de la sublevación de sargentos y estudiantes, y presidió después un gobierno provisional nacionalista e innovador en el campo social. En la Constituyente, fue respetuoso de todas las opiniones, pero su presidencia careció de disciplina y pericia para agilizar los debates. Al frente del Partido Revolucionario Cubano (Auténtico), fue electo Presidente de la República en 1944. Promovió amplias reformas laborales y sociales, y garantizó las libertades públicas, pero su gobierno se vió azotado por el gangsterismo político y maculado por la corrupción. Defendió la tesis de los votos frente a las balas en la lucha contra Batista. Permaneció en Cuba después de la llegada de Castro al poder, y allí murió sin doblegarse ante la tiranía comunista.

Carlos Márquez Sterling y Guiral (1898-1991).
Segundo Presidente de la Constituyente, quien con maestría parlamentaria y ejemplar patriotismo la llevó a feliz término. Abogado, Profesor de Economía Política y Hacienda Pública en la Universidad de la Habana, Márquez Sterling sobresalió en la política por su agudeza y carácter, y dejó sus huellas como historiador de nota y biógrafo de Martí, Agramonte y Estrada Palma, entre otros. Presidió dos veces la Cámara de Representantes y fue Ministro de Educación y Trabajo durante el gobierno constitucional de Batista. Fundó en 1958 el Partido del Pueblo Libre, y trató previsoramente, como candidato presidencial, de buscarle una salida electoral a la crisis cubana para evitar la caída de la República en manos del castrocomunismo. Este ínclito hombre de estado se mantuvo muy activo y lúcido en el exilio como profesor, escritor y dirigente de clubes patrióticos y coaliciones de exiliados, impulsando sin desmayo la lucha contra el régimen que subyuga a Cuba.

José Manuel Cortina y García (1880-1970).

Presidente de la Comisión Coordinadora de la Constituyente en la que recayó la conciliación y defensa de las principales ponencias. Desde muy joven, como Presidente de la primera Federación de Estudiantes de la Universidad de la Habana, Cortina comenzó a brillar por su talento y soberana elocuencia. Fue Representante a la Cámara, Secretario de la Presidencia, Presidente de la Delegación de Cuba a la Liga de las Naciones, Senador, Secretario de Relaciones Exteriores y Ministro de Estado. Durante el gobierno de Machado, votó en contra de la prórroga de poderes y elaboró un proyecto de reformas constitucionales para canalizar las ansias populares por la vía de una Convención Constituyente. Estas reformas fueron sustancialmente aprobadas en la Constituyente del 40, donde Cortina descolló como tribuno y estadista. En 1944, este «Príncipe de la Palabra» se retiró de la política activa como militante en las filas del Partido Liberal. Murió en el exilio a los 90 años, sin perder la fe, aconsejando y alentando a los combatientes por la libertad.

Orestes Ferrara Marino (1876-1972).

Sobresalió en la Constituyente como formidable polemista en la defensa del liberalismo histórico, haciendo gala de su punzante ironía y vastísima cultura. Nació en Italia, y peleó en la Guerra de Independencia de Cuba, alcanzando el grado de Coronel. En la República, su brillante actuación no estuvo exenta de controversia. Prestigió la presidencia de la Cámara de Representantes, pero su participación posterior en el gobierno de Machado, como Embajador en Washington y Secretario de Estado, fue muy discutida. Ferrara fue Profesor de Derecho Político en la Universidad de la Habana, y fundó un gran despacho de abogados. Despuntó en el campo periodístico al frente del «Heraldo de Cuba», y escribió libros de gran interés histórico como «Mis Relaciones con Máximo Gómez», «El Papa Borgia» (traducido a varios idiomas), y «Maquiavelo.» Fue objeto de un atentado durante la Constituyente del 40, y no aspiró después a ningún cargo electoral. Vivió sus últimos años en un hotel en Roma, sin dejar de evocar a la isla infortunada de Cuba, que fue para él su pasión y su patria.

Ramón Zaydín y Márquez Sterling (1895-1968).

En la Constituyente dejó huellas imborrables de su talento como jurista preclaro y notable parlamentario. Zaydín fue Profesor de Derecho Mercantil en la Universidad de la Habana, Presidente de la Cámara de Representantes y Congresista durante muchos años. Fecunda fue su labor en la legislación social, y acertada su difícil actuación como Primer Ministro de 1942 a 1944. Derrotado como candidato vicepresidencial en las elecciones de 1944, fue electo Senador posteriormente y continuó en el ejercicio de su profesión. En 1953, interpuso, junto con otras personalidades de la oposición, un recurso de inconstitucionalidad contra los Estatutos de Batista, pero el recurso fue denegado. Tras el desplome de la República con la llegada de Castro al poder, Zaydín se exilió en España, y allí murió unos años después.

Emilio Núñez Portuondo (1898-1978).

Secretario de la Constituyente y uno de los convencionales que con mayor intuición, valentía y lucidez impugnó las propuestas de los comunistas en la Asamblea. Hijo del libertador y prócer, general Emilio Núñez, ejerció su profesión de abogado y participó desde temprana edad en la vida pública del país. Fue Representante a la Cámara durante varios períodos, líder parlamentario del Partido Liberal y Senador por la provincia de

Las Villas. Se destacó en la diplomacia como Embajador de Cuba en Panamá, Perú, Bélgica, Luxemburgo y en la ONU. Memorables fueron sus intervenciones en el Consejo de Seguridad, pidiendo ayuda para los patriotas húngaros, aplastados en 1956 por los tanques soviéticos. Fue Primer Ministro con Batista en 1958, pero no pudiendo constituir un gobierno de unidad nacional con garantías constitucionales, renunció a los pocos días. En el exilio, fue un esforzado luchador contra el comunismo dentro y fuera de Cuba, y puso su prestigio internacional y su experiencia al servicio de la causa.

Joaquín Martínez Sáenz (1900-1974).

Tuvo una actuación prominente en la Constituyente como líder del Partido ABC. Talentoso abogado y economista con grandes inquietudes políticas, fundó junto con otros intelectuales el movimiento ABC durante la lucha contra Machado. Visto el fracaso de los métodos revolucionarios en uso, el ABC introdujo el terrorismo urbano. Aspiraban en su programa a la renovación integral de Cuba con «hombres nuevos, ideas nuevas y procedimientos nuevos.» Martínez Sáenz defendió con vigor las propuestas abecedarias en la Constituyente. Fue Secretario de Hacienda con Mendieta y Ministro de Agricultura posteriormente. Concluyó su vida pública como Presidente del Banco Nacional de Cuba en el último gobierno de Batista. A la llegada de Castro al poder, fue detenido en las oficinas del Banco Nacional y condenado a varios años de prisión, sin que se le probase delito alguno. Se exilió en los Estados Unidos después de cumplir condena, y allí murió con la salud quebrantada.

Aurelio Álvarez de la Vega (1881-1948).

LLegó a la Constituyente como Primer Vicepresidente del Partido Auténtico, con galones bien ganados en las lides políticas. Se distinguió en esa Asamblea, no como orador preciosista, que no era, sino como parlamentario contundente y artífice de iniciativas viables para superar los impasses de la Constituyente. Fiel a su estirpe de libertadores, este insigne camagüeyano se incorporó a las fuerzas mambisas cuando sólo tenía 15 años, venciendo la oposición del Generalísimo Máximo Gómez, quien veía en él a un niño. Esta fuerza de voluntad, que algunos consideraron terquedad, unida a su agudo instinto político, le permitió a Álvarez de la Vega ser electo Representante a la Cámara, Senador, y Presidente del Senado. Fue pionero de la legislación social en Cuba con su Ley de Retiro Ferroviario y Tranviario. Defendió los intereses de los pequeños agricultores azucareros como Presidente de la Asociación Nacional de Colonos. Con integridad y tesón, fustigó las corruptelas del gobierno de Zayas y combatió la dictadura de Machado en la tribuna, en la prensa y con las armas. En la última etapa de su vida pública se incorporó al Partido del Pueblo Cubano (Ortodoxo), pero inconforme con sus excesos en la diatriba, se alejó de la política y murió poco después. Acaso el mejor tributo que en vida recibió se lo dispensaron en 1924 los Senadores de todos los partidos al reconocer que la obra del Senado se venía realizando «alrededor del señor Álvarez por el ejercicio natural y sencillo de las excelencias de su carácter, apasionado a veces, rígido otras, pero siempre dirigido hacia grandes y nobilísimas finalidades.»

Jorge Mañach Robato (1898-1961).
Representó al Partido ABC en la Constituyente, y terció con galanura y perspicacia en los debates. Fue Mañach posiblemente el intelectual de mayor preparación y renombre internacional de su generación. Cultivó su mente en las Universidades de Harvard y la Sorbonne, y complementó su formación con la herencia cultural española. A principios del año 1923, figuró en el «Grupo

Minorista» de protesta contra la corrupción gubernamental. Durante la lucha contra Machado, fue uno de los mentores intelectuales del grupo ABC. Mañach fue Secretario de Intrucción Pública, Senador y Ministro de Estado en distintos gobiernos. Destacadísimos fueron sus logros como Profesor de Historia de la Filosofía, prosista del más alto rango, y orador conceptuoso y atildado. Entre sus publicaciones sobresalen: «La Crisis de la Alta Cultura», «La Indagación del Choteo», «Examen del Quijotismo», y la insuperable biografía de Martí. Mantuvo una postura cívica de oposición a Batista después del golpe militar, pero su notorio espaldarazo al régimen de Castro lesionó su prestigio de hombre de estado. Murió decepcionado y triste, exiliado en Puerto Rico, pero con Cuba en el corazón.

Miguel Coyula Llaguno (1876-1948).
Con el aval de su prestigio de libertador y repúblico, representó en la Constituyente al Partido Demócrata Republicano que abanderaba Mario García Menocal. Muy joven, Coyula peleó en la Guerra de Independencia y alcanzó el grado de Comandante. Fue uno de los oradores de mayor audiencia en los albores de la República. Alto, con espeso bigote, cautivaba con su verbo florido y sus arranques líricos. Ingresó en la Cámara de Representantes en 1904 y fue reelecto varias veces. En 1917, ascendió a la presidencia de ese cuerpo. Fue electo Senador en 1936, pero por estimar que su senaduría había sido el producto de una reforma constitucional que él objetaba, se negó a ocupar el cargo. A lo largo de su prístina vida pública como legislador y periodista de fuste, defendió airosamente sus convicciones, como se evidenció en el inolvidable debate en la Constituyente sobre la invocación a Dios. En 1948, cuando se exploró la posibilidad de una coalición entre las huestes Liberales y Ortodoxas, se pensó en Coyula como candidato transaccional para la presidencia de

la República. Fue un gran señor de la política y un cubano ejemplar.

Carlos Prío Socarras (1903-1977).

A los 37 años de edad, fue uno de los dirigentes del Partido Auténtico en la Constituyente de 1940. Allí se observaron algunos de los rasgos y cualidades que facilitaron su ascenso posterior a la primera magistratura de la nación: capacidad de liderazgo; simpatía natural que emanaba de su gallarda prestancia; inteligencia despierta y ágil, no cultivada; palabra fácil que rebatía vigorosamente, sin herir, en los debates. Durante sus estudios de Derecho en la Universidad de la Habana, este descendiente de libertadores fue figura señera del Directorio Estudiantil Universitario y luchó en primera línea contra el machadato. Fue Senador por Pinar del Río de 1940 a 1948, y Primer Ministro y Ministro del Trabajo con Grau, logrando expulsar a los comunistas de la dirigencia de la Confederación de Trabajadores de Cuba. Electo Presidente de la República en 1948, su gobierno fue respetuoso de los derechos ciudadanos y fecundo en el campo legislativo, pero no pudo liquidar la llaga gangrenosa del gangsterismo y la corrupción. Depuesto sin resistencia por Batista en 1952, Prío alentó la insurrección desde Estados Unidos y apoyó financieramente a Castro. Rompió con él a fines de 1960, y tomando nuevamente el camino del destierro, se incorporó a la lucha con energía y nobleza, como en sus años mozos. Con el tiempo, un fuerte estado depresivo lo llevó a cometer algo impensable. El «Presidente Cordial» se sumió en la desesperanza, apretó el gatillo, y se quitó la vida.

Francisco Ichaso Macías (1901-1962).

Intelectual de gran valía, introdujo en los debates de la Constituyente balance, perspectiva y elocuente sensatez. Fue Ichaso abogado, escritor y periodista de amplia proyección política y social. En 1923, figuró en la «Protesta de los Trece» contra la corrupción imperante. Fue uno de los fundadores de la revista «Avance» – portavoz del vanguardismo cubano. Militó en las filas del ABC durante la lucha contra Machado, y representó a ese Partido en la Constituyente de 1940. Sus libros fueron muy celebrados, y uno de ellos, «Defensa del Hombre», ganó el premio Justo de Lara. Ichaso fue uno de los principales columnistas del «Diario de la Marina», y también sobresalió como incisivo panelista del programa televisado «Ante la Prensa.» Al comienzo del régimen de Castro, fue encarcelado casi un año sin haber sido sometido a juicio. Participó después en la valiente campaña anticomunista librada por el «Diario de la Marina», escribiendo en las columnas anónimas de «Relámpagos» y «Vulcano.» Antes de ser detenido nuevamente, se exilió en México, y allí murió en octubre de 1962, en plena Crisis de los Missiles, abrigando esperanzas de un retorno a la patria liberada.

Rafael Guas Inclán (1896-1975).

Fue uno de los líderes más populares del Partido Liberal en la política y en la Constituyente. Lo acompañaba una acabada formación jurídica y un estilo muy criollo y campechano que lo acercaba al pueblo. En la tribuna conquistaba con su porte distinguido y su verbo cristalino y espontáneo. Guas Inclán salió electo Representante a la Cámara por primera vez en 1924. Presidió ese cuerpo varias veces después, y fue Senador, Ministro de Comunicaciones y Gobernador de La Habana. Terminó su larga carrera política como Vicepresidente de 1954 a 1958. Sus nexos gubernamentales con Machado y con Batista fueron muy controvertidos, pero Guas Inclán, en lo personal, no atizó odios ni se enriqueció en la política. Su conducta en el exilio fue digna de encomio. LLevando consigo el dolor inextinguible de haber perdido a su hijo peleando en Playa Girón, promovió desinteresadamente la unión de los desterrados y exaltó los valores patrios.

José Manuel Casanova Diviñó (1893-1949).
Ubicado en el ala derecha del Partido Liberal, se enfrentó a los comunistas en la Constituyente con clarividencia y todos sus bríos. A golpe de esfuerzos, Casanova ascendió en la vida de humilde machetero en Pinar del Río a poderoso hacendado. Fue un autodidacta, sin formación universitaria, pero ya mayor, aprendió francés y cursó estudios en Paris. No fue de los empresarios que abdicaron sus responsabilidades públicas. Sin ser político, salió a la palestra y fue electo Senador varias veces. Su estilo frontal, sin ambages, lo llevó a veces a la polémica, como se evidenció en la Constituyente. Fue uno de los propulsores de la innovadora Ley de Coordinación Azucarera, que conjugó los intereses de todos los sectores de la industria. Defendió con ahínco la quota azucarera cubana, dirigió el Instituto del Azúcar, y en la presidencia de la Asociación Nacional de Hacendados estableció el voto por ingenio a fin de que los cubanos tuviesen mayoría. No vió este dinámico compatriota el desplome de la República. Murió prematuramente en 1949.

Eduardo R. Chibás Rivas (1907-1951).
Llegó este joven dirigente del Partido Auténtico a la Constituyente con credenciales revolucionarias, pero sin dominio todavía de las prácticas parlamentarias. Por eso su actuación fue relevante, pero no estelar. Proveniente de una familia acomoda-

da, su vocación fue la política y no el acrecentamiento de su fortuna. Fue Chibás miembro prominente del Directorio Estudiantil de 1927, y luchó contra la prórroga de poderes de Machado. No formó parte del ala izquierda estudiantil, y mantuvo una postura radical pero inequívocamente anticomunista, como se puso de manifiesto en la Constituyente y en toda su trayectoria política. Electo Representante a la Cámara en 1940 y después Senador, fue uno de los arquitectos principales del triunfo del Autenticismo en lo que él llamó «la jornada gloriosa del 1º de junio de 1994». Al final de ese cuadrienio, rompió con Grau, fundó el Partido del Pueblo Cubano (Ortodoxo) y aspiró a la presidencia de la República. Arrolladora fue su popularidad como líder de masas e implacable acusador de los malversadores. Su programa dominical de radio llegó a alcanzar una audiencia de más de un 45%. Su estridente ofensiva catoniana, bajo el lema de «Verguenza contra Dinero», le creó muchos enemigos y le costó muchos duelos. En sus excesos, acusó de negocios turbios a un Ministro aguerrido y probo: Aureliano Sánchez Arango. No pudiendo Chibás aportar las pruebas, se vió perdido y se pegó un tiro. Su muerte conmovió al país, pero no apagó la controversia. Los críticos de Chibás alegan que, al cauterizar desmedidamente las lacras existentes, llegó a socavar las instituciones nacionales. Sus defensores sostienen que, de haber vivido, no hubiera habido madrugonazo el 10 de marzo de 1952, ni un rojo amanecer el 1º de enero de 1959.

Miguel A. Suárez Fernández (1902-1968).
Este prominente abogado y líder político villareño nació con la República y a ella le dedicó los mejores años de su vida. Tras militar en las filas del Partido Unión Nacionalista en la lucha contra Machado, Miguel Suárez Fernández representó con distinción al Partido Auténtico en la Cámara de Representates de

1936 a 1940, y en la Constituyente del 40. Allí se midió con los grandes en diversos debates, y demostró tener temple para combatir y sagacidad para aunar voluntades. En los gobiernos constitucionales posteriores a la Constituyente, Suárez Fernández mantuvo siempre un perfil altísimo como Senador, Presidente del Senado en los gobiernos de Grau y Prío, y Ministro de Estado en el gabinete de este último. Dada su jerarquía y experiencia en las lides políticas, figuró con frecuencia en las listas de presidenciables, pero las circunstancias no le fueron propicias para lograr esa aspiración. Exiliado en Miami tras el advenimiento de Castro, este recio luchador, que por años conservó su porte atlético de remero, cayó abatido por un ataque masivo al corazón cuando visitaba a su hijo el día de su cumpleaños.

Santiago Rey Perna (1907-).
Impacto produjo en la Constituyente con la pasión de sus 33 años, su inteligencia privilegiada, y su docta preparación. Siguiendo el ejemplo de su padre, quien tras pelear en la Guerra de Independencia. sobresalió como abogado y legislador, Santiago Rey Perna se abocó al ejercicio de su profesión y a la vida pública. Con su doctorado en Derecho Civil, inició su carrera de abogado en el despacho del ilustre internacionalista Antonio Sánchez de Bustamante. Fue Notario y Profesor Auxiliar de Derecho Romano en la Universidad de la Habana. Sus conocimientos jurídicos le fueron muy útiles en la Constituyente y en toda su trayectoria política. Fue Representante a la Cámara en 1932, y tras la Constituyente, fue electo Gobernador Provincial por Las Villas en 1940 y Senador en 1944, 1948 y 1954. En los discursos su verbo enardecido relampagueó; en los debates parlamentarios su agilidad mental asombró, y en los lances de honor el acero de su coraje desafió. Concluyó su larga carrera política desempeñando el espinoso y controvertido cargo de

Ministro de Gobernación en el último gobierno de Batista. No fue de los «tanquistas» de ese régimen, sino de los que trataron infructuosamente de llegar a un entendimiento con la oposición no vinculada a Castro. Su exilio en Santo Domingo y Miami no ha sido retiro ni pasivo retraimiento, sino militancia contínua con la pluma y la palabra en ristre. A los 93 años, mantiene intacta su inquebrantable cubanía, y lucha contra el tiempo por llegar a la alborada de la patria sin tiranía.

Manuel Dorta Duque (1896-1964).
Catedrático y jurista eminente, Dorta Duque aportó a la Constituyente las luces de su cultura y el caudal de su experiencia en las ramas de la educación y el derecho agrario. Nació en Matanzas, proveniente de una familia destacada en las luchas independentistas, y llegó en la Universidad de la Habana a la presidencia de la Asociación de Estudiantes de Derecho y del primer Directorio Estudiantil. Se desempeñó después como Profesor de Derecho Hipotecario y de Derecho Agrario (cátedra esta última que él creó). Su vocación de servicio público lo llevó a la política. Durante la lucha contra Machado, defendió a profesores y estudiantes perseguidos. En 1936, fue designado Ministro de Hacienda por Miguel Mariano Gómez, y, después de la Constituyente de 1940, fue electo y reelecto Representante a la Cámara. Muy fructífera fue su labor en el Congreso como autor o coautor de la Ley Orgánica del Tribunal de Cuentas, de la Ley de Presupuestos y de la que creó el Banco Nacional. Este cubano de altos quilates, que desfiló sin mancha por la política como paladín integérrimo de los principios cristianos, falleció apegado a su tierra nativa, aherrojada por el totalitarismo materialista y ateo.

Pelayo Cuervo Navarro (1901-1957).
　Abogado litigioso, documentado y pertinaz, se desenvolvió en la Constituyente y a lo largo de su carrera política con firmeza en sus principios y rectitud en su conducta. A los 33 años, fue Ministro de Gobernación y Comunicaciones con Mendieta, y aspirante con posterioridad a la Alcaldía de la Habana. Se mantuvo muy activo en la política después de la Constituyente, tanto en el Partido Auténtico con Grau como en el desprendimiento chibasista que dió origen al Partido Ortodoxo. En la tribuna del Senado se irguió como fiscal insobornable denunciando la corrupción imperante, y como letrado inició la famosa causa criminal número 82, acusando de malversación de caudales al ex Presidente Grau y otros funcionarios de su gobierno. Tras el golpe militar de Batista en 1952, Cuervo Navarro representó, dentro del Partido Ortodoxo, la linea oposicionista más intransigente. En 1957, horas después del ataque sangriento al Palacio Presidencial, las fuerzas represivas del gobierno, en brutal represalia, asesinaron a este irreductible y austero gladiador democrático.

Eusebio Mujal Barniol (1910-1985).
　Fue el más joven de los Constituyentes, apenas con 30 años cumplidos, pero no se dejó apantallar ni amilanar por los que tenían más experiencia y jerarquía que él. Lo que le faltaba en educación académica (nunca cursó estudios universitarios), le sobraba en listeza, tesón y audacia. Irrumpió en la vida pública como miembro del Partido Comunista, pero su espíritu rebelde no se dejó encasillar. Por sus desviaciones ideológicas fue expulsado del Partido, acusándosele de «trotskista y anarcosindicalista». Colaboró estrechamente con Antonio Guiteras y su Movimiento Joven Cuba, partidario de reformas sociales y laborales «de izquierda», que comenzaron a cristalizar durante el

gobierno provisional de Grau en 1933. En la Constituyente, como delegado del Partido Auténtico, Mujal preconizó y defendió esas reformas con la combatividad de su carácter y la agilidad de su esgrima dialéctica. Con posterioridad, fue electo Representante a la Cámara y Senador de la República por el Partido Auténtico, pero donde más descolló fue como Secretario General de la Confederación de Trabajadores de Cuba (CTC). Desde esa posición, a la que llegó tras la expulsión de los dirigentes comunistas, Mujal obtuvo numerosas conquistas laborales con el concurso de otros líderes sindicales como Vicente Rubiera, Angel Cofiño y Conrado Rodríguez. Opuesto a la Revolución de Castro, Mujal logró que abortara la huelga general del 9 de abril de 1958, y tuvo que asilarse a la llegada del comunismo al poder. En el exilio, continuó luchando en diversos frentes cívicos en representación de la CTC. Agotadas sus fuerzas, falleció en el destierro, sin patria libre, pero con la satisfacción de ver al hijo que lleva su nombre abrirse paso en la vida con la educación académica que él nunca tuvo.

José R. Andreu Martínez (1901-1994).

Entre los profesionales de superior intelecto que abandonaron su carrera para servir a Cuba en la política, figuró este médico villareño que había sido segundo expediente de su clase. Andreu formó parte en la Constituyente de la delegación del Partido Demócrata Republicano que lideraba Menocal. En los debates, como en todas sus intervenciones públicas, su palabra enjundiosa llevaba el peso de sus estudios y el aval de su cultura. De joven, chocó con las fuerzas de Machado que bloquearon su aspiración a la alcaldía de Encrucijada. Después fue electo Representante a la Cámara y Senador en varios períodos. Dada su preparación y ejecutoria política, Andreu llegó ser Ministro de Salubridad con Grau y Ministro de Comercio y de Salubridad con

Prío. Tras el golpe militar de 1952, no pactó con Batista ni abrazó la tesis insurreccional. Como Presidente del Partido Demócrata calorizó diversas iniciativas, como la Bicameral y el Plan Torriente, para tratar de canalizar la crisis por vías pacíficas. Ante el desplome de la República, se exilió en Miami y apoyó la operación de Bahía de Cochinos, en la que su hijo tuvo una relevante y digna participación. Después, hizo la reválida para ejercer la medicina, y, sin afán de lucro, prestó sus servicios samaritanos en un hospital de Maryland cuidando alcohólicos y atrasados mentales. Terminó sus días en la Florida escribiendo artículos reflexivos en el «Diario las Américas», y pensando en Cuba.

Emilio Ochoa y Ochoa (1907-).

Este dentista de profesión, y político por devoción, arribó a la Constituyente sin presunción de orador ni jactancia de intelectual. No pretendía ser lo que no era. Pero su estilo llano y circunspecto no le restó efectividad a su actuación ni vigor a su carácter. Tras ejercer unos años en el campo su profesión de dentista, la lucha contra Machado lo desvió de su carrera y determinó su consagración a la política. Como miembro del Directorio Estudiantil en Holguín, organizó allí el Movimiento ABC. Se alzó después para apoyar la expedición de Gibara –esfuerzo vano por falta de armas. A los pocos años, fundó en Oriente el Partido Revolucionario Cubano (Auténtico), y lo representó dignamente en la Constituyente y en el Senado de la República. En 1947, decepcionado por la corrupción en el gobierno de Grau, se separó del Autenticismo y fundó con Chibás el Partido Ortodoxo. Chibás fue el caudillo de la mística y el micrófono, pero quien al frente de las asambleas en Oriente dió el empujón definitivo para constituir el Partido, fue Ochoa. En la elección de 1952, frustrada por el golpe militar, fue candidato a la vicepresidencia. En la lucha contra Batista, se opuso a que Castro y los comunistas formaran parte del «Pacto de Montreal» que agrupó a los principales partidos de oposición. Tuvo que exiliarse antes de la caída de Batista y, de nuevo, poco después de la llegada de Castro. Es el precio que pagan los que no abjuran de sus principios. Con un notable expediente de «deber cumplido», este cubano íntegro y cabal entra en la fase final de su agitada vida galardonado con dos de las más altas distinciones del ser humano: la pulcritud de la decencia y la tranquilidad de la conciencia.

Alicia Hernández de la Barca.

Tres mujeres, las tres profesionales, participaron activamente en la Constituyente: la profesora Alicia Hernández de la Barca, doctora en ciencias, representando al Partido Auténtico; la doctora Esperanza Sánchez Mastrapa, farmacéutica, también delegada del Partido Auténtico, y la doctora María Esther Villoch Leyva, abogada militante en el Partido Comunista. Hernández de la Barca fue la que más se destacó en dos de los debates recogidos en este libro: el de la pena de muerte y el del matrimonio por equiparación. Aunque sus propuestas no fueron aprobadas, discursó con destreza parlamentaria y honda convicción. Después de la Constituyente, continuó en las filas del Autenticismo y fue electa Representante a la Cámara. Al producirse el golpe militar en 1952, alzó su voz de condena y protesta junto con otros miembros del ejecutivo del Partido Auténtico, y demandó el pleno restablecimiento de la Constitución del 40. En 1954, apoyó la tesis electoralista de Grau, que no prosperó como había pensado. Desencadenada la violencia, que Hernández de la Barca y otros líderes civilistas trataron de evitar, cayó la República y se entronizó la barbarie.

Blas Roca Calderío (1908-1987).
Este dirigente comunista, cuyo nombre verdadero era Francisco Calderío, sólo tenía 32 años cuando fue electo delegado a la Constituyente. No obstante su juventud, este zapatero de profesión ya se había graduado como polemista en la dialéctica marxista y como agitador político con la técnica leninista. Blas Roca ingresó en el primer Partido Comunista de Cuba en 1929, representando al sindicato de zapateros de Manzanillo. Astuto, ágil y muy disciplinado, ganó credibilidad y preeminencia durante la lucha contra Machado, siendo detenido varias veces. Fue a la Unión Soviética en distintas oportunidades para ser entrenado y recibir las órdenes pertinentes. Bajo la tutela del hombre de Moscú en La Habana, el comunista lituano Fabio Grobart (Aaron o Abraham Sinkovich, según la época), Blas Roca fue el encargado de implementar en 1938 un viraje táctico: del asalto al poder por la vía revolucionaria a la penetración política a través de un frente popular. Así fue que Blas Roca, como Secretario General del Partido Unión Revolucionaria Comunista, pactó con Batista en la Constituyente y apoyó su candidatura presidencial después. Esta coalición le permitió a los comunistas controlar inicialmente la Confederación de Trabajadores de Cuba y obtener dos ministerios en el primer gobierno de Batista (1940-1944). Roca fue electo varias veces Representante a la Cámara. Se opuso ostensiblemente a la insurrección contra Batista en 1953, pero su sumó de lleno a ella en su fase final. Tras el triunfo de Castro, llegó a ocupar la jefatura de la Asamblea Nacional de Poder Popular, máximo órgano legislativo en la isla. Y como Presidente de la comisión redactora de la Constitución Socialista, logró plasmar por úkase totalitario en 1976 las pragmáticas que no pudo incorporar por voto democrático en la Constitución de 1940.

Juan Marinello Vidaurreta.
    Ostentando la presidencia del Partido Unión Revolucionaria Comunista, Marinello se hizo sentir en el seno de la Constituyente por la fuerza de su intelecto y el bagaje de su formación humanista, lamentablemente deformada por la perversión comunista. Proveniente de una familia burguesa (según el léxico marxista), recibió una educación esmerada. Se graduó en Derecho y en Filosofía y Letras, y complementó sus estudios en España. Fue profesor en diversas instituciones de Cuba y de México. En los círculos intelectuales, deslumbró con su prosa depurada, su poesía melancólica de giros románticos, y su verbo elegante y medular. Con estos dotes sobresalientes, Marinello tuvo una participación señalada en las corrientes renovadoras y de agitación revolucionaria de la época. Figuró en el «grupo minorista» de protesta; contribuyó a organizar la revista «Avance"; fomentó movimientos antiimperialistas, y luchó contra Machado. Pero su propósito no era sanear a Cuba, eliminando sus lacras, sino parirla de nuevo con fórceps comunista y modelo totalitario. Bajo el influyo de su lustre intelectual, esparció entre la juventud ideas marxistas disfrazadas de martianas. Propuso en la Constituyente, entre otras cosas, un sistema educacional «unificado», con texto único bajo la férula del estado. Impulsó la agenda de su partido como Ministro en el primer gobierno de Batista, como Senador de la República, y como miembro del Consejo Nacional de Educación y Cultura. Las ideas que él sembró vinieron a germinar con Castro. Y antes de morir, Marinello pudo proclamarlas sin ambages como Rector de la Universidad de la Habana, y pudo institucionalizarlas en la Constitución de 1976, fuente de tiranía y estigma de vileza.

Salvador García Agüero.
Este delegado a la Constituyente fue uno de los grandes oradores que tuvo el Partido Comunista para la labor de prédica, proselitismo y avance político. Tenía García Agüero magníficos dotes por su acento tribunicio, perspicacia y agilidad parlamentaria. No se igualaba a Marinello en la profundidad de la cultura, pero lo superaba quizás en el filo de la dialéctica. En los debates intensos de la Constituyente sobre la invocación a Dios, la pena de muerte, la libertad de cultos y la moral cristiana, entre otros, se escuchó la voz rotunda de García Agüero esgrimiendo la sofística marxista. Ni él ni sus colegas de partido prevalecieron en la Constituyente, pero se prepararon para lidiar posteriormente en la política como paso previo para la toma del poder. Con ese fin, García Agüero concurrió a las elecciones y salió electo Representante a la Cámara en 1940 y Senador en 1944. Contribuyó a formar cuadros de jóvenes comunistas bien adoctrinados y a infiltrarlos en otros partidos y movimientos, incluyendo el del «26 de Julio» capitaneado por Castro. Tras la victoria del comunismo en 1959, García Agüero logró lo que siempre quiso: el Partido Único. En 1965, falleció en Bulgaria como Embajador, portando orgulloso la insignia de la hoz y el martillo esclavizador.

Entre los convencionales que no participaron en los debates recogidos en este libro, pero que se distinguieron posteriormente en el Congreso de la República o en gabinetes ministeriales, se encuentran los siguientes: **Primitivo Rodríguez Rodríguez, Simeón Ferro Martínez, Antonio Martínez Fraga, Ramón Corona García, Alfredo Hornedo Suárez, y Delio Núñez Mesa.**

V

CRONOLOGÍA DE LOS GOBIERNOS DE CUBA

1902 – 1906 Tomás Estrada Palma

1906 – 1909 Intervención norteamericana al amparo de la Enmienda Platt, tras los disturbios provocados por la reelección fraudulenta de Estrada Palma. Gobernador Militar: Charles Magoon

1909 – 1913 José Miguel Gómez

1913 – 1921 Mario García Menocal

1921 – 1925 Alfredo Zayas

1925 – 1933 Gerardo Machado (incluyendo la prórroga de poderes que desencadenó la Revolución de 1933)

1933 – 1936 Gobiernos Provisionales de corta duración presididos por: Carlos Manuel de Céspedes, «La Pentarquía», Ramón Grau San Martín, Carlos Hevia, Manuel Márquez Sterling, Carlos Mendieta, y José A. Barnet

1936 Miguel Mariano Gómez (procesado y destituido por el Congreso bajo presión de Batista)

1936 – 1939 Federico Laredo Brú

1940 – 1944 Fulgencio Batista

1944 – 1948 Ramón Grau San Martín

1948 – 1952 Carlos Prío Socarrás

1952 – 1959 Fulgencio Batista (producto del golpe militar del 10 de marzo de 1952). Incluye presidencia interina de Andrés Domingo y Morales del Castillo.

1959 – Régimen Comunista de Fidel Castro (presidido inicialmente por Manuel Urrutia y Osvaldo Dorticós)

Otros libros publicados por Ediciones Universal en la
COLECCIÓN CUBA Y SUS JUECES

0359-6	CUBA EN 1830, Jorge J. Beato & Miguel F. Garrido
046-1	CUBA Y LA CASA DE AUSTRIA, Nicasio Silverio Saínz
048-8	CUBA, CONCIENCIA Y REVOLUCIÓN, Luis Aguilar León
049-6	TRES VIDAS PARALELAS, Nicasio Silverio Saínz
119-0	JALONES DE GLORIA MAMBISA, Juan J.E. Casasús
165-4	VIDAS CUBANAS - CUBAN LIVES.- (2 vols.), José Ignacio Lasaga
207-3	MEMORIAS DE UN DESMEMORIADO-Leña para fuego hist. Cuba, José García Pedrosa
243-X	LOS ESCLAVOS Y LA VIRGEN DEL COBRE, Leví Marrero
293-6	HISTORIA DE LA ODONTOLOGÍA EN CUBA(4 vols: (1492-1983), César A. Mena
3122-0	RELIGIÓN Y POLÍTICA EN CUBA DEL SIGLO XIX, Miguel Figueroa
347-9	EL PADRE VARELA. (Biografía forjador de la conciencia cubana) Antonio Hernández-Travieso
353-3	LA GUERRA DE MARTÍ (La lucha de los cubanos por la independencia), Pedro Roig
374-6	GRAU: ESTADISTA Y POLÍTICO (Cincuenta años de la Historia de Cuba), Antonio Lancís
379-7	HISTORIA DE FAMILIAS CUBANAS (9 vols.), Francisco Xavier de Santa Cruz
411-4	LOS ABUELOS: HISTORIA ORAL CUBANA, José B. Fernández
425-4	A LA INGERENCIA EXTRAÑA LA VIRTUD DOMÉSTICA, Carlos Márquez Sterling
426-2	BIOGRAFÍA DE UNA EMOCIÓN POPULAR: EL Dr. Grau, M. Hernández-Bauzá
428-9	THE EVOLUTION OF THE CUBAN MILITARY (1492-1986), Rafael Fermoselle
431-9	MIS RELACIONES CON MÁXIMO GÓMEZ, Orestes Ferrara
437-8	HISTORIA DE MI VIDA, Agustín Castellanos
483-1	JOSÉ ANTONIO SACO , Anita Arroyo
490-4	HISTORIOLOGÍA CUBANA /4 vols./ (1492-1980), José Duarte Oropesa
516-1	EL PERFIL PASTORAL DE FÉLIX VARELA, Felipe J. Estévez
518-8	CUBA Y SU DESTINO HISTÓRICO. Ernesto Ardura
532-3	MANUEL SANGUILY. HISTORIA DE UN CIUDADANO, Octavio R. Costa
558-7	JOSÉ ANTONIO SACO Y LA CUBA DE HOY, Ángel Aparicio
569-2	ELENA MEDEROS (Una mujer con perfil para la historia), María Luisa Guerrero
586-2	SEIS DÍAS DE NOVIEMBRE, Byron Miguel
589-7	DE EMBAJADORA A PRISIONERA POLÍTICA:Albertina O'Farrill, Víctor Pino Y.
592-7	DOS FIGURAS CUBANAS Y UNA SOLA ACTITUD, Rosario Rexach
606-0	CRISIS DE LA ALTA CULTURA EN CUBA/INDAGACIÓN DEL CHOTEO, Jorge Mañach
608-7	VIDA Y MILAGROS DE LA FARÁNDULA DE CUBA (4 v.), Rosendo Rosell
620-6	TODOS SOMOS CULPABLES, Guillermo de Zéndegui
624-9	HISTORIA DE LA MEDICINA EN CUBA(2 v.),César A. Mena y Armando Cobelo
626-5	LA MÁSCARA Y EL MARAÑÓN (Identidad nacional cubana), Lucrecia Artalejo
645-1	FÉLIX VARELA: ANÁLISIS DE SUS IDEAS POLÍTICAS, Juan P. Esteve
647-8	REFLEXIONES SOBRE CUBA Y SU FUTURO, Luis Aguilar León
680-X	¿POR QUÉ FRACASÓ LA DEMOCRACIA EN CUBA?, Luis Fernández-Caubí
682-6	IMAGEN Y TRAYECTORIA DEL CUBANO EN LA HISTORIA 2 v. 1492-1958), Octavio R. Costa
689-3	A CUBA LE TOCÓ PERDER, Justo Carrillo
690-7	CUBA Y SU CULTURA, Raúl M. Shelton
703-2	MÚSICA CUBANA: DEL AREYTO A LA NUEVA TROVA, Cristóbal Díaz Ayala
738-5	PLAYA GIRÓN: LA HISTORIA VERDADERA, Enrique Ros
743-1	MARTA ABREU, UNA MUJER COMPRENDIDA Pánfilo D. Camacho
745-8	CUBA: ENTRE LA INDEPENDENCIA Y LA LIBERTAD, Armando P. Ribas
747-4	LA HONDA DE DAVID, Mario Llerena
752-0	24 DE FEBRERO DE 1895: UN PROGRAMA VIGENTE, Jorge Castellanos
760-1	ASÍ ERA CUBA (Como hablábamos, sentíamos y actuábamos), Daniel Román
765-2	CLASE TRABAJADORA Y MOVIMIENTO SINDICAL EN CUBA / 2 vols.: 1819-1996), Efrén Córdova
773-3	DE GIRÓN A LA CRISIS DE LOS COHETES: La segunda derrota, Enrique Ros

786-5	POR LA LIBERTAD DE CUBA (una historia inconclusa), Néstor Carbonell Cortina
794-6	CUBA HOY (la lente muerte del castrismo), Carlos Alberto Montaner
798-9	APUNTES SOBRE LA NACIONALIDAD CUBANA, Luis Fernández-Caubí
804-7	EL CARÁCTER CUBANO, Calixto Masó y Vázquez
808-X	RAZÓN Y PASÍON (25 años de estudios cubanos), Instituto de Estudios Cubanos
814-4	AÑOS CRÍTICOS: Del camino de la acción al camino del entendimiento, Enrique Ros
823-3	JOSÉ VARELA ZEQUEIRA(1854-1939);Su obra científico-literaria, Beatriz Varela
840-3	HISTORIA ÍNTIMA DE LA REVOLUCIÓN CUBANA, Ángel Pérez Vidal
851-2	APUNTES DOCUMENTADOS DE LA LUCHA POR LA LIBERTAD DE CUBA, Alberto Gutiérrez de la Solana
860-8	VIAJEROS EN CUBA (1800-1850), Otto Olivera
866-7	NATUMALEZA CUBANA, Carlos Wotzkow
869-1	QUE LA PATRIA SE SIENTA ORGULLOSA (Memorias de una lucha sin fin), Waldo de Castroverde
870-5	EL CASO CEA: intelectuales e inquisidores en Cuba ¿Perestroika en la Isla?, Manurizio Giuliano
874-8	POR AMOR AL ARTE (Memorias de un teatrista cubano 1940-1970), Francisco Morín
875-6	HISTORIA DE CUBA, Calixto C. Masó (Ed. de Leonel de la Cuesta)
876-4	CUBANOS DE DOS SIGLOS: XIX y XX. ENSAYISTAS y CRÍTICOS, Elio Alba Buffill
880-2	ANTONIO MACEO GRAJALES: EL TITÁN DE BRONCE, José Mármol
882-9	EN TORNO A LA CUBANÍA (estudios sobre la idiosincrasia cubana), Ana María Alvarado
886-1	ISLA SIN FIN (Contribución a la crítica del nacionalismo cubano), Rafael Rojas
901-9	40 AÑOS DE REVOLUCIÓN CUBANA (El legado de Castro), Efrén Córdova Ed.
907-8	MANUAL DEL PERFECTO SINVERGÜENZA, Tom Mix (José M. Muzaurieta)
908-6	LA AVENTURA AFRICANA DE FIDEL CASTRO, Enrique Ros
929-9	EL GARROTE EN CUBA, Manuel B. López Valdés (Edición de Humberto López Cruz
931-0	EL CAIMÁN ANTE EL ESPEJO. Un ensayo de interpretación de lo cubano, Uva de Aragón (segunda edición revisada y ampliada)
934-5	MI VIDA EN EL TEATRO, María Julia Casanova
937-x	EL TRABAJO FORZOSO EN CUBA, Efrén Córdova
939-6	CASTRO Y LAS GUERRILLAS EN LATINOAMÉRICA, Enrique Ros
942-6	TESTIMONIOS DE UN REBELDE (Episodios de la Revolución Cubana 1944-1963), Orlando Rodríguez Pérez
944-2	DE LA PATRIA DE UNO A LA PATRIA DE TODOS, Ernesto F. Betancourt
945-0	CRONOLOGÍA HISTÓRICA DE CUBA (1492-2000), Manuel Fernández Santalices.
946-9	BAJO MI TERCA LUCHA CON EL TIEMPO. MEMORIAS 1915-2000, Octavio R. Costa
949-3	MEMORIA DE CUBA, Julio Rodríguez-Luis
951-8	LUCHAS Y COMBATES POR CUBA (MEMORIAS), José Enrique Dausá
952-3	ELAPSO TEMPORE, Hugo Consuegra
953-1	JOSÉ AGUSTÍN QUINTERO: UN ENIGMA HISTÓRICO EN EL EXILIO CUBANO DEL OCHOCIENTOS, Jorge Marbán
955-8	NECESIDAD DE LIBERTAD (ensayos-artículos-entrevistas-cartas), Reinaldo Arenas
956-6	FÉLIX VARELA PARA TODOS / FELIX VARELA FOR ALL, Rabael B. Abislaimán
957-4	LOS GRANDES DEBATES DE LA CONSTITUYENTE CUBANA DE 1940, Edición de Néstor Carbonell Cortina

www.ingramcontent.com/pod-product-compliance
Lightning Source LLC
Chambersburg PA
CBHW050613300426
44112CB00012B/1486